中国现代文学编年史（1895—1949）

总主编 刘勇 李怡

第三卷 1915—1919
本卷主编 刘勇 李春雨

文化艺术出版社
Culture and Art Publishing House

图书在版编目（CIP）数据

中国现代文学编年史.第三卷 / 刘勇, 李怡总主编.—北京：文化艺术出版社, 2014.12
ISBN 978-7-5039-5653-9

Ⅰ.①中… Ⅱ.①刘… ②李… Ⅲ.①国文学—现代文学史—1915～1919 Ⅳ.①I209.6

中国版本图书馆CIP数据核字（2014）第277268号

中国现代文学编年史·第三卷

总 主 编	刘　勇　李　怡
本卷主编	刘　勇　李春雨
策划编辑	潘　艳
责任编辑	陶　玮
封面设计	李　鹏
出版发行	文化艺术出版社
地　　址	北京市东城区东四八条52号　（100700）
网　　址	www.whyscbs.com
电子邮箱	whysbooks@263.net
电　　话	（010）84057666（总编室）84057667（办公室） （010）84057691—84057699（发行部）
传　　真	（010）84057660（总编室）84057670（办公室） （010）84057690（发行部）
经　　销	全国新华书店
印　　刷	国英印务有限公司
版　　次	2015年8月第1版
印　　次	2015年8月第1次印刷
印　　张	15
字　　数	260千字
开　　本	710毫米×1000毫米　1/16
书　　号	ISBN 978-7-5039-5653-9
定　　价	60.00元

版权所有，侵权必究。如有印装错误，随时调换。

丛书编委会

总主编

刘 勇 李 怡

编委会成员

刘 勇　李 怡　邹 红　钱振纲
沈庆利　黄开发　万安伦　陈 晖
林分份　黄育聪　李春雨　张武军
胡福君　冉红音　宋 嫒　陈思广
黄 菊　孙 伟　张 悦

本卷主编

刘 勇　李春雨

本卷编撰人员（按姓氏笔画排列）

王胜男　付 平　刘 勇　宋明晏
李春雨　李 吉　汤志辉　张 弛
张露晨　陈 思　张 岩　何致文
赵焕亭　张 悦　侯 敏　姚舒扬
顾楠楠　鲁宇征

本卷为国家社会科学基金项目
《20世纪中国左翼文学的谱系学研究》阶段性研究成果
项目批准号：14BZW135

本卷主编简介

刘　勇　文学博士，北京师范大学文学院教授，博士生导师。教育部长江学者特聘教授，"马克思主义理论研究与建设工程"《20世纪中国文学史》首席专家。中国现代文学研究会常务副会长，中国鲁迅研究会、郭沫若研究会、老舍研究会理事，《中国现代文学研究丛刊》副主编。北京师范大学北京文化发展研究院执行院长。曾任日本京都外国语大学客座教授和香港大学访问学者，并在俄罗斯、德国、英国、意大利、希腊、西班牙、葡萄牙、澳大利亚、美国、韩国、新加坡等多个国家讲学和文化考察。先后发表论文百余篇，出版著作数十种。研究成果分别获得过中宣部"五个一"工程奖、北京哲学社会科学优秀成果特等奖和一等奖。

李春雨　文学博士，北京语言大学教授，博士生导师。教育部霍英东高校青年教师奖获得者。分别入选教育部"新世纪优秀人才支持计划"和"北京市青年英才计划"。曾赴美国西点军校任教。主要著作有《出版文化与中国文学的现代转型》《北京文化的异域审视》、中英文版《中国文化·文学》等，先后发表学术论文数十篇，主编教材有《中国现当代文学》《中国现代文学资料与研究》等。

总序：中国现代文学编年史的理论价值和实践意义

刘 勇 李 怡

奉献在读者诸君面前的这一套《中国现代文学编年史》，是北京师范大学中国现当代文学学科点牵头编撰的中国现当代文学系列编年史著之一，仅"现代"部分，组织编写的时间就历时五年之久，加之先前已经推出的《中国当代文学编年史》，总体时间更在八年以上，如今总算初具规模，可以说是大体完成了我们对于中国现当代文学历史的一种表述。

编年史，顾名思义也就是以时间为经、以事件为纬的历史记录方式。编年史的写作，中外并见，既是中国自己的一种传统，也是西方古典时代就存在的叙述方式，古罗马历史学家李维（Titus，Livius，公元前59年—公元17年）的《罗马自建城以来的历史》、塔西佗（Tacitus，约公元55年—120年）《编年史》和中国的《春秋》、《左传》及《资治通鉴》等都属于著名的编年史经典。《春秋》被称作是中国现存最早的一部编年体史书，《左传》被誉为中国古代最早的一部叙事详尽的编年体史书，《资治通鉴》则是我国现存编年体史书中影响最大的一部。文学编年史的写作始于现代人的自觉探求,历史学家陈寅恪建议文学研究不妨借鉴"史家长编之所为","能尽取当时诸文人之作品,考定时间先后,空间离合,而总汇于一书"。① 这就是文学编年史。武汉大学陈文新教授任总主编的《中国文学编年史》由湖南人民出版社2006年出版,著述上至周秦,下迄当代,共分十八卷,每卷约80万字,总计1400万字,这是我国第一部系统完整、涵盖古今的编年史,其中於可训主持的现当代部分也是迄今最详尽的中国现当代文学编年通史。进入2013年,更有钱理群主编《中国现代文学编年史》、刘福春《中国新诗编年史》等面世,有学者据此而称是"又一次文学史写作的高潮到来了"。当然,是不是真的掀起"高潮"还可以继续观察,但是,中国学者试图以新"编年"方式入手发现文学的"新历史"则是毫无疑问的。

中国现当代文学编年史的出现首先是中国现当代文学在新时期以来持续不断的"重写"工程的有机组成部分。中国现当代文学史的写作,曾经分别在1950、1980、1990年代出现过三次大的高潮。1950年代是响应教育部将"中国新文学"纳入大学中文系课程的需要,以王瑶的《中国新文学史稿》、丁易的《中国现代文学史略》及刘绶松的《中国新文学史初稿》为代表;1980年代伴随着改革开放、思想启蒙的大潮,"重写文学史"蔚然成风,如果说唐弢、严家炎主编的《中国现代文学史》是承上启下的成果,那么钱理群、吴福辉、温儒敏、王超冰的《中国现代文

---

① 陈寅恪:《元白诗笺证稿》,上海古籍出版社1978年版,第9页。

学三十年》则是开拓创新的展示，其他如黄修己《中国现代文学发展史》、郭志刚等主编《中国现代文学史》、杨义《中国现代小说史》、严家炎《中国现代小说流派史》、朱寨《中国当代文学思潮史》等等构成了文学史写作的繁盛景观；1990年代文学史写作更加多元化，继续追踪文学研究动态的《中国现代文学三十年》修订版、陈思和主编《中国当代文学史教程》分别成为中国现代文学、中国当代文学史著的经典之作，洪子诚《中国当代文学史》则开启了关注文学生产体制的新格局。进入新世纪之后，文学史的写作基本上沿袭了1990年代的多元化方向，不断拓展新的叙述空间，范伯群的《中国现代通俗文学史》第一次系统勾勒了雅文学主流之外的通俗文学的世界，孟繁华、程光炜的《中国当代文学发展史》标志着当代文学历史化的最新成果。

中国现当代文学史之所以值得"拓展"乃是因为"以论代史"依然在很大的程度上影响了我们的文学史叙述。作为1980年代中后期以来"重写文学史"的潮流的继续表现，中国现当代文学编年史也和"重写文学史"思潮一样充满"拨乱反正"的意味，经过多少年"以论代史"的干扰，我们对于"文学"历史的诸多基本情况——作家作品与期刊图书出版的基本情况本身其实是相当隔膜的，仅仅是"论"的展示并不足以揭示文学的历史演进，不足以还原文学历史的真相，"编年史"的价值可能正在这里，它力求将文学的发展还原为一系列最基本的文学现象的素朴的呈现，呈现将尽可能真实地告诉我们究竟"发生了什么"。《中国新诗编年史》的著者刘福春先生曾经感慨说，目前出版的中国新诗史,算上全部有名目的诗歌出版物,也不到他所掌握的数量的一半,如此比例的研究基础,实在令人质疑不断。所以,从进入中国新诗研究的那一天开始,刘福春先生就另辟蹊径,将主要的精力置于中国新诗原始材料的搜集、整理和勘探、分析之中,先后为我们推出了《中国现代文学总书目·诗歌卷》、《中国当代新诗编年史(1966–1976)》、《中国新诗书刊总目》等系列著作,一步一个脚印地为我们积累着中国新诗历史的点滴史料。刚刚由人民文学出版社隆重推出的《中国新诗编年史》可以说就是这数十年心血的结晶,中国新诗终于有了自己厚重的档案和家谱,不能不说这真是中国现代文学界的一件大事。

当然,随着当代文学持续不断的发展,随着现代文学领域不时出现对"新文学主流"、"雅文学主流"、"白话文学主流"的"独占"历史的质疑,文学史写作似乎也出现了一种逾越边界或者说模糊边界与范围的可能,以致引发了另外一类疑虑:仅仅只有百年历史的中国现当代文学,是否应该不断扩大我们的写作面积?是不是以时间为线索的编年史写作就成了可以收罗一切文学现象的框架?

其实,正如我们从来也不曾有过放弃主观思想认识的历史叙述一样,文学史的写作从来都不可能是不偏不倚、客观中性的材料完善工作,因为材料本身就是一个永远无法真正完结的活动,何况对于同样的材料,如何挑选、如何陈述依然是一种"态度"的结果,史料与史识的协调配合才是文学史写作的应有之义。从这个意义上看,所谓"重写文学史"并不就是叙述范围的不断扩大——从新文学扩大到旧文学，从雅正文学扩大到通俗文学，从各种可见的"地上文学"扩大到犄角旮旯里的"地下文学"……编年史的出现也不能够简单理解为是这一"扩军"过程的理所当然的产物。

在我们看来，现代文学史的重写从来都是史识与史实的同时建构，对"以论代史"的突破最终依靠的并不只是一大堆的史料，同时也需要更坚实有力的思想，是更具有启发意义的历史思想。在透过新的思想扩大我们的认知范畴之后，在新的认识框架拓展了文学视野之后，等待我们的工作恰恰是回过头来，切实把握中国现代文学的新的历史内涵与特点，重新确立现代文学的经典，重新梳理现代文学的历史逻辑，重新解释现代文学自己的传统。在新的历史经典的构建之中，所谓的"多元标准"并不意味着毫无原则地容纳一切，"多元"并不能够成为没有标准的理由。正如温儒敏先生所指出的那样："基本的价值标准放弃了，表面上似乎包容一切，结果呢，此亦一是非，彼亦一是非，公说公有理，婆说婆有理，连起码的学术对话也难于进行，只好自说自话。过去是一个声音太过单调，全都得按照某种既定的政治标准来研究，学术创造的通道被堵上了；现在则放开了，自由多了，但如果缺少基本的评判标准，'多元化'也只落下个众声喧哗，表面热闹，却无助于争鸣砥砺，还会淹没那些独特的学术发现。"[①]

[①] 温儒敏：《谈谈困扰现代文学研究的几个问题》，《文学评论》2007年第2期。

最近几年，出现在我们视野中的有价值的文学编年史都不是原始材料的无限罗列，其中显然包含了著者诸多深刻的学术思想与良苦的学术用心。中国新诗尤其是当代中国诗歌常常受制于各种"非艺术"的社会事件，包括政治生活事件，也包括私人生活事件，"以论代史"的诗歌史不过是将文学艺术注解为一系列国家形势的反映，而总是忽略这些国家大事背后的异样人生与复杂生态。刘福春敏锐地注意到了这种缺失，所以他的《中国新诗编年史》将大量的篇幅花在"文学周边"的一些事件或者活动上，比如某些文坛官司的来龙去脉，还有不少的作家日记，有张光年日记、陈白尘日记、郭小川日记等等，这些日记折射出当时诗人的生活状态和遭遇，这些表面看来好像跟诗人的创作没有关系——他哪天做检讨了、哪天被谈话了——但实际上这就是真实的中国诗歌的生存，我们就是在这样的状态中生存下来的。这都是今天诗歌的生态环境，是当代文化、当代文学非常重要的场景。在这个意义上，刘福春先生的编年史其实展示的又可以说是中国诗歌的生态景观汇编，是中国诗歌的生态史。当我们的史家能够将诗歌发展的生态环境和作家的文字创作联系在一起，寻找两者之间的很好的映衬、说明，"还原"出我们诗歌发展百年来非常重要的细节，这些细节带给我们的就不再是一些干枯的文字符号，而是以新的思想智慧烛照我们发现历史的道路，是以论者的思想高度吸引我们重新进入历史情境，感同身受地体验中国新诗的的时代与氛围。这样的处理和安排，显然又是一般的文学史所不容易做到的。钱理群主编的《中国现代文学编年史》不仅仅以副标题的形式特别标明这并非一部泛泛的文学大事记,而是"以文学广告为中心"的相当个人化的历史叙述,在"总序"中,更有明确的思想提示:"更重要的是,全书条目的选择与叙述,都暗含着我们对现代文学发展的一些基本关系的持续关注,如文学与时代政治、社会、经济问题的关系,文学与出版、教育、学术……的发展,等等,都形成了我们的历史叙述中的内在线索,看似散漫无序、时断时续,但有心的读者是不难看出其间的蛛丝马迹的。""'个人文学生命史'应该是文学史的主体,某种程度上文学史就是由一个个具体的个人文学生命的故事连缀而成的。文学史就是讲故事,而且是带有个人生命体温的故事。"①

那么,文学编年史到底是什么呢?在我们看来,它应该是目前文学史研究最基本的文学发展史料的有机组织。与一般的文学史论著不同,它主要通过文献史料本身的整理铺排来展示历史的过程;与一般的史料汇编不同,其中依然包含着编著者对历史的理解和认识——虽然不是那种长篇大论的思想定义和概念阐述,但却应该包含着或者说提示着著者对历史内在逻辑的理解。

这种理解归根结底就是对文学"谱系"的一种梳理和解读。

从文学史到编撰史,从学术史到接受史,从思潮史到编年史,中国现代文学研究不断拓展,寻找历史"谱系"的价值也愈发引人注目。所谓"谱系",就不是将历史看作乱七八糟的无序堆砌,

---

① 钱理群:《中国现代文学编年史总序》,载《中国现代文学编年史——以文学广告为中心(1915—1927)》,北京大学出版社2013年版,第3—5页。

堆砌，而是承认在纵横交错、四方融汇、相互关联之中，有着清晰的某种变化发展的流脉，留意于这些事物之间的互动关系，立体地观照着事物多层面的复杂关联，方能深刻地揭示着事物自身的特质。

近年来，随着西方尼采、福柯的学说在中国大陆学界的深入研究，"谱系"这一概念开始广泛出现在各类人文社会学科的研究著作和论文当中，特别是对于西方"谱系学"理论的大量译介和运用，反映出人们打破以往将历史看成是一个既定的、有目的性、连续性的过程，期望在具体历史情境中去探索不同社会的冲突、博弈关系，重新解释历史的努力。根据福柯自身对于"谱系学"的解释，他所谓的谱系学就是要"将一切已经过去的事件都保持在它们特有的散布状态上；它将标示出那些偶然事件，那些微不足道的背离，或者，完全颠倒过来，标识那些错误、拙劣的评价以及糟糕的计算，而这一切曾经导致那些继续存在并对我们有价值的事情的诞生；它要发现，真理或存在并不位于我们所知和我们所是的根源，而是位于诸多偶然事件的外部"。① 以往的历史研究把历史看成是一个具有本质意义、连续性的东西，我们可以从中推演出历史的起源和发展脉络，但是"谱系学"则注重历史背后的断裂、差异和偶然性，反对一味地追问历史规律和逻辑性，关注世界中一些边缘存在和历史本身的丰富性。简而言之，

---

① [法]米歇尔·福柯：《尼采·谱系学·历史学》，苏力译，载汪民安、陈永国编《尼采的幽灵：西方后现代语境中的尼采》，社会科学文献出版社2001年版，第121页。

福柯的"谱系学"是对于历史的一致性和规律性的反拨和拒斥。

与西方的"谱系学"不同，中国自古以来就有着自己关于谱系的知识，并且已经在中国古代文学、史学、哲学的研究当中被广泛运用，体现了中国古代对于谱系的理解和对于世界的认知。根据汉语大词典出版社1993年版《汉语大词典》对于"谱系"一词的考察，中国对于谱系一共有三种解释：第一种解释是记述宗族世系或同类事物历代系统的书。《隋书·经籍志二》曾有"今录其见存者，以为谱系篇"。第二种是指家谱上的系统。明代归有光著《朱夫人郑氏六十寿序》，中间写道："至于今四百余年，谱系不绝"，清代顾炎武《同族兄存愉拜黄门公墓》诗云："才名留史传，谱系出先公"，章炳麟在《驳康有为论革命书》一文中："而文化语言，无大殊绝，《世本》谱系，犹在史官，一日自通于上国，则自复其故名，岂满洲之可与共论者乎？"。第三种解释则是指物种变化的系统。①

相较于现代西方福柯的那种强调发现历史的复杂和差异性、解剖政治、分析权力的"谱系学"而言，中国的谱系研究更加注重历史性、秩序性、考据性，通常是为了加固传统礼教、秩序和价值观，突出某种伦常观念和文化理念，使其更好地延续传承，强调文化上的一致性和连续性。同样是以历史本身和其中的事物为对象，西方的谱系研究强调其中的断裂、差异性，中国的谱系研究则看重其中的联系性、关联性。这其实是对于认知的两种态

---

① 《汉语大词典》，汉语大词典出版社1993年版。

度和方法，一方面，一般的"谱系"是指事物在历时的演变过程或共时的相互关联中，同根同源、共生互养而又共同发展、相互影响的系统；另一方面，在这个系统的生成、发展过程中，又充斥着边缘性、偶然性、异质性的因素，这些因素同样决定了历史和事物系统最后的形成和形态，两种谱系的研究方法实质上都是一种对于还原历史的努力。

我们认为，抛开传统"谱系学"中那些僵化的礼教秩序和道统价值观，中国式的谱系学对于历史"变中有常"的认识依然具有明显的文学史建构价值：我们既要从传统的僵化理念中解放出来，不断发现新的历史细节，辨析各种的矛盾与偶然，同时，这一切的努力并不意味着我们就此放弃对包含其中的历史性质与历史方向的寻觅。

变中有常的中国谱系学理念，在很大程度上可以成为我们文学编年史构建的基础理论。我们需要尊重历史过程的种种偶然、种种的"变量"，需要对这些变化的细节做出尽可能详尽的梳理，同时，处理这些历史材料的方式又不应当是漫不经心的，对于晚清至20世纪的文学发展，我们显然存在自己的理解和观察，我们有必要通过对历史材料的呈现来传达我们的基本认识。当然，这样一来，我们也就绝不会认为，中国现代文学的历史编年，只能以我们的方式进行，因为，出于不同的历史认知，当然也就存在不同的历史编年模式，未来的中国现当代文学编年，肯定会在多种形态的共生与对话中走向成熟，共同推进中国现当代文学研究的发展。

北京师范大学中国现当代文学学科创建于新中国建立之初，至今已历半个多世纪，如果追踪本学科重要学者李何林先生的学术活动，更可以上溯到上世纪30年代。新中国建立后，我校叶丁易先生的《中国现代文学史略》与王瑶先生的《中国新文学史稿》、刘绶松先生的《中国新文学史初稿》并称为三部最有影响的新文学史教材；同时，随着新中国文学的发展，我们又适时展开了追踪研究，是国内最早开设当代文学课程的单位之一，1979年由郭志刚教授等主编的《中国当代文学初稿》在国内产生了很大影响，从叶丁易到郭志刚，我们参与了中国现当代文学史写作的两个主要阶段，至1990年代以降，以王富仁教授为代表的学者更积极地投入到"重写文学史"的理论建构之中，并不断有文学史著问世。今天，我们学科点组编的《中国当代文学编年史》已经出版，《中国现代文学编年史》马上就要付印，这可以说代表了新一代学科同仁对于中国现当代文学历史研究的新的努力和开拓，虽然我们的这些努力还显得稚嫩、笨拙，这样规模的编年史著也难免疏漏多多，但究竟是在我们理解的学科发展的方向上迈出了有意义的一步，但愿我们所有的努力和所有的疏漏一起都能够成为中国现当代文学史研究的新的基础，在不断的借鉴和不断的反省批判中实现新的学术突破。

本套《中国现代文学编年史》共11卷，历述自晚清1895年1月至新中国第一次文代会召开前夕的1949年6月半个世纪的文学历史。内容包括文学发展的社会历史背景、主要作家行踪、文学活动、文学思潮、文学出版、主要文学作品的基本情况，书后附录整个编年史涉及的主要人物索引，便于读者进一步查证，也列出了我们著述所使用的主要参考文献，有兴趣的读者也可以就此进一步拓展、探究。担任各卷主编的主要是北京师范大学中国现当代文学学科点的老师，鉴于1942年以后战争年代中国文学发展特殊的地域性，为了更准确地把握中国现代文学的这种时代特征，我们特别约请了重庆与四川从事现代文学研究的两位学者加盟。在本书完成的过程中，还有许多博士和硕士研究生同学积极参与其间，在查阅资料方面，他们付出了大量的心血。经过四年多的精诚努力，如今总算定稿完成，作为主编，我们要深深感谢所有这些学科点同事、学界同仁以及各位同学的辛勤付出，在当今，为这样一个浩大而又并不一定讨好的"集体工程"而孜孜工作，需要多么难能可贵的奉献精神！在本书出版之际，我们要向这些令人尊敬的学者致以诚挚的谢意！

2015年盛夏于北京师范大学

本卷导言：第一个十年的文学

刘　勇　李春雨

　　第一个十年的文学（又称为"五四时期的文学"）对于现代文学中后两个十年的文学，乃至整个20世纪中国文学来讲，都有着极其重要的价值与意义。因为它是整个中国文学发展历程中的一个具有划时代意义的标志性的转折点，这个"点"，不仅是新文学与传统旧文学深深的"断裂"之点，同时也是中外文学与文化的激烈"碰撞"之点。"几千年古典文学的根本变化就从这里开始，当代文学的种种利弊就在这里显露。"[①]然而，第一个十年的文学的价值与意义还不仅仅体现于此，更为重要的是：它在与传统"断裂"、与西方"接轨"的同时，还以全新的文学观念、文学内容和文学形式开启了一个新的文学时代。这种文学之"新"主要从"人的自觉"与"文的自觉"两个方面得以显露。在"人的自觉"方面，新文学先驱者们对束缚与钳制人的思想的传统旧文化进行了猛烈的批判，并高高地举起了"人道主义"、"个性解放"的伟大旗帜。与此同时，新文学作家们还从创作上对这种"人道主义"、"个性解放"的思想给予呼应，如鲁迅的批判国民性的小说、以冰心等为代表的问题小说、以废名为代表的乡土派小说、以叶绍钧为代表的人生派小说、以郁达夫为代表的创造社小说、以郭沫若为代表的创造社诗歌、以胡适为代表的社会问题剧等，这些文学创作不仅汇聚成了一股较有影响的创作潮流，而且还以全新的观念、全新的审美标准、全新的文学形式，开启了一个新的文学时代。在"文的自觉"方面，新文学的先驱者们表现出了与传统文言文创作彻底决裂的态度。胡适运用

[①]　刘勇、邹红主编：《中国现代文学史》，北京师范大学出版社2010年版，第1页。

进化论的观念指出:"今日之文言乃是一种半死的文字,今日之白话是一种活的语言。……白话并非文言之退化,乃是文言之进化。"① 胡适的主张得到了陈独秀、鲁迅等人的一致认可。在他们的感召下,"五四"新文学作家们纷纷开始自觉地使用白话文进行创作,并形成了一股重要的白话小说、白话新诗、白话小品文等的创作热潮,尽管这股潮流留下了许多草创时期不太成熟的印记,但却从此奠定了白话文在文坛上的正宗地位。

综上所述,正是在与传统旧文学深深的"断裂",与西方文学与文化的激烈"碰撞","人的自觉"与"文的自觉"等几个方面奠定了第一个十年文学的举足轻重的地位。然而,几千年的中国传统文学,数个世纪的西方文学一同涌入第一个十年的文坛,在这样短的时间内进行批判、消化与吸收,无疑会是仓促的、忙乱的。而这样的仓促与忙乱也正决定了第一个十年文学的驳杂性质,决定了在文学史写作过程中对这段文学的难以把握。在之前出版的多部现代文学史著作中,我们往往看到的大多是对第一个十年文学的粗线条的梳理,而对某些重要的文学细节重视不够,但这些细节对文学史的写作来说往往是至关重要的。因为,如果缺失了这些细节,就很难对文学史中重要文学现象的发展、流变进行清晰的线索勾连与梳理,最终使读者无法看清第一个十年的整体概貌。而文学史与编年史最大的不同就在于:前者以文学自身的发展为主,而后者则包括文学发生发展的各种背景资源等方方面面。所以,以编年史的形式对第一个十年的文学细节内容进行梳理就更显其特殊性与必要性。

一

在第一个十年中出现过许多文学细节,而这些文学细节常常是不被以往的文学史写作所注意的。比如谈第一个十年的文学,大多数人首先想到的会是五四新文学运动,进而会想到五四新文学先驱者们对林纾、学衡派、甲寅派、鸳鸯蝴蝶派等为代表的传统旧文学的猛烈批判。在以往文学史的叙述中,往往会把这些传统的旧文学看成是一种极其腐朽没落的东西,从而强调现代文学取代传统文学是

---

① 胡适:《逼上梁山·中国新文学大系·建设理论集》,上海文艺出版社1981年版,第1页。

大势所趋，是一种历史发展的必然，比如胡适就曾用进化论的观点指出："文学者，随时代而变化者也。一时代有一时代之文学，……各因时势风会而变，各有其特长。……唐人不当作商周之诗，宋人不当作相如子云之赋，即令作之，亦必不工。逆天背时，违反进化之迹，故不能工也。……今日之中国，当造今日之文学。"① 正是由于这种激进而决绝的反传统的态度，致使新文学先驱者们在批判旧文学传统中不合理因素的同时，连那些许多富有价值与意义的部分也给舍弃掉了。多年来大多数文学史的写作，都对此视而不见或根本不屑一提，而事实上这些不被主流文学史关注的细节内容，对于我们今天解读第一个十年、乃至第二个十年和第三个十年的文学是非常有帮助的。比如鸳鸯蝴蝶派的文学，这是一个被新文学先驱者们痛加针砭与批判的文学派别。但通过资料的爬梳我们发现，鸳鸯蝴蝶派并不是像新文学作家贬斥的那样毫无价值。事实上，《礼拜六》前100期不仅注重作品的质量，还在装帧设计上追求美观。《礼拜六》杂志是32开本，每册约30页至40页。既有一定的分量，又比较小巧，便于携带。杂志的封面从第3期开始采用水彩画。前百期《礼拜六》封面的水彩画主要出自丁悚之手。丁悚是民国时期著名的画家，他的绘画兼具中西技法。他为《礼拜六》绘制的封面既表现了深厚的西画造诣，同时又具有中国画传统的线描功力，即使以今人的艺术观点来看，其中不少作品仍不失为珍贵的绘画佳作。从绘画的内容来看，以仕女图居多，也有漫画和山水画。仕女图是《礼拜六》封面中最有特色的。丁悚笔下的仕女图俊美雅静，色彩清丽，比起今天的某些封面女郎似乎更少造作之气。而且丁悚的可贵之处还在于他超越了古代仕女图仅画仕女、佳人的题材局限，将描绘的对象扩大到现实生活的各个层面，上至太太小姐，下至村姑女佣，在某种程度上再现了民国初年社会生活中各阶层女性的生活图景。因此，这些作品既是精美的杂志封面，也是研究民国社会中市井生活的珍贵材料。另外，《礼拜六》封面上的刊名题字也讲究美观和变化多样，曾给前百期《礼拜六》题写刊名的人有王钝根、叶中泠、吴芝瑛、张聿光、张丹斧、姚雏、王大错、刘海粟等。由于从策划到实际运作都满足了广大市民读者的阅读期待和消费心理，前百期《礼拜六》在民初市民文学杂志中迅速地脱颖而出。发行第2期销数就达一万余册，发行第3期销数骤增至一万七千余册，后

---

① 胡适：《文学改良刍议》，《中国新文学大系·建设理论集》，上海文艺出版社1981年版，第36页。

来销数最高达到了两万余册。在一般文学期刊销量仅有一两千册的民初杂志界,《礼拜六》真可谓鸡群之鹤。① 周瘦鹃在《闲话〈礼拜六〉》一文中描绘了当年《礼拜六》深受读者欢迎的场面:"《礼拜六》曾经风行一时,每逢星期六清早,发行《礼拜六》的中华图书馆门前,就有许多读者在等候着。门一开,就争先恐后地涌进去购买。这情况倒像清早争买大饼油条一样。"② 现代出版家张静庐回忆起自己迷恋小说的少年时代也不由得感叹:"《礼拜六》在这时代真是再红也没有的刊物。"③

由此可见,当时的鸳鸯蝴蝶派的作品并非只是"高兴时的游戏或失意时的消遣"的工具(《文学研究会宣言》),其观念也并非仅仅是"金钱主义"的④。而实际上鸳鸯蝴蝶派的作品凝聚着创作者们许多的心血,是民国时期市民文学兴起的重要标志。所以,我们不能紧紧依赖文学史的叙述就片面地断定鸳鸯蝴蝶派的作品一无是处,而是应该深入其细部进行详尽的考量,这样才能还其一个真实的面目。

二

正是由于许多主流文学史对一些文学细节的遮蔽,所以很多时候造成我们无法看到文学现象的真实面貌,更无法对这些现象的来龙去脉做线索性的梳理。尤其是第一个十年的文学,因为新文学先驱者们是抱着激烈的批判主义的态度来看待传统旧文学的,所以他们在对第一个十年的文学进行史学评价的时候,往往会割裂掉传统旧文学与第一个十年文学的必然联系,所以我们往往看不到从传统旧文学到第一个十年文学的清晰发展脉络。比如作为舶来品的戏剧,它最初就是在新文学者猛烈批判旧剧的同时走上文坛的,而在后来戏剧的发展过程中,戏剧创作者们更多的也是以西方戏剧艺术的写作模式为参照,文学史家们也更多地梳理的是西洋戏剧在中国的发展流变和对中国戏剧文学创作的影响等,从而忽视了对传统戏曲艺术发展历程的线索梳理,致使一大批优秀的剧作家和剧作研究者被埋

---

① 参见刘铁群:《〈礼拜六〉:民初市民文学期刊的代表作》,《广西师范大学学报》2006年第2期。
② 周瘦鹃:《闲话〈礼拜六〉》,《花前新记》,江苏人民出版社1958年版,第212页。
③ 周瘦鹃:《〈礼拜六〉旧话》,《工商新闻》副刊,1928年8月25日。
④ 茅盾:《自然主义与中国现代小说》,《小说月报》,1922年第13卷第7号。

没。比如一生致力于戏曲及其他声律研究的吴梅先生，我们在文学史上就极少见到他的名字。而实际上，他对传统戏曲研究极为精深，他不但整理了唐宋以来的不少优秀剧目，还创作了不少昆曲，并且是第一个把昆曲这一民间艺术带入北京大学的教授。他的弟子既有名教授、大作家，又有梨园界的大师，如朱自清、田汉、郑振铎、齐燕铭、著名京剧表演艺术大师梅兰芳、俞振飞等，吴梅所作的《中国戏曲概论》是放眼全局的第一部中国戏曲通史；《元剧研究》和《曲海目疏证》对剧作家与作品的考证，也有承前启后之功；《霜崖曲话》、《奢摩他室曲话》和《奢摩他室曲旨》等采取传统的曲话形式，广泛评述散曲、剧曲的形式与内容，既为作者的进一步研究打下了基础，也为后人的研究提供了可贵的参考材料。既然吴梅先生在传统戏曲方面作出了这样重要的贡献，显然，一部文学史在叙述中国戏剧创作与研究的过程中，如果不提吴梅先生是不完整的。而我们的诸多文学史恰恰就将其一笔带过，甚至不提。正是由于这种对诸多重要文学细节的漠视态度，所以直到今天我们的戏曲史还依然呈现出的是散乱式、片面化的状态，没有一条清晰、明确的线索可言。

文学史写作对许多细节重视得不够，不仅使第一个十年的文学无法呈现出一条清晰的发展脉络，而且还由此带来了一系列的问题。比如有些学者强调五四新文学与传统旧文学的断裂。这些学者之所以有这样的论断，就是依然坚持的是五四时期的反传统的激进立场，从而忽视了五四新文学和传统旧文学之间那些必然的联系。而实际上任何一段文学都是不可能脱离传统而存在的，五四新文学，或说第一个十年的文学也不例外。而近年来，王德威的"没有晚清、何来五四"、严家炎的"甲午战败起点说"、丁帆的"民国元年起点说"，乃至20世纪90年代出现的"文学断裂事件"等，从某种意义上讲，都与学界对文学细节的重视不够有关，此不再赘述。

三

文学细节不明确，文学线索不清晰，势必会让我们无法看清第一个十年文学的全貌，从而导致对作家作品、文学思潮、文学运动等的片面理解。比如五四时期的白话文运动，在文学史的叙述中似乎白话文很容易就战胜了文言文，取代了文言文在文坛上的位置，可是通过对资料的查找与梳理我们发现，实际上白话取代文言并非是一帆风顺的。据资料记载，胡适的白话文运动，在提倡之初不仅遭到了梅觐庄、任叔永等人的激烈反对，而且五四先驱者们自身对于如何实现"文言合一"意见也并不一致。胡适主张"八不"主义，钱玄同则赞同"纯为白描，不用一典"，主张"须老老实实讲话，务期老妪能释"，而傅斯年在《新青年》上发表了《文言合一草议》一文，提出应"以白话为本，而去文词所特有者，补苴罅漏，以成统一之器，乃吾所谓用白话"，而用白话作材料，即"取白话为素质，而以文词所特有者补齐未有"。① 从以上的资料中我们可以发现，五四时期的白话文运动，并不是完全像许多文学史中讲述的那样：新文学先驱者们意见完全同意，并统一站在一条战线上，对传统的文言采取了完全反对和抛弃的态度。如果我们不了解这些，我们就很难理解为什么在第一个十年许多新文学作家在反对文言的同时，而在其作品中还依然有大量的文言词汇出现。以往我们常常将其视为新文学作家一时之间还不能更好地脱离传统而存在，而事实则是许多新文学作家在倡导使用白话进行创作的同时，根本就没有打算放弃使用文言。再比如陈独秀，在先前的许多文学史中，常常涉猎的是他在《文学革命论》中提出的"民主"、"科学"的概念和他的"三大主义"，而忽视了陈独秀在其他方面的重要功绩。而事实上，陈独秀对第一个十年新文学的提出了诸多建设性的意见，如陈独秀1915年发表的《今日之教育方针》一文中对于教育问题的探讨，他认为："教育家之整理教育，其术至广，而大别为三：一曰教育之对象，一曰教育之方针，一曰教育之方法。教育之对象者，即受教育者之生理及心理的性质也；教育之方针者，应采何主义以为归宿也；教育之方法者，应若何教授陶冶以实施此方针也。三者之中，以教育之方针为最要：如矢之的，如舟之舵。不此是图，其他设施，悉无意识。"文中还对教育的意义做了说明："窃以理无绝对之是非，事以适时为兴废。吾人所需于教育者，亦去其不适以求其适而已。盖教育之道无他，乃以发展人间身心之所长而去其短，长与短即适与不适也。以吾昏惰积弱之民，谋教育之方针，计惟去短择长，弃不适以求其适；易词言之，即补偏救弊，以求适世界之生存而已。外览列强之大势，内鉴国势之要求，今日教学相期者，第一当了解人生之真相，第二

---

① 傅斯年：《文言合一草议》，《新青年》第4卷第2号，1918年2月15日。

当了解国家之意义,第三当了解个人与社会经济之关系,第四当了解未来责任之艰巨。"① 另外,陈独秀在《1916年》一文中,对纲常名教进行了猛烈的批判,对"尊重个人独立自主之人格"的热情呼吁②;在《吾人最后之觉悟》一文中,对资产阶级民主思想的大力宣传,对人民积极参与政治,不要把希望寄托在"善良政府、闲人政治"的积极倡导等③,都对第一个十年的新文学的建设产生了重要的影响,如果我们不了解这些,我们就无法对陈独秀其人其事作出全面的了解与把握。

总之,第一个十年的文学是由无数个细节之"点"所构成的,只有抓住了这些重要的"点",我们才能把它串成一条清晰的"线",从而看到第一个十年文学的全貌。所以对这些在文学史中少见,甚至是不为人知的文学细节的梳理是必要的,也许这些细节并不一定都要写进文学史,但是作为一种客观的历史存在,是不应该抹杀的。这正是我们编撰这套文学编年史的初衷,也是它的价值和意义所在。

---

① 陈独秀:《今日之教育方针》,《青年杂志》第1卷第2号,1915年10月15日。
② 陈独秀:《1916年》,《新青年》第1卷第5号,1916年1月15日。
③ 陈独秀:《吾人最后之觉悟》,《新青年》第1卷第6号,1916年2月15日。

目 录

1915年
九月 1
十月 6
十一月 12
十二月 14
本年 16

1916年
一月 17
二月 20
三月 25
四月 26
五月 32
六月 36
七月 37
八月 41
九月 44
十月 46
十一月 52
十二月 55

1917年
一月 61
二月 63
三月 66
四月 68
五月 71
六月 74
七月 77

八月 77
九月 78
十月 79
十一月 79
十二月 80

1918年
一月 82
二月 88
三月 92
四月 96
五月 104
六月 110
七月 116
八月 122
九月 128
十月 131
十一月 135
十二月 141
本年 145

1919年
一月 148
二月 152
三月 155
四月 162
五月 167
六月 172
七月 175
八月 180

九月 184
十月 187
十一月 191
十二月 195

本卷主要作家
人名索引 199

本卷后记 212

1915年

九月

1日，中华革命党党员千余人在日本东京集会，反对袁世凯复辟帝制。

1日，参政院代行立法院开会，沈云霈、周家彦、马安良、蔡锷等请愿改变国体。

1日，日本要求废中日关岛条约，中国政府拒绝。

3日，梁启超发表《亦哉所谓国体问题者》，反对帝制。

4日，《申报》转载梁启超接受英文《京报》记者采访谈话一篇，表明了梁对筹安会的态度以及十余年来的政治主张。文中，梁谈道："国体而到必须变更之时，则岂更有反对之余地？除乘机徼利借口生事之乱党外，决无人昌言反对者，吾敢断言也。虽然，变更国体一次，则国家必丧失一部分热心政治之正人，吾又敢断言之。共和建设以还，蔚成之时彦虽多，然有用之才自甘遁弃者，以吾所知，盖已不少。识者未尝不为国家痛惜，然士各有志，无如何也。若更有第二次之变更国体，前次之遁弃者，固断不复出，而继此而遁弃者恐视前更多耳。果尔，则亦殊非国家之福也。"并针对记者提问"将来政体如何"的问题答道："此事能否成为事实，吾殊难言，就理论先例观之，恐在所不免。力学之理，有动则必有反动，此原则之无可逃避者也。既有第一次之变更国体，自应有第二次之变更国体赓续而起，其动因非在今次而实在前次也。吾昔在《新民丛报》与革命党论，谓以革命求共和，其究也必反于帝政；以革命求立宪，其究也必反于专制。吾当时论此焦唇敝舌，而国人莫余听，乃流传浸淫，以成今日之局。今以同一之论调，易时而出诸外国博士之口，而臭腐忽为神奇，相率以研究之，既可怪诧，尤当知吾十年前所预言者,今外国博士所称述只得其半耳,其余一半,则吾惟冀吾言之不中也。若夫我大总统乎,则两次就位宣誓,万国共闻,申令煌煌,何啻三五,即偶与人泛论及此问题,其断不肯帝制自为之意,亦既屡次表示,有以此致疑吾大总统者,恐不敬莫大乎是也。"①

6日,教育部设立通俗教育演讲会,鲁迅任该会小说股主任,次年2月辞职。

袁世凯政府在教育部设立通俗教育研究会,在《章程》中规定,意欲"挽颓俗而正心","研究通俗教育事项,改良社会,普及教育"。通俗教育研究会实际上是袁世凯政府加强思想文化统治的工具。下设小说、戏曲、讲演三股。要求小说股严禁妨害风俗之新旧小说,编译审核"寓忠孝节义之意"的小说。小说股也建议"劝导改良及查禁小说办法"四条。1日,鲁迅被教育部指派为小说股主任。他主张"有权在手,便当任意作之"(鲁迅1918年8月20日致许寿裳的信),没有照办,而是另立标准。强调小说应当理想高尚纯洁,有益于改良社会,能增进国民常识,取材要精审,词义要精美。次年2月,鲁迅借故辞去小说股主任的职务。

鲁迅在任小说股主任期间,一方面以大量时间讨论各种条例、规则,没有进行多少通俗教育研究会所规定的实际工作,抵制了袁世凯妄图利用该会为其复辟帝制服务的阴谋;另一方面,在制定查禁及改良小说的条例中,打击了当时风靡一时的鸳鸯蝴蝶派小说,对普及科学知识的读物则加以提倡。②

10日,《中华国货月刊》在上海创刊,李卓民编辑。

11日,云南唐继尧召集军官会议,准备反对帝制。

15日,《青年杂志》月刊在上海创刊。陈独秀主编,上海群益书社发行。《青年杂志》于1916年2月15日出版至1卷6号后休刊半年。9月1日自2卷1号起复刊,更名《新青年》,同时成立《新青年》杂志社。1917年1月迁北京。1918年1月第四卷起改为同人刊物,由陈独秀、钱玄同、高一涵、胡适、李大钊、沈尹默等轮流编辑。不久,鲁迅加入编辑部。"五四"运动后休刊半年。1919年10月前后迁返上海。陈独秀复任主编。该刊倡导新文化运动,提倡科学与民主,反对旧道德,提倡新道德,反对旧文学,提倡新文学。刊发了许多在中国现代思想

---

① 梁启超:《梁任公与英报记者之谈话》,原载《申报》,1915年9月4日。

② 参见鲁迅博物馆、鲁迅研究室编:《鲁迅年谱》(增订本)(第一卷),人民文学出版社1981年版,第335页。

文化史上具有重要影响的文章和文艺作品，同时还大量译介国外重要学说和文艺作品，并宣传和传播了马克思和社会主义思想。自 1920 年 9 月 1 日第八卷起，成为上海共产主义小组的刊物，反对无政府主义和伪社会主义思潮。1922 年 7 月休刊。1923 年 6 月改为季刊。成为中国共产党中央委员会的理论性机关刊物，迁广州出版，由瞿秋白主编。出四期后休刊。1925 年 4 月复刊，为不定期刊。出五期，次年 7 月停刊。

《青年杂志》自创刊之日起就高举反对封建文化的旗帜。主编陈独秀在创刊号上发表《敬告青年》一文，称："青年如初春，如朝阳，如百卉之萌动，如利刃之新发于硎，人生最可宝贵之时期也。青年之于社会，犹新鲜活泼细胞之在人身。新陈代谢，陈腐朽败者，无时不在天然淘汰之途，与新鲜活泼者以空间之位置及时间之生命。人身遵新陈代谢之道则健康，陈腐朽败之细胞充塞人身则人身亡；社会遵新陈代谢之道则隆盛，陈腐朽败之分子充塞社会则社会亡。"而在陈独秀眼中，今日中国之青年"……青年其年龄，而老年其身体者十之五焉；青年其年龄或身体，而老年其脑神经者十之九焉。华其发，泽其容，直其腰，广其膈，非不俨然青年也；及叩其头脑中所涉想，所怀抱，无一不与彼陈腐朽败者为一丘之貉。其始也未尝不新鲜活泼，寝假而为陈腐朽败分子所同化者，有之；寝假而畏陈腐朽败分子势力之庞大，瞻顾依回，不敢明目张胆作顽狠之抗斗者，有之。充塞社会之空气，无往而非陈腐朽败焉，求些少之新鲜活泼者，以慰吾人窒息之绝望，亦杳不可得。"因此，在陈独秀看来，欲拯救青年之衰亡，"非太息咨嗟之所能济，是在一二敏于自觉、勇于奋斗之青年，发挥人间固有之智能，抉择人间种种之思想，——孰为新鲜活泼而适于今世之争存，孰为陈腐朽败而不容留置于脑里，——利刃断铁，快刀理麻，决不作牵就依违之想，自度度人，社会庶几其有清宁之日也。青年乎！其有以此自任者乎？若夫明其是非，以供抉择，谨陈六义，幸平心察之。"据此，陈独秀向青年提出了"自主的而非奴隶的"、"进步的而非保守的"、"进取的而非退隐的"、"世界的而非锁国的"、"实利的而非虚文的"、"科学的而非想象的"六点希望。该文实际上已包含了后来所提倡的"民主"和"科学"两方面的要求，是号召思想革新的宣言。此外，陈独秀在文中还鲜明地提出了"人权、平等、自由"的思想，确认"人权平等之说兴"与"科学之兴"，"若舟车之有两轮焉"，是推进现代社会进化的基本条件。此后，《新青年》大力提倡民主、科学和新文学，是新文化运动和文学革命的倡导者和主要阵地。该刊发表的大量文章,都以攻击专制主义和封建道德,宣传民主政治和"人格独立"为己任。另针对康有为等人大肆鼓吹孔教,奉孔教为"国教"的呼吁,《新青年》还展开了对孔子学说的批判,掀起了被称之为"打倒孔家店"的思想运动。郭沫若在《文学革命之回顾》一文中,曾对《新青年》及其主编陈独秀评价说:"文学革命的泉水经过了一段长久的伏流时期,在五四运动的前后才突然爆发出来,成了一个划时期的运动。主持这个运动的机关,谁也知道是《新青年》,主持《新青年》的人,谁也知道是陈独秀。陈独秀本来并不是一个文学家,他的行径同梁任公、章行严相同,他只是一个文化批评家,或者文化运动的启蒙家。他的起初其实也不外是一个资产阶级的代言人。对于封建社会旧文化的抨击,梁任公、章行严辈所不曾做到乃至不敢做到的,到了《新青年》时代才毅然决然的下了青年全体的总动员令。"①

18日,孙中山指示党务部发布第16号通告。通告说"数年来蓄志以亡民国者,袁氏实为第一人",筹安会受袁氏主使,是"一种主张变更国体,改民主为君主之政治法社也"。通告向国内同胞呼吁:"千钧一发,时不我与,惟我内外诸同胞速图之。"现在"共和真髓,实无一存,所存者不过其名而矣!……能速革命,而后有国,否则事机一去,噬脐不及"。

21日,胡适抵达哥伦比亚大学(他从康乃耳大学文学院正式转入哥伦比亚大学乃从6月20日算起),自述"我转学哥大的原因之一便是因为康乃耳哲学系基本上被'新唯心主义'(NewIdealism)学派所占据了的缘故"②,转学哥大,即是为了追随杜威学习哲学。

30日,孙中山派胡汉民、杨庶堪赴菲律宾,邓铿、许崇智赴南洋各埠,筹讨袁军饷。

月底,孙中山在东京委任陈其美为中华革命军东南军总司令,在上海设筹备处;居正为东北军总司令,在青岛设筹备处;胡汉民为西南军总司令,在广州设筹备处;

---

① 郭沫若:《文学革命之回顾》,见郑方泽编:《中国近代文学史事编年》,吉林人民出版社1983年版,第349页—350页。
② 胡适:《藏晖室札记》,卷十一,《胡适的自传·哥伦比亚大学和杜威》,见曹伯言、季维龙编著:《胡适年谱》,安徽教育出版社1986年版,第91页。

于右任为西北军总司令,在陕西省三原县设筹备处。

本月,《双星杂志》改名《文星杂志》,以兴国学为旨,由上海国学昌明社发行。

本月,商务印书馆出版王国维(1877～1927)著《宋元戏曲史》,亦名《宋元戏曲考》)(《文学丛刻》本)。这是中国第一部系统研究戏曲发展史的专著,材料相当丰富,治学态度谨严,颇有影响。其中有些见解(如关于杂剧的历史分期)更为研究界长期沿用。本书固然还有不够完备、不够深入的地方,但开辟之功,良不可没。该书论述了中国戏曲形成过程,全书共16章,以宋、元两朝为重点,征引历代有关资料,说明其源流演变。书中介绍了古代巫者的装神和娱神;春秋战国时期倡优的戏谑和讽谏;汉代的角觝戏;唐代的歌舞戏、滑稽戏、参军戏等。书中认为,宋代滑稽戏得到进一步发展,而小说与讲史的故事结构,傀儡戏和影戏的人物造型,舞队的形体动作,乐曲的成套唱腔,都促进了宋杂剧的形成。书中提出,宋杂剧尚兼有竞技游戏,还不是纯正的戏曲。与宋杂剧时间相近、体制相仿的有金院本。

《宋元戏曲史》既包含有理论观念的拓新,又有研究方法上的意义:

(一)王国维吸收了西方输入的文学史观念,对中国古典戏曲的发展线索进行了严密的考证和分析,开创了"戏曲史"研究的新领域。1.他为我们勾勒了中国古典戏曲形成、发展的大致轮廓,他的勾勒是清晰而又颇确当:(1)上古至五代是我国戏曲的萌芽时期。(2)宋金两代是我国戏曲的形成时期。(3)元杂剧的形成标志着我国戏曲的成熟。(4)元明南戏较元杂剧变化更多,故发展了中国古典戏曲。2.王国维对元代戏曲的发展作了划分,确立了元代戏曲经历了"蒙古时代、一统时代、至正时代"三个历史阶段,这也较能体现元代戏曲发展概况。3.总之,王国维从事戏曲史的研究虽然还是有初创时期的痕迹,但确实是戏曲批评史上前所未有的开创性工作。郭沫若把《宋元戏曲史》和鲁迅的《中国小说史略》并誉为"中国文艺史上的双璧",并非溢美之词。

(二)王国维在《宋元戏曲史》中借鉴了中西诗学中的某些思想意蕴。提出了许多合理而又富有启发性的理论观念,对中国古典戏曲的研究有理论上的重要突破。1.王国维对"戏曲"这个概念作了科学的明确界定:"必合言语、动作、歌唱,以演一故事,而后戏剧之意义始全。"2.他自觉地把戏曲的形成过程视为各种艺术门类的综合过程,认为各种艺术样式的逐渐融合正是戏曲不断趋向成熟的标志。

3.他还把叙事体向代言体的转化看成戏曲最终形成的又一重大突破。认为中国之"真戏曲"的形成时期正是上述两者的"兼备"之时,无疑,王氏的这个观点是较为正确的。4.王国维把古典诗学中的"意境"理论自觉地移入戏曲领域,这一方面把戏曲和传统艺术的审美意蕴接通的血脉,同时又使意境论在理论范畴上有了拓展。他认为元曲之佳处正在"有意境而已矣"。5.戏曲意境就是"写情则沁人心脾,写景则在人耳目,述事则如其口出是也。"这的确是对于元剧的极好揭示。6.王国维对"意境"的追求根植于他以"自然"为标准的审美理想,他把"自然"的审美特征视为戏曲文学超越其他艺术样式的突出之处,并认为"元曲为中国最自然之文学"。7.把"自然"、"意境"引入曲坛,这不是王氏的首创,但是把它看作为评判戏曲艺术的重要标准,这确实是他超越前人的地方。8.王国维最先从西方引入悲喜剧理论来研究古典戏曲,这在戏曲批评史上是个创举,同时也是他对戏曲理论研究的又一突出贡献。

(三)《宋元戏曲史》中体现的研究方法,也是王国维对戏曲研究的一个突出贡献,前人评其"转移一时之风气,而示来着以轨则"并非过誉。王国维的胞弟王哲安将其兄的研究方法概括为:乾嘉学风的严密实证和西学的逻辑推演两者的相互制约和影响。

本月,《秋星》月刊出版,上海右文社发行,徐知希等编辑。

本月,郭沫若从一高预科毕业,被分派到冈山的六高医科继续学习,广泛阅读泰戈尔、屠格涅夫、歌德、海涅等人的作品,并极为倾慕斯宾诺莎的哲学思想。此时,与郭沫若同学的还有创造社另一重要成员成仿吾。两人在冈山同住了将近两年,从此结下了深厚的友谊。

本月,陈嘏译的俄国屠格涅夫小说《春潮》发表于《青年杂志》创刊号。

十月

1日,《新中华》(月刊)创刊。该刊反对帝制复辟,力主联邦自治,警惕险恶之经济侵略,呼唤新道德文明。共出6期。

1日,月刊《中华小说界》出至第二卷第十期,本期刊有短篇小说《立志小说乔奇小传》、《滑稽小说亚森罗苹失败史》、《奇情小说五镑金》、《医学小说钻祟》。

长篇小说《国事小说黑肩巾（续）》、《苦情小说天刑记（续）》。

1日，包天笑作小说《冥鸿》，刊于《小说大观》第2、4集。作品述青年军人大哀在武昌起义时牺牲于战场上，临终前遗言妻子，嘱她每星期写信给他。大哀之妻照遗言写信，共写了十一封信，回忆往日的爱情，叙述今日的生活和儿子的情景。

1日，无愁作小说《渔家苦》，刊于《小说大观》第2集。作品述某渔翁辛勤劳作，捕获虽多仍不足养家。其女每天绣花补贴家用，家中还有一儿媳一孙子和二名幼年的侄儿，过着半饥饱的生活。后因女儿患病无钱治疗，生活越发艰难，渔翁眼见无望，吞食柴头自杀。一家陷入更深的困境中。

1日，叶小凤作小说《蒙边鸣筑记》，刊于《小说大观》第2集。作品讲述江南生游蒙古和满洲，与旅伴平小川一起被胡匪铁鹞王捉去。平小川是日本间谍，盗得铁鹞王的满蒙地理秘籍后逃离，江南生下山追寻，在长春中了平小川的计，幸遇朝鲜女侠朝阳艳救出。铁鹞王助朝阳艳杀死平小川。秘籍已转到日本间谍吉田手中，铁鹞王在呼伦城布下罗网，生擒吉田，追回秘籍。江南生与朝阳艳结为伉俪。

1日，瘦鹃小说《五十年后之重逢》，刊于《小说大观》第2集。

1日，半侬小说《希腊拟曲》，刊于《中华小说界》第2卷第10期。

1日，胡适在日记中记哥伦比亚大学所藏中国之《古今图书集成》。结语说："满清康熙、雍正、乾隆三帝，鼓励文学，搜集文献，刊刻类书钜制，其功在天地，不可泯灭也。"（《藏晖室札记》卷十一）

1日，月刊《小说海》出至第一卷第十号，本期刊有短篇小说《蜜月泪影》、《店家妇》、《虎伥》、《名马》、《黑箭大侠》、《玫瑰花》、《美人分析记》、《丽鬼》、《鸭蛋岛探险记》、《蓬莱仙馆》，长篇小说《模范岛（续）》、《无人岛（续）》以及杂俎和诗文。

1日，《雪花围》（小说），俄国作家托尔斯泰著，雪生译述，上海商务印书馆刊。

2日，《礼拜六》周刊出至第七十期，本期刊有小说《奇情小说兰闺双侠》、《复仇小说迷离月色》、《哀情小说青春误》、《苦情小说青楼恨》、《短篇小说慈爱之花》、《社会小说说尽心中无限事》、《侠情小说剑胆箫心（续）》、《警俗小说悖入悖出（续）》。

2 日，郁达夫的两首七律《不忍池边晚步过韵松亭小酌》《客感》，载于 1915 年 10 月 2 日《神州日报·神皋杂俎·文苑》。

3 日，胡适写信给母亲，再谈婚姻之事。是时，外间传胡适久不归国，有在外另娶之意。这使胡适母亲及江冬秀一家感到不安，所以胡母有信询问此事。胡适写信澄清事实，并坚决而明确地表明，与江冬秀的婚约绝对有效，绝无别娶之意。

3 日，郁达夫的七绝《咏史》，载于 1915 年 10 月 3 日《神州日报·神皋杂俎·文苑》。

5 日，洪深在《清华周刊》第 49 期上发表《课余随笔》。

6 日，胡适给同乡、上海亚东图书馆主人汪孟邹致信，告知"《甲寅》自五期由炼接办以来，渐见发达，销路约近四千。惟近被政府干涉，令邮局不代寄，真正可叹。"并随信寄《青年》杂志一册，告知"内炼友人皖城陈独秀君主撰"。并告陈氏有意邀请胡适为《青年》撰稿，"或论文，或小说戏曲均所欢迎"。

6 日，郁达夫的两首七律《八月初三夜发东京车窗口占别张杨二子》《寄家长兄曼陀养吾同客京师》，载于 1915 年 10 月 6 日《神州日报·神皋杂俎·文苑》。

7 日，郁达夫的七绝《梦春江第一楼逢旧识》，七律《中秋夜中村公园赏月兼吊丰臣氏》，载于 1915 年 10 月 7 日《神州日报·神皋杂俎·文苑》。

9 日，瘦鹃小说《捣麝拗莲记》刊于《礼拜六》第 71 期。作品讲述了青年女子杨瑞英与臧策订婚，臧策到北京教书，资助瑞英在家乡读书，同学间都赞叹瑞英的幸福。臧曾二次约定假期回乡与杨完婚，但二次都未成行。第三次约定后，杨瑞英做好一切准备，臧策仍未回来，去信也不回复。杨瑞英承受不了沉重的打击，蹈海自杀了。

9 日，《骠骑父子》(小说)，俄国作家托尔斯泰著，朱东润译，上海商务印书馆刊。

10 日，比利时传教士雷鸣远于天津创刊《益世报》，1917 年又于北京创办《益世报》。

10 日，《中华新报》在上海创刊，宣称"根据确当国情，宣达真正民意，只求公理正谊所在，不为金钱、势力所倾。"该报辟有杂俎、小说、文苑等栏，由欧阳振声（骏民）任总经理，谷中秀、徐溥霖、李述鹰、吕复任编辑。为上海反对袁世凯帝制之报。

13日，胡适作诗《相思》，收入《尝试集》初版。

13日，《篡位大汉奸》首演于丹桂第一台。该剧为创编古代戏，又名《王莽篡位》。是年，袁世凯指使其党羽大造舆论，积极准备推翻民国，自称皇帝，激起广大民众极端愤怒。爱国艺人及时编演此剧，借古喻今，讽刺袁世凯。此剧情节曲折离奇，并以民众起义诛杀王莽的场面表现人民的力量。由于该剧谴责袁世凯态度直露鲜明，演出四场即遭禁演。

15日，陈独秀在《青年杂志》第1卷第2号上发表文章《今日之教育方针》，文章认为："教育家之整理教育，其术至广，而大别为三：一曰教育之对象，一曰教育之方针，一曰教育之方法。教育之对象者，即受教育者之生理及心理的性质也；教育之方针者，应采何主义以为归宿也；教育之方法者，应若何教授陶冶以实施此方针也。三者之中，以教育之方针为最要：如矢之的，如舟之柁。不此是图，其他设施，悉无意识。"文中还对教育的意义做了说明："窃以理无绝对之是非，事以适时为兴废。吾人所需于教育者，亦去其不适以求其适而已。盖教育之道无他，乃以发展人间身心之所长而去其短，长与短即适与不适也。以吾昏惰积弱之民，谋教育之方针，计惟去短择长，弃不适以求其适；易词言之，即补偏救弊，以求适世界之生存而已。外览列强之大势，内鉴国势之要求，今日教学相期者，第一当了解人生之真相，第二当了解国家之意义，第三当了解个人与社会经济之关系，第四当了解未来责任之艰巨。"今日之教育方针具体应以四个方面为准则：一、现实主义；二、惟民主义；三、职业主义；四、兽性主义。同期还刊有王尔德的爱情喜剧《意中人》，薛琪瑛女士译，以及其他诗歌和小说。

15日，胡适所记论述颇多，其中主要有《读〈集说诠真〉》、《〈圣域述闻〉中之〈孟子年谱〉》、《印书原始》、《论宋儒注经》等。他认为"宋儒注经，其谬误之处固不少，然大率皆所循。""宋儒注经之功，非以之与汉注唐疏两两相比，不能得其真相。汉儒失之迂而谬，唐儒失之繁而奴，宋儒之迂，较之汉儒已为远胜，其荒谬之处亦较少"。(《藏晖室札记》卷十一)

15日，《民权素》出至第十一集，本期刊有小说《惨情短篇碧儿》、《险情短篇汝为谁》、《爱情短篇真正之爱情》、《节义短篇爱国之厨役》、《孽情短篇鸳峰碧血》、《侠情短篇芬姑》、《滑稽短篇天魔会》等等。同期还有章太炎《亡女事略》、古香《梅骨盦诗钞序》、起予《罗处士忠孝图合编序》、佛慈《悼虞集序》、瘦梅《冬烘先生序》、磻湖《孔方子传》等文。一萍的《叫天南来十日记》从本期直到十七集，评论谭鑫培在上海的演出。

15日，宋春舫《评新剧本〈新村正〉》载于《新青年》第一卷第二号，高度评价天津南开新剧团张彭春编导的新剧《新村正》。《新村正》以写实手法描绘了地主豪绅勾结帝国主义和封建势力贿选村长的故事，反映了辛亥革命的流产和封建反动势力对新生进步力量的扼杀。

15日，筹安会改组为宪政协进会。

16日，《礼拜六》出至第七十二期，刊有瘦鹃翻译的小说《惠林顿轶事红茶花》等及其他小说。

16日，周作人辑介绍希腊文学的几篇旧作《希腊之小说》、《希腊女诗人》、《希腊之牧歌》等，总名为《异域文谈》，由小说月报社出版。

17日，周作人寄鲁迅《会稽郡故书杂集》十册。

17日，南社在上海愚园举行第十三次雅集，到会人士有蔡寅、叶楚伧等27人，柳亚子因腿伤未到会，继续当选为主任。

20日，梁启超在《大中华》第1卷第10期发表《伤心之言》中的一个子题《良心麻木之国民》，收入《饮冰室合集·文集》第12册第33卷。

21日，郭沫若在日本致信父母，报告至冈山一月来的生活起居及学习情况，并说每日早晚仍坚持"静坐"。信中附录了作息时间表。

22日，洪深在《清华周刊》第51期上发表《勉少年》。

23日，周作人的妻子羽太信子生次女，取名若子。

23日，《礼拜六》出至第七十三期，刊有瘦鹃小说《别裁小说珠珠日记》。

25日，《小说月报》出至第六卷第十号，本期刊有短篇小说《苏明光陈永元传》、《陈珠儿》、《陈公义师徒》、《记蒋村惨杀案》、《少》、《玉连环》、《玛志尼轶史》、《谎》、《钓丝姻缘》、《孽缘》。长篇小说《冤海灵光（未完）》、《德国外交秘史（续）》、《断雁哀弦记（续）》。同期还有我一的散文《太和殿武英殿游览记》和蒋维乔的散文《泰山纪游》。其中，《记蒋村惨杀案》记述了少女秀英被家庭教师引诱成奸，奸情暴露后，家庭教师杀死秀英的父母，席卷全部财产，带着秀英迁居北京。秀英的表兄到北京私访，用酒灌醉教师，尽得真情，上告官府，将凶手正法。小说《谎》叙述了罗宾夫人与一个画家结婚。罗宾夫人自称前夫为舰长，其叔为犹太教会长。

与前夫离居之后，她只能依靠教豪门之儿女学习风琴，收入颇丰。画家与罗宾夫人同居五年，白天各出工作，晚归共欢。罗宾夫人曾数次彻夜未归，皆托词女兄病重。后罗宾夫人病危，画家于是造访各处，皆言不识罗宾夫人。最后罗宾夫人枕画家臂而死，仍不吐真言。

25日，月刊《小说丛报》出至第十五期，本期刊有短篇小说《札记小说养疴客谈》、《言情小说梅仙小史》、《明季痛史三瘸脚》、《传记小说菱官小传》、《侦探小说密码》、《社会小说箧中贮尸记》、《记事小说贞妇血》、《军事小说鱼艇案》。长篇小说《别体小说雪鸿泪史》、《哀情小说孤鸯语》、《奇情小说刻骨相思记》、《侦探小说蒲尔脱秘密案》、《历史小说剩水残山录》。

30日，胡适在日记中记述女子教育之最上目的，"乃在造成一种能自由能独立之女子。国有能自由独立之女子，然后可以增进其国人之道德，高尚其人格"。在此之前，他认为女子教育"乃在为国人造良妻贤母以为家庭教育之预备"。之所以有此大变，他说是认识韦女士之后所得到的启发。是日，与张奚若至纽约第五街观看女子参政大游街，所记甚详。(《藏晖室札记》卷十一)。

31日，周作人由墨润堂书坊转送来小说月报社函及所刊之《异域文谈》稿酬十七元。

小说《飞将军》由上海商务印书馆1915年10月初版，英国作家葛丽斐中著，天游译。收入《说部丛书》第2集第89编。

小说《溷中花》由上海商务印书馆1915年10月初版，法国作家爽梭阿过伯著，林纾、林庆通译。收入说部丛书第2集第38编。后又收入林译小说丛书第2集第6编。

小说《柳暗花明录》由上海文明书局1915年10月初版，英国作家却而斯佳维著，常觉、小蝶译，天虚我生编。

小说《刺蔷薇》由上海进步书局1915年10月初版，蒋景缄译。

小说《秘密怪洞》由上海商务印书馆1915年10月版，日本作家晓风山人著，郭家声、孟文翰译。收入说部丛书第2集第88编。

小说《恋海之恶波澜》由上海中华书局1915年10月初版，欧阳沂编译。

小说《爱儿小传》由上海商务印书馆1915年10月初版，陶祝华、庄孟英译。收入说部丛书第2集第98编。

小说《雪市孤踪》由上海商务印书馆1915年10月初版，天行译。收入说部丛书第 2 集第 76 编。

小说《稗苑琳琅》由上海商务印书馆初版，美国作家美林孟著，诗庐译。收入说部丛书第 2 集第 87 编。

张恨水在"文明剧团"工作，但是收入甚微，无钱买夹衣，仍身着夏服，不久病倒，只得当衣买药。年底，张恨水贫病交加，"上海也就再住不下去了"，于是再返故乡。这番经历，使他深知漂泊之苦，决心"不再流浪了"，一头钻进"黄土书屋"，自学自修起来。

叶小凤著《蒙边鸣筑记》，载于《小说大观》第 2 集。

鲁迅出席通俗教育研究会第二次大会。会上，新任教育总长张一麐致辞说："近时小说，则上海出版者颇多恶劣……宜多为调查，如书肆有贩而私售者，一经查出，必严其罚而火其书，用强制执行之法，务使此种不良之小说驱除无遗，此消极方面之办法也。而积极一方面，则编辑极有趣味之小说，而视不良小说如毒药之不可复进，则社会必因之日良矣。"（《通俗教育研究会第一次报告》）

宗天风《若梦庐剧谈》由上海泰东图书局初版。有剧论 12 则，列传 92 则，剧评 12 则，歌舞拾零 22 则，并附有新剧脚本《梨云梦》。

墨泪词人传奇《花月痕》载于《妇女杂志》第一卷十至十二号、第二卷六、七号。取材于魏子安小说《花月痕》，写书生韦莹与妓女刘梧仙的爱情故事。仅成五出，第一出前外加《楔子》。

章士钊主办的《甲寅杂志》被禁停刊。

商务印书馆于 1908 年开始编撰的《辞源》出版。

《小说新报》出至第九期，本期刊有短篇小说《明季佚闻之五成德外传》、《欧战中之情史生死交》、《苦情小说衡阳断雁》、《哀情小说吟魂秋梦》、《义侠小说三义村》等，长篇小说《欧美名家小说天作之缘》、《艳情小说伉俪福》、《侠情小说破镜圆》、《社会小说赌窟》等，其他还有各种传奇、弹词、文苑、歌谱等。

十一月

1 日，周瘦鹃、屏周译小说《人欤猩猩欤》（著者不详），《中华小说界》2 卷 11 期。

1日，刘半农译小说《如是我闻》（[俄]托尔斯泰），《中华小说界》2卷11期。

1日，刘半农：《淡娥》（小说），《中华小说界》2卷11—12期（1915年11月1日—12月1日）。

5日，姚鹓雏：《青衫残泪》（小说），商务《妇女杂志》1卷11号。

10日，鲁迅主持召开小说股第七次会议，讨论编译小说标准。

15日，陈独秀：《现代欧洲文艺史谭》，《青年杂志》第1卷第3号—4号（1915年11月15日—12月15日）。针对国内文坛的现状，专门介绍西方现代文艺思潮，描述了欧洲从古典主义、浪漫主义到现实主义、自然主义思潮的演进过程。

16日，李思纯译小说《石笔之历史》（著者不详），《娱闲录》9期。

20日，周瘦鹃译小说《慈母》（法兰西革命佚史之一），《礼拜六》77期。

25日，吴虞：《松冈小史》，《小说月报》6卷11号。

25日，江子厚：《方孝娥》（小说），《小说月报》6卷11号。

25日，王梅癯：《冯铁匠》（小说），《小说月报》6卷11号。

25日，一厂：《记刘傅两节妇事》（小说），《小说月报》6卷11号。

25日，江子厚：《失女案》（小说），《小说月报》6卷11号。

25日，黄静英女士：《覆水》（小说），《小说月报》6卷11号。

25日，蒋维乔：《居庸关纪游》（散文），《小说月报》6卷11号。

25日，庐寿籛：《托尔斯泰》（小说），《中华学生界》1卷11期。

25日，叶醒民、王善馀译小说《巴里门之女郎》（[英]吉尔巴脱达尔），《小说月报》6卷11号。

25日，建生、廖旭人译小说《妒》（[法]多德），《小说月报》6卷11号。

25日，建生、廖旭人译小说《悍》（[法]多德），《小说月报》6卷11号。

27日，周瘦鹃译小说《帏影》（[美]南山尼尔霍桑），《礼拜六》78期。

30日，《通俗教育会审核小说之标准》，《湖南教育杂志》4卷11期。

本月，《大夏》月刊出版于上海，龚时蒂主编，仅出一期，主要栏目有图画（摄影）、社论、学术、名著、小说、韵语等，由大夏丛刊社发行。主要撰稿人有章太炎、楚郎、天汉等。

本月，阿瑛：《关门侯印》（小说），《小说新报》10期。

本月，蒋景缄：《黄金舌》（小说），上海文明书局出版。

十二月

1日，鲁迅主持召开通俗教育研究会小说股第十次会议。

1日，林纾：《傅眉史》（小说），《小说大观》3集。

1日，叶小凤：《如此京华》（小说），《小说大观》3—4集（1915年12月1日—30日）。

1日，陈碟仙译小说《赤鬼手》（[英]柯南达利），《小说大观》3集。

1日，王述勤、廖旭人译小说《嫁侯恨》（[法]莫巴桑），《小说大观》3集。

1日，吴冰心译小说《世界秘史》（[美]埃伦阿布瓦特），《小说大观》3集。

1日，汉声、亚星译小说《老鼓手》（[法]爱德华嘉朂），《中华小说界》2卷12期。

1日，刘半农译小说《暮寺钟声》（[美]华盛顿欧文），《中华小说界》2卷12期。

5日，中华革命党在上海发动"肇和"舰起义。

11日，周瘦鹃译小说《无名之侠士》（著者不详），《礼拜六》80—84期（1915年12月11日—1916年1月8日）。

12日，袁世凯接受帝位并于次日接受百官朝贺。

15日，林琴南：《桐城派古文说》，《民权素》13集。

15日，苏曼殊：《燕子龛随笔》（散文），《民权素》13集。

25日，云南护国军成立，蔡锷等人宣布云南独立。

25日，朗山译小说《敌国缘》（[美]华盛顿欧文），《小说月报》6卷12号。

25日，毛秀英译小说《邂逅缘》（[英]尼古拉），《礼拜六》82期。

25日，雪生译小说《大拇指》（[法]孔那多咽），《小说月报》6卷12号。

25日，江子厚：《卜世仁》（小说），《小说月报》6卷12号。

25日，瞻庐：《断肠人语》（小说），《小说月报》6卷12号。

30日，刘半农译小说《一身六表之疑案》（[英]柯南达理），《小说大观》4集。

30日，周瘦鹃：《云影》（小说），《小说大观》4集。

30日，章士钊：《游侠外史》（小说），《小说大观》4集。

31日，袁世凯申令改国号为"中华帝国"，以1916年为"洪宪"元年。

本月，梁启超见国事日变，由天津南下，在沪筹划云南、贵州、广西三省之义举运动。

本月，许地山从缅甸回国。

许地山（1893—1941），名赞堃，号地山，笔名落华生。中国现代小说家、散文家、"五四"时期新文学运动先驱者之一。1913 年受聘到缅甸仰光华侨创办的中华学校任职，两年的海外生活，他的思想受到一定影响，他创作的不少作品都取材于此。1915 年 12 月，许地山回国，在漳州华英中学任教。1921 年 1 月，许地山和沈雁冰、叶圣陶、郑振铎、周作人等 12 人发起成立文学研究会，创办《小说月报》，成为我国现代文学史上第一个规模最大、影响最广的新文学刊物。许地山以落华生为笔名在刊物上发表了自己的第一篇小说《命命鸟》，写了一对缅甸青年男女在封建礼教桎梏束缚下的爱情悲剧，在读者中引起强烈共鸣。1922 年 2 月 10 日，在《小说月报》上发表的短篇小说《缀网劳蛛》反映了作者对旧社会吃人的封建礼教的愤懑并给予深刻批判，充分显示"五四"时期新文学反帝反封建的民主主义精神。1921 年到 1926 年是许地山创作的第一次高潮时期。这期间，他的 12 篇短篇小说结集为《缀网劳蛛》；44 篇散文小品，由商务印书馆以《空山灵雨》为书名出版。1937 年"七七"卢沟桥事变后，许地山更是义无反顾地投身抗日救亡运动。他走出书斋，奔波于香港、九龙等地，在群众集会上发表演讲，帮助流亡青年补习文化课，还在报刊上发表了《七七感言》、《造成伟大民族的条件》等杂文宣传抗战。1938 年 3 月，在汉口成立的中华全国文艺界抗敌协会，许地山和郭沫若、茅盾、巴金、夏衍等 45 人当选为理事。当时大批文化人与青年学生流亡到香港，成立了"中华全国文艺界抗敌协会香港会员通讯处"，许地山任常务理事兼总务。他写了长篇论文《国粹与国学》，在当时影响很大。他还写了抗日小说《铁鱼的鳃》，作品通过主人公的不幸遭遇，表达了人民坚持抗战的意志和坚强的民族自尊心，受到文艺界的极大好评，被认为是"中国小说界不可多得的作品"。1941 年 8 月 4 日，许地山心脏病发作，英年早逝，年仅 49 岁。

本月，孙中山发表《讨袁檄文》、《讨袁宣言》。

本月，章太炎请吴承仕笔述《菿汉微言》，凡 167 则。末则述其治学变迁。

本月，教育部试办注音字母传习所开幕。

本月，《复旦》杂志在上海创刊、出版，初为半年刊，第八期改为季刊，别题《复旦季刊》。内容以文艺作品居多，哲学、社会科学著译次之。先后设有文选、别史、诗词、小说、著述、文苑、记事等栏。由复旦公社（第七期改复旦大学）编辑发行。

全刊于 1923 年 9 月停刊，共出 17 期。主要撰稿人有荷后生、刘延陵、陈端、杨祚璋、罗家伦、程学瑜、秦光华、唐之轩、陈光辉、贺芳、贾孟雄、谢季康等。

本月，清华大学师生自办的学术刊物《清华学报》在北京创办。1919 年底停刊，1924 年 6 月复刊，由清华大学编行，至 1948 年停刊。

本月，孙毓修编译《鹰雀认母》（寓言、著者不详），上海商务印书馆刊。

本年

本年，在巴拿马举行万国教育会议，当时正在法国的蔡元培，受到北京教育部的委托，草拟向该会议提出的问题，即《1900 年以来教育之进步》。文章分甲乙两份提案，甲提案中提出对于中等教育、乡村教育的教育规范和宗旨，提出教育的四大理想："一曰调和之世界观与人生观"；"二曰负担将来之文化"；"三曰独立不惧之精神"；"四曰安贫乐道之表趣"。认为教育应当指导社会，而不是随逐社会。在乙提案中，蔡元培关注到了幼稚园教育的推广与普及、小学教育和体育等问题。

本年，周作人：《读书杂录》，《绍兴教育杂志》10 期。

本年，王国维：《宋元戏曲史》，上海商务印书馆出版。

本年，北洋政府颁布著作权法。

本年，中华书局开始组织编纂《辞海》。

本年，《中华大字典》出版，收字四万余，四百余万言。

本年，王大错：始刊《戏考》，全书三十余册，辑皮黄、秦腔等戏五百余出。

本年，张亮采：《中国风俗史》刊行。

本年，缪荃孙在上海发现宋人话本集《京本通俗小说》，于本年刊刻出版。

本年，《消闲钟》月刊，1915 年创刊于上海，1917 年 12 月停刊，李定夷主编，国华书局发行，共出 3 卷 36 期。

本年，《上海》（消遣杂志）1915 创刊于上海，仅见第一期。主要栏目有文苑、存古、长短篇小说、新剧等。

本年，《文艺杂志》月刊，1915 年创刊于上海，编著者雷君曜，上海文艺杂志社主办，印刷者上海东方印刷厂，总发行所扫叶山房，16 开本，1915 年出至第 12 期停刊，仅见第十期。主要栏目有笺经室所见宋元书题跋、文录、诗录、词录、小说丛谈、短篇小说、谐文、长篇小说、轶闻、怀旧楼丛录等。

1916年

一月

1日，刘半农创作的二幕悲剧《战后》开始连载发表于《中华小说界》3卷1—2期，以近乎文言的笔法创作，核心情节是从军出征者李敬修战场捐躯，妻子素娘携儿女翘首期盼，但最终等到的却是亲人的遗物。这看来是一个非常富有汉民族审美感情特色的剧作，似乎是在边塞诗词启发下创造的戏剧空间，充满征夫怨妇的悲伤情愫。可贵的是刘半农以非常富有戏剧思维的方法，以"丈夫能否平安归来"为主导悬念，通过其遗物的辗转传递，牵动剧情的波澜起伏，并最终形成高潮和突转。这个遗物是出征前素娘为丈夫精心绣制的皮夹，先是被同伍钱锦标带回时遗落，后又被儿子拾到并认出；钱锦标先到李家交回其他物品，并谎称敬修在后，因未见皮夹，素娘以为丈夫紧藏在身，生命无恙。而当儿女们携皮夹兴高采烈回家报喜时，素娘顿时晕倒。这个在我国传统戏曲中就经常出现的锦囊绣袋，成为刘半农话剧中埋藏戏剧秘密和推动情节转换的重要道具。戏剧线索单纯，但悬念突出，结构十分严谨。

15日，陈独秀在《新青年》第2卷第5号发表《1916年》一文，批判纲常名教。

陈独秀在文章中认为："然生斯世者，必昂首自负为二十世纪之人，创造二十世纪之新文明，不可因袭十九世纪以上文明为止境。人类文明之进化，新陈代谢，如水之逝，如矢之行，时时相续，时时变易。二十世纪之第十六年之人，又当万事一新，不可因袭二十世纪之第十五年以上之文明为满足。"陈独秀接着说明了何谓"一九一六年之青年"："一九一五年与一九一六年间，在历史上化一鸿沟之界：

自开辟以讫一九一五年,皆以古代史目之,从前种种事,至一九一六年死;以后种种事,自一九一六年生。吾人首当一新其心血,以新人格;以新国家;以新社会;以新家庭;以新民族;必迨民族更新,吾人之愿始偿,吾人始有与晰族周旋之价值,吾人始有食息此大地一隅之资格。青年必怀此希望,始克称其为青年而非老年;青年而欲达此希望,必扑杀诸老年而自重其青年;且必自杀其一九一五年之青年而自重其一九一六年之青年。"

陈独秀认为1916年的青年,当"昂首"做人,"其思想动作"当遵从以下三方面内容:

"第一,自居征服(To Conquer)地位,勿自居被征服(Be Conquered)地位。"陈独秀认为"全体人类中:男子,征服者也;女子,被征服者也。白人,征服者也,非白人,皆被征服者也。极东民族中,蒙满日本为征服民族,汉人种为被征服民族。汉人种中,尤以扬子江流域为被征服民族中之被征服民族所生聚。姑苏江左之良民,其代表也。征服者何?其人好男斗狠,不为势屈之谓也。被征服者何?其人怯懦苟安,惟强力是从;但求目前生命财产之安全,虽仇敌盗窃,异族阔赏,亦忍辱而服事之,颂扬之,所谓顺民是也。吾人平心思之,倘无此种之劣根性,则予获妄言之咎矣。如其不免焉,自负为一九一六年之男女青年,势将以铁血一洗此浃髓沦肌之奇耻大辱!"

"第二,尊重个人独立自主之人格,勿为他人之附属品以一物附属一物,或以一物阳屑一入而为其所有,其物为无意识者也。若有意识之人间,各有其意识,斯各有其独立自主之权。若以一人而肘届一人,即丧其自由自尊之人格,立论:被征服之女子奴隶捕房家畜之地位。此白人种所以屈就于独立自主之人格,平等自由之人权也。集人成国4个人之人格高,斯国家之人格亦高;个人之权巩固,斯国家之权亦巩固。而吾国自古相传之道德政治,胥反乎是。儒者三纲之说为一切道德政治之大原。君为臣纲,则民于君为附属品,而无独立自主之人格矣;父为子纲,则子于父为附属品,而无独立自主之人格矣;夫为妻纲,则委于夫为附属品,而无独立自主之人格矣。率天下之男女,为臣,为子,为妻,而不见有一独立自主之人者,三纲之说为之也。缘此而生金科玉律之道德名词,曰忠,曰孝,曰节,皆非推己及人之主人道德,而为以己属人之奴隶道德也。人间百行,皆以自我为中心,此而丧失,他何足言?奴隶道德者,即丧失此中心,一切操行,悉非义由己起，附属他人以为功过者也。自负为一九一六年之男女青年，其各奋斗以脱离此附属品之地位，以恢复独立自主之人格。"

"第三，从事国民运动，勿固于党派运动。人生而私，不能无党；政治运用，党尤尚焉。兹之非难党见者，盖有二义：其一，政党政治，格随一九一五年为过去之长物，且不适用于今日之中国也。纯全政党政治，惟一见于英伦，今且不保。英之能行此制者，其国民几皆政党也：富且贵者多属保守党，贫困者非自由党即劳动党。政党殆即国民之化身，故政治运行，鲜有用阁。且其民性深沉，不为已甚，合各党于'巴力门'，国之大政，悉决以三C。所谓三C者：第一曰Contest，党争是也；第二曰Conference，协商是也；第三曰Compromise，和解是也。他国鲜克臻此，吾人尤所难能。政党之岁月尚浅，范围过狭，目为国民中特殊一阶级，而政党自身，亦以为一种之营业。权力分配，或可相容；专利自恣，相攻无已。故曰：政党政治，不适用于今日之中国也。其二，晋国年来政象，惟有党派运动，而无国民运动也。法兰西之革命，法兰西国民之恶王政与教权也；美利坚之独立，十三州人民之恶苛税也；日本之维新，日本国民之恶德川专政也。是乃法关日本国民之运动，非一党一派人之所主张所成就。凡一党一派人之所主张而不出于多数国民之运动，其事每不易成就，即成就矣，而亦无与于国民根本之进步。吾国之维额也，复古也，共和也，帝政也，皆政府党与在野党之所主张抗斗，而国民若观对岸之火，熟视而无所容心；其结果也，不过党派之胜负，于国民根本之进步，必无与焉。"陈独秀做出了这样的预言："自负为一九一六年之男女青年，其各自勉为强有力之国民，使吾国党派运动进而为国民运动。自一九一六年始，世界政象，少数'优秀政党政治'。进而为多数优秀国民政治，亦将自一九一六年始。此予敢为吾青年诸君预言者也。"

李大钊为反袁事回国。2月初到上海，两月后又去日本。

蔡元培撰《石头记索隐》，载《小说月报》第7卷第1—6号。该研究著作，亦为旧红学索隐派代表作。次年9月由上海商务印书馆出版单行本。

蔡元培著《哲学大纲》一书，由上海商务印书馆出版。

曾朴在上海参与讨袁军事会议，曾以筹款之责自任，后捐其私蓄以充军实。

22日，叶楚伦和邵力子以讨袁为主旨在上海创办《民国日报》。该报是孙中山所组建的中华革命党创办的报纸，是中华革命党在国内的主要言论阵地。1924年成为国民党的机关报。1931年停刊。

该报创始人是中华革命党总务部长陈其美,主编为叶楚伧、邵力子,主要撰稿人有戴季陶、沈玄庐等。该报除刊载全国各地讨袁斗争的消息外,还设有"来电"、"专论"、"要电"、"时评"、"快风"等专栏。

徐枕亚所著《雪鸿泪史》由上海清华书局出版,共14章,此书是作者1914年发表的小说《玉梨魂》的姐妹篇。其《〈雪鸿泪史〉例言》云:"是书主旨,在矫正《玉梨魂》之误,就其事而易其文,一为小说,一为日记,作法截然不同。""书中人物,悉仍《玉梨魂》原本,间有加入者,情节较《玉梨魂》增加十之三四;诗词书札,较《玉梨魂》增加十之五六,两书抵牾处,附注评话以清眉目。"另外,徐枕亚还在《〈雪鸿泪史〉例言》中说:"小说家言,多半空中楼阁,此书情节较奇,著者即以寓言自解,阅者未必肯信,顾即为事实,亦未必遂是真相。阅者可毋事深求。"

本月,《妇女杂志》第二卷主编由胡彬夏女士担任。她是无锡人,美国留学生,风格似乎新颖一些。封面大都是小幅花卉翎毛画,内容分国域、社论、学艺、家政、记述、中外大事记、国文范作、文苑、小说、杂俎、余兴。王蕴章虽脱离了辑务,但作品还是刊载的,如《玉台艺乘》、《然脂余韵》等。又每期补白,差不多都是蕴章的《西神客话》。鸦江鹦士所编的新剧《童子针砭》,并由蕴章加评。长篇有胡寄尘的《慕凡女儿传》、惜华的《霜坚冰清灵弹词》、壹父的《闺秀诗话》、又蒋坦的《秋灯琐忆》,后来刊成单行本行世。这和第一卷所刊昭阳李清所辑的《女世说》,同为特辟的名著。原来《女世说》的稿本,由编者向陈巢南处借来印布的。其他有成舍我的《母也天只》、胡寄尘的《爱儿》、华潜鳞的《玉京余韵》、程嘉秀的《镜台螺屑》、江山渊的《菁庵札记》、蕙珍的《养花琐言》、尤玄父的《牙刷考》、朱梦梅的《简易疗病法》等。编者自己的作品很少。

二月

3日,《春声》创刊,姚鹓雏主编,文明书局发行。刊物宗旨为"针砭社会,浅深适中,雅俗共赏"。内容设有长短篇小说、剧本、笔记、诗词选等。撰稿人包括部分南社社员,另外则是较为知名的小说家。该刊主张不以辞藻典实来炫人,而要求文章平易浅近。内容以长短篇小说为主，兼及剧本、笔记、诗词选等。

该刊封面是曼陀、云先所绘的时装美人。扉页题签，执笔者为江南刘三、吴芝瑛、杨千里、于右任等。创刊号首冠姚鹓雏自序，柳亚子序。内容分插图、短篇、长篇、剧谈、笔记、诗词选、余录等栏，插图所载，以书画文物为主，如平泉书屋所藏名画，王羲之书，宋徽宗画白鸥，兰田叔画山水，文文山琴书图，宋马和之戏要图，亦有些西洋名匜。短篇，有林纾的《自福》《醒云》《李春雯遗事》，庞檗子的《劫花泪》，周瘦鹃的《恨》、《情》、《情苗怨果》、《月下》，陈倦鹤的《学狱》，叶中泠的《皇帝借债》《萧云郁史》，叶小凤的《博爱》，胡寄尘的《奴界轮回》《丑妇》《密约》，包天笑的《摩托车谈话会》、《赤死病》，姜可生的《湖上双鬓记》，程小青的《嫁祸》，天虚我生的《女飞行家》。编者自己写的很多，如《花窨》《回首当年》、《我为谁》、《记湖杭异人事》等都是。编者是南社健子，所选刊的大都是南社作家的作品。长篇有寄尘的《潇湘雁影》《蟮首蛇心录》，可生的《偷儿日知录》，无愁的《落花春怨》，君肥的《沧桑小史》，沉珠的《梅花冢》，观奕的《莹娘哀史》，觑庐的《巫云梦》，庸梦瓜的《绿色人》，常觉、小蝶的《毒带》，鹓雏自己的《海鸥秋语》、《宾河鹓影》、《檐曝余闻录》，有文言，也有白话。有吴瞿安的《东海记传奇》，曼陀居士的《三斛珠传奇》，沈桐威的《才人福传奇》。剧谈，如鹓雏的《饮黍梦》剧本，秋帆的《菊部轶闻》等。笔记颇多掌故考据一类的作品，如檗子的《抱香移随笔》，服香的《吴船残响录》，寄尘的《浪游短笔》，山渊的《劫余残灰录》，鹓雏的《稗乘谭隽》，逢一、鸳雏的《瀛闻胜录》都是。诗词选，大都是晚清名人及南社社员的作品。余录，如张韫斯的《画概》，寄尘的《石菖蒲谱》，适荪的《吴门群芳谱》，朱鸿寿的《武艺名家小史》等等。其它如红鹅生的《梅魂菊影室词话》。红鹅生，便是王西神的化名。

姚鹓雏在《春声》第1期上发表外国题材的长篇小说《宾河鹓影》，对人物有细致入微、中肯而得体的理解。姚是林纾的嫡传弟子。在京师大学堂时，林纾对他的才华甚为激赏，他受林纾影响，小说也写得极好，擅长于写人物传记小说。柳亚子在为《春声》月刊写《序》回忆说，"曩赠诗姚子，诗云：'……说部才无敌，文章鬼亦愁。'"姚鹓雏不懂外文，但是对外国历史相当熟悉，他笔下有许多外国题材的小说，只是请懂外文的人讲一个故事梗概给他，由他凭着对外国生活和外国历史人物的理解，进行再创作。这种处理方法，是他学习老师林纾而自己加以创新的做法。

张静庐曾评价《春声》说："我们如果不是站在今天的立场来批评昨日，我敢说文明书局先后出版的姚鹓雏先生主编的《春声》和包天笑先生主编的《小说大观》，确实这时代的'鸡群之鹤'。而尤其是《春声》月刊，拥有南社许多诗人和文艺作家，足以傲视一切。"①

3日，陈独秀致信梅光迪，论前所论"诗界革命何自始，要须做诗如作文"之意。略谓今日文学大病，在于徒有形式而无精神。

11日，郭沫若致父母亲信，对袁世凯称帝，李烈钧等准备反袁起义、蔡锷通电各省宣告云南独立深表关心。

15日，《新青年》杂志第1卷第6号发表易白沙的《孔子平议》（连载两期），开新文化运动批判孔子之先声。作者开篇就谈到了世人对孔子思想的不同态度，称："天下论孔子者约分两端，一谓今日风俗人心之坏，学问之无进化谓孔子为之厉阶。一谓欲正人心，端风俗，励学问，非人人崇拜孔子无以收拾末流。此瞽说也。国人为善为恶当反求之自身。孔子未尝设保险公司岂能替我负此重大之责。国人不自树立一一推委孔子，祈祷大成至圣之默佑，是谓惰性。不知孔子无此权力，争相劝进，奉为素王，是谓大愚。"作者认为："中国二千余年尊孔之大秘密，既揭破无余，然后推论孔子，以何因缘被彼野心家所利用，甘作滑稽之傀儡，是不能不归咎孔子之自身矣。试分举之。"如："孔子尊君权漫无限制，易演成独夫专制之弊。""孔子讲学不许问难，易演成思想专制之弊。""孔子少绝对之主张易为人所借口。""孔子但重作官，不重谋食，易人民贼牢笼。"

在文章的下篇中，易白沙又从孔子学说与学术的关系出发，阐明了独尊儒学的不合理性。他指出："以孔子统一古之文明，则老庄杨墨管晏申韩长沮桀溺许行吴虑，必群起否认，开会反对。以孔子网罗今之文明，则印度欧洲一居南海一居西海，风马牛不相及。闭户时代之董仲舒用强权手段罢黜百家，独尊儒术，开关时代之董仲舒，用牢笼手段附会百家，归宗孔氏，其悖于名实，摧沮学术之进化，则一而已矣。""尊孔子者又以古代文明创自孔子，即古文奇字亦出诸仲尼氏之手，沮诵仓颉，失其功用。""夫文化由人群公同焕发睿思幽渺灵耀精光非一时一人之

---

① 张静庐：《在出版界二十年》，上海书店1984年版，第36页。

力所能备，文字一切文化之结晶，尤难专功于一人。故西方言希腊罗马文字者，不详始作之人。中国文字亦复如是。""古代学术胚胎既早，流派亦歧，不仅创造文字不必归功孔子，即各家之学，亦无须定尊于一人。孔子之学，只能谓为儒家一家之学，必不可称以中国一国之学。盖孔学与国学绝然不同。非孔学之小实国学范围之大也。朕即国家，不可施于政治，尤不可施于学术。三代文物炳然大观，岂一人所能统治以列国之时言。孔子之学，举诸子之学，门户迥异。"文章最后认为："千载以后，遂无人敢道孔子革命之事，微言大义，湮没不章了。愚诚冒昧敢为阐发，使国人知独夫民贼利用孔子，实大悖孔子之精神。孔子宏愿，诚欲统一学术，统一政治，不料为独夫民贼作百世之傀儡。惜哉。"

15日，陈独秀在《青年杂志》第1卷第6号发表《吾人最后之觉悟》。该文旨在宣传资产阶级民主思想，号召人们积极参与政治，不要把希望寄托在所谓的"善良政府、贤人政治"上。陈独秀在文章中列举了中西文明的冲突，指出："数百年来，吾国扰攘不安之象，其由此两种文化相触接相冲突者，盖十居八九。凡经一次冲突，国民即受一次觉悟。惟吾人惰性过强，旋觉旋迷，甚至愈觉愈迷，昏聩糊涂，至于今日，综计过境，略分七期。""第一期在有明之中时，西教西器初入中国，知之者乃极少数之人，亦复惊为'河汉'，信之者为徐光启一人而已。""第二期在清之初世，火器历法，见纳于清帝，朝野旧儒，群起非之，是为中国新旧相争之始。""第三期在清之中世。鸦片战争以还，西洋武力，震惊中土，情见势绌，互市局成，曾、李当国，相继提倡西洋制械练兵之术，于是洋务西学之名词发现于朝野。""第四期在清之末季。""第五期在民国初元。""第六期则今兹之战役也。三年以来，吾人于共和国体之下，备受专制政治之痛苦。政治根本解决问题，犹待吾人最后之觉悟。此谓之第七期民国宪法实行时代。"

陈独秀所谓的"最后之觉悟"，即是指反对专制政治，实施民国之宪法。他认为，反对专制政治，"不得不待诸第七期吾人最后之觉悟"。"此觉悟维何？"陈独秀认为，首先应是"政治的觉悟"："吾国专制日久，惟官令是从。人民除纳税诉讼外，与政府无交涉。国家何物，政治何事，所不知也。积成今日国家危殆之势，而一般商民，犹以为干预政治，非分内之事；国政变迁，悉委诸政府及党人之手；自身取中立态度，若观对岸之火，不知国家为人民公产，人类为政治动物。斯言也，欧美国民多知之。此其所以莫敢侮之也。是以吾人政治的觉悟之第一步。"而在陈独秀看来，国民政治觉悟的第二步是采用"自由的自治的国民政治"。他说:"古今万国,政体不齐,治乱各别,其拨乱为治者,罔不舍旧谋新,由专制政治,趋于自由政治;由个人政治,趋于国民政治;由官僚政治,趋于自治政治:此所谓立宪制之潮流,此所谓世界系之轨道也。""吾国欲图世界的生存,必弃数千年相传之官僚的专制的个人政治,而易以自由的自治的国民政治也。是为吾人政治的觉悟之第二步。"至于国民政治觉悟的第三步,就是以自觉自愿的态度,拥护国民政治:"所谓立宪政体,所谓国民政治,果能实现与否,纯然以多数国民能否对于政治,自觉其居于主人的主动的地位为唯一根本之条件。第以共和宪政,非政府所能赐予,非一党一派人所能主持,更非一二伟人大老所能负之而趋。共和立宪而不出于多数国民之自觉与自动,皆伪共和也,伪立宪也,政治之装饰品也,与欧美各国之共和立宪绝非一物。以期于多数国民之思想价格无变更,与多数国民之利害休戚无切身之观感也。是为吾人政治的觉悟之第三步。"

其次,陈独秀所谓的"最后之觉悟"还包括"伦理的觉悟":"伦理思想,影响于政治,各国皆然,吾华尤甚。儒者三纲之说,为吾伦理政治之大原,共贯同条,莫可偏废。三纲之根本义,阶级制度是也。所谓名教,所谓礼教,皆以拥护此别尊卑明贵贱制度者也。近世西洋之道德政治,及以自由平等独立之说为大原,与阶级制度极端相反。此东西文明之一大分水岭也。"在分析了伦理对政治的影响后,陈独秀将国民觉悟的希望寄托在"伦理之觉悟"上:"吾人果欲于政治上采用共和立宪制,复欲于伦理上保守纲常阶级制,以收新旧调和之效,自家冲撞,此绝对不可能之事。盖共和立宪制,以独立平等自由为原则,与纲常阶级制为绝对不可相容之物,存其一必废其一。倘于政治否认专制,于家族社会仍保守旧有之特权,则法律上权利平等经济上独立生产之原则,破坏无余,焉有并行之余地。""自西洋文明输入吾国,最初促吾人之觉悟者为学术,相形见绌,举国所知矣;其次为政治,年来政象所证明已有不克守缺抱残之势。继今以往,国人所怀疑莫决者,当为伦理问题。此而不能觉悟,则前之所谓觉悟者,非彻底之觉悟,盖犹在惝恍迷离之境。吾敢断言曰:伦理的觉悟,为吾人最后觉悟之觉悟。"

18日,中华革命党在武昌、长沙起事失败。革命党人蔡济民等于武昌、两湖策动马队起义失败。

21日,革命党人杨王鹏等率百余人去长沙袭击将军署及警署,以失败告终,杨等十余人被捕遇害。

朱希祖著《中国文学史要略》，由北京大学出版部出版，感性而全面地呈现出 20 世纪初出现的作为一种研究方法的文学史以及首开文学史教学的北京大学的风貌。

汤忠永所著的小说《斯巴达之女子》，发表于《浙江兵事杂志》第 23、24 期。

胡寄尘编小说《慕凡女儿传》，发表于商务《妇女杂志》第 2 卷第 1 号至 11 号。

包天笑著《大宝魔王》，上海有正书局出版。

三月

13 日，《申报·自由谈》发起特别声明："《自由谈》中现特行征求游戏文章笔记及应时短篇小说，一经录用，照下例酬赠：一、每千字六元，二、四元，三、二元。"至此，上海的许多报刊社和书局，都已采用了稿酬制度，一个商业化的文化出版市场已率先形成。这不仅表明当时上海言论空间的相对宽松，而且显示了另一个重要信息：稿费制度已开始建立。稿费制度的建立为现代文人取得独立的社会提供了物质保障，进而为他们的思想和人格独立创造了前提。这一商业化的观念不仅对文人的创作提供了保障，而且我们也可以看到，文化消费观念也在社会生活之中弥漫，因此，也就不奇怪新感觉派作家对都市欲望的书写所显示出的内容，是文化观念变化和对实际生活的表达。

22 日，袁世凯被迫取消帝制，仍称大总统，废除"洪宪"年号。

刘半农编三幕家庭新剧《小伯爵》，载《中华小说界》第 3 卷第 3—5 期。作品借欧洲家庭因门户偏见而产生的隔膜为题材，淡化了人物之间的正面冲突，而突出营造一种消除隔阂、温馨宽容的家庭氛围，在当时家庭恩仇情节剧充斥剧场的背景下，显得别具一格。

本月，《眉语》月刊在上海停刊，共出 18 期。

这是一份中国近代女性杂志，1914 年 10 月创刊于上海，由许啸天夫人高剑华主编，许啸天本人从中协助，承袭了"鸳鸯蝴蝶派"的写作风格，主要针对女性读者，撰稿者也多为女性。分图画、短篇小说、长篇小说、文苑、杂纂等五类，以刊登言情小说，探讨一些女性话题为主，插图照片也占据了较大比重，故事缠绵悱恻，风光旖旎曼丽。封面为出自名画家郑曼陀、胡伯翔等之手的仕女画。著名言情小说家顾明道曾用"梅倩女史"笔名在该刊连载长篇言情小说。在内容上，《眉语》大多围绕"雅人韵士花前月下"、"谲谏微讽，潜移默化于消闲之余"展开，推崇旧道德，表彰节妇烈女，思想上尚未完全跳出传统观念的樊篱。但从客观上讲，通过这些作品和译作，也给当时的妇女传授了一些新知识和新思想。"未始无感化之功也"。鲁迅曾经感慨："到了近来是在制造兼可擦脸的牙粉的天虚我生所编的月刊杂志《眉语》出现的时候，是这鸳鸯蝴蝶派式文学式的极盛时期。后来《眉语》虽遭禁止，势力却并不消退，直待《新青年》盛行起来，这才受了打击。"① 由此可见《眉语》当年之风行，从某种程度上说"鸳鸯蝴蝶派"小说的产生和广受欢迎，同当时上海女学生群体形成壮大有着密切的关系。阅读小说，是只有识字的人才会发生的要求。而爱情这一题材，总是更容易吸引女性读者。于是乎，言情小说的应运而生也就成了水到渠成的事。当时，许多专登言情小说的报刊杂志，从《眉语》、《红杂志》、《礼拜六》到《情杂志》、《紫罗兰》……在上海如雨后春笋般涌现。而女性除了是言情小说的阅读者，往往还是言情小说的制造者。从这个角度看，《眉语》这样一份由女性编辑、女性撰稿的杂志的出现，并不是一个偶然。而《眉语》的停刊，也从一个侧面反映出新文学势力的崛起。

四月

　　5日，胡适撰写《吾国历史上的文学革命》一文，文中提出"文学革命在吾国史上非创见也。即以韵文而论:《三百篇》变而为《骚》，一大革命也。又变为五言，七言，古诗，二大革命也。赋之变为无韵之骈文，三大革命也。古诗之变为律诗，四大革命也。诗之变为词，五大革命也。词之变为曲，为剧本，六大革命也。何独于吾所持文学革命论而疑之？文亦遭几许革命矣。孔子以前无论矣。孔子至于秦汉，中国文体始臻完备，议论如墨翟、孟轲、韩非，说理如公孙龙、荀卿、庄周，记事如左氏、司马迁，皆不朽之文也。六朝之文亦有绝妙之作，如吾所记沈休文、范缜形神之辩，及何晏、王弼诸人说理之作，都有可观者。然其时骈俪之

---

① 鲁迅:《二心集·上海文艺之一瞥》，《鲁迅全集》第4卷，人民文学出版社1981年版，第294页。

体大盛，文以工巧雕琢见长，文法遂衰。韩退之'文起八代之衰'，其功在于恢复散文，讲求文法，一洗六朝人骈俪纤巧之习。此亦一革命也。唐代文学革命巨子不仅韩氏一人，初唐之小说家，皆革命功臣也（诗中如李杜韩孟，皆革命家也）。'古文'一派至今为散文正宗，然宋人谈哲理者似悟古文之不适于用，于是语录体兴焉。语录体者，以俚语说理记事。""文学革命，至元代而登峰造极。其时，词也，曲也，剧本也，小说也，皆第一流之文学，而皆以俚语为之。其时吾国真可谓有一种'活文学'出世。倘此革命潮流（革命潮流即天演进化之迹。自其异者言之，谓之'革命'。自其循序渐进之迹言之，即谓之'进化'可也），不道明代八股之劫，不受明初七子诸文人复古之劫，则吾国之文学必已为俚语的文学，而吾国之语言早成为言文一致之语言，可无疑也。但丁（Dante）之创意大利文，却叟（Chaucer）诸人之创英吉利文，马丁·路得（MartinLuther）之创德意志文，未足独有千古矣。惜乎五百余年来，半死之古文，半死之诗词，复夺此'活文学'之席，而'半死文学'遂苟延残喘，以至于今日。今日之文学，独我佛山人（吴趼人），南亭亭长（李伯元），洪都百炼生诸公之小说可称'活文学'耳。文学革命何可更缓耶？何可更缓耶？"从此之后，胡适觉得自己已从中国文学演变的历史上，寻到了中国文学问题的解决方案。

9日，胡适从美国纽约致信陈独秀，称"一时感奋，自誓三年之内专作白话诗词"。他在信中表达了自己创作白话诗的意图和热情："私意欲借此实地试验，以观白话之是否可为韵文之利器。盖白话之可为小说之利器，已经施耐庵、曹雪芹诸人实地证明，不容更辩；今惟有韵文一类，尚待吾人之实地试验耳（古人非无以白话作诗词者。自杜工部以来，代代有之；但尚无人以全副精神专作白话诗词耳）。自立此誓以来，才六七月，课余所作，居然成集。因取放翁诗'尝试成功自古无'之语，名之曰《尝试集》。尝试者，即吾所谓实地试验也。试验之效果，今尚不可知，本不当遽以之问世。所以不惮为足下言之者，以自信此尝试主义，颇有一试之价值，亦望足下以此意告国中之有志于文学革命者，请大家齐来尝试尝试耳。归国之期不远，相见有日，不尽所欲言。"①胡适等开始酝酿创作白话诗。

13日，胡适作《沁园春·誓诗》一词。

---

① 载1917年5月《新青年》3卷3号。

27日，孙中山由日本返抵上海。

29日，中华图书馆在第100期《礼拜六》上发了一个停刊启示：由于欧战影响、时局不靖、邮递常误、纸张昂贵等原因，《礼拜六》暂停出版。前百期《礼拜六》就此结束。随着《礼拜六》杂志的停刊，曾繁盛一时的民初市民文学期刊在整体上也走入了低潮。

《礼拜六》前18期的版权页上署王钝根编辑。从第19期开始署钝根、剑秋编辑。实际上王钝根仍然是主干，孙剑秋只是协助工作。主编王钝根作为具有丰富编辑经验的资深报人和民初文坛领袖的"二巨头"之一，深知报刊杂志风行的关键。《礼拜六》之所以能在民初的杂志界取得成功并轰动一时，与王钝根的精心策划是分不开的。在《礼拜六》的创刊号上王钝根发表了他亲自撰写的出版赘言，这篇《出版赘言》文中提到："礼拜一、礼拜二、礼拜三、礼拜四、礼拜五人皆从事于职业，惟礼拜六与礼拜日，乃得休暇而读小说也。"而"礼拜日多停止交易，故以礼拜六下午发行之，使人先睹为快也"。以此透露出《礼拜六》命名的缘由。"在民初众多的市民文学刊物中，《礼拜六》杂志的刊名称得上是既通俗又先锋。"礼拜六"这三个字在今天看来极为平常，但它对于近代中国来说却有着不平常的意义，因为它标志着城市市民作息制度和娱乐方式的转变。

前百期《礼拜六》中的作品以小说为主，包括翻译和创作两类。其中译作以中长篇为主，而创作则长篇、中篇、短篇并重。从小说的类型来看，前百期《礼拜六》对言情、武侠、社会、政治、滑稽、侦探等民初常见的小说类型兼收并蓄，数量最多的是言情小说和社会小说。小说的语言多采用浅显易懂的文言文，也有少数作品使用白话。在前百期《礼拜六》中，比较有代表性的长篇小说有姜杏痴的《剑胆萧心》，梅郎的《双妒记》；比较有代表性的中篇小说有陈小蝶的《塔语斜阳》、《香草美人》，包柚斧的《蝴蝶相思记》，吴双热的《蘸着些儿麻上来》；比较有代表性的短篇小说有周瘦鹃的《行再相见》、《此恨绵绵无绝期》，叶圣陶的《博徒之儿》，天白的《玉台泪史》；比较有代表性的翻译小说有天虚我生翻译的《孽海疑云》，李常觉、陈小蝶合译的《恐怖窟》，周瘦鹃翻译的《宁人负我》。上述小说在民初市民文学中都是较为突出的作品。王钝根在《出版赘言》中就强调了小说周刊《礼拜六》将具有的一个特点是"名作如林"。对于前百期《礼拜六》，我们虽然不能说它自始至终都能保持"名作如林"，但说它的质量在民初市民文学杂志中属于上乘，则一点也不夸张。

　　前百期《礼拜六》不仅注重作品的质量，还在装帧设计上追求美观。《礼拜六》杂志是 32 开本，每册约 30 页至 40 页。既有一定的分量，又比较小巧，便于携带。杂志的封面从第 3 期开始采用水彩画。前百期《礼拜六》封面的水彩画主要出自丁悚之手。丁悚是民国时期著名的画家，他的绘画兼具中西技法。他为《礼拜六》绘制的封面既表现了深厚的西画造诣，同时又具有中国画传统的线描功力，即使以今人的艺术观点来看，其中不少作品仍不失为珍贵的绘画佳作。从绘画的内容来看，以仕女图居多，也有漫画和山水画。仕女图是《礼拜六》封面中最有特色的。丁悚笔下的仕女图俊美雅静，色彩清丽，比起今天的某些封面女郎似乎更少造作之气。丁悚的可贵之处还在于他超越了古代仕女图仅画仕女、佳人的题材局限，将描绘的对象扩大到现实生活的各个层面，上至太太小姐，下至村姑女佣，在某种程度上再现了民国初年社会生活中各阶层女性的生活图景。因此，这些作品既是精美的杂志封面，也是研究民国社会中市井生活的珍贵材料。《礼拜六》的封面不仅追求精美还追求趣味。如第 46、47、48 期《礼拜六》的封面是三幅连续性的漫画，第 46 期画的是一个矮个子悄悄跟在一个高个子身后，图谋出其不意地把他绊倒，所配文字是"矮子欺负长子"；第 47 期画的是高个子愤怒地挥拳、踢腿，矮个子没有出现在画面上，所配文字是"长子把矮子一脚踢到四十八期封面上去了"；第 48 期画的则是矮个子仰面摔倒，所配文字是"矮子摔倒"。这三期封面上的趣味性漫画连接在一起，就产生了类似小说连载的效果，能勾起读者对下一期杂志的猜测和期待。《礼拜六》封面上的刊名题字也讲究美观和变化多样，曾给前百期《礼拜六》题写刊名的人有王钝根、叶中泠、吴芝瑛、张聿光、张丹斧、姚雏、王大错、刘海粟等。除了精心印制封面之外，前 80 期《礼拜六》基本上都附有铜版插图两页，到了第 80 期以后铜版插图由两页变成了一页。插图的内容有风景名胜和人物。其中人物以妓女为主。在当时，妓女相当于交际花，是社会公众性人物，她们的服装和发型都是引导社会新潮流的，妓女的照片往往被人们看作时装美女图。民国初年多数市民文学期刊都刊载过妓女的照片。在这种时代氛围中显然也是吸引读者的一个有效手段，不能简单地用格调低下来评价这一现象。由于从策划到实际运作都满足了广大市民读者的阅读期待和消费心理，前百期《礼拜六》在民初市民文学杂志中迅速地脱颖而出。发行第 2 期销数就达 1 万余册，发行第 3

期销数骤增至1.7万余册,后来销数最高达到了2万余册。在一般文学期刊销量仅有一两千册的民初杂志界,《礼拜六》真可谓鸡群之鹤。周瘦鹃在《闲话〈礼拜六〉》一文中描绘了当年《礼拜六》深受读者欢迎的场面:"《礼拜六》曾经风行一时,每逢星期六清早,发行《礼拜六》的中华图书馆门前,就有许多读者在等候着。门一开,就争先恐后地涌进去购买。这情况倒像清早争买大饼油条一样。"① 现代出版家张静庐回忆起自己迷恋小说的少年时代也不由得感叹:"《礼拜六》在这时代真是再红也没有的刊物。"②《礼拜六》在市民读者中的风行使出版商们觉得其中有利可图,这对民国初年市民文学期刊的繁荣无疑起到了推波助澜的作用。据不完全统计,与《礼拜六》同年创刊的市民文学杂志多达20余种。其中不少杂志与《礼拜六》风格相似,还有一些杂志如《七天》、《礼拜三》等仅从刊物名称就可以看出对《礼拜六》的模仿。

钱静方(泖东一蟹)所著的《小说丛考》单行本由商务印书馆出版。全书对《儒林外史》等小说进行了详细考证。如在《儒林外史考》一文中提到:"是书为全椒吴敏轩先生所著。先生名敬梓,晚自号文木老人。少负俊才,不可一世。性尤伉爽,踵告者知与不知,皆尽力为之助,故二十年而家财罄矣。清雍正乙卯,举博学鸿词科,当事者以先生及其从兄青然先生应之,两先生均坚卧不起。先生客金陵,爱其山水,遂家焉。四方文酒之士,推先生为盟主,鸠同志、葺先贤祠于雨花山麓,祀泰伯以下凡二百数十人,工巨,售所居屋以成之,而家道由是益窘,至冬不能具炉炭,姻戚故旧,宦中外者以千百计,卒不一往,惟闭门课子,卖文为活。卒,葬金陵风台门之花田。然先生素以此举自豪,故书中视祀泰伯祠为最紧要事。卒后遗一子名烺,字荀叔,号榈亭,以进士官中书,精天文、算术、音韵之学。阮文达公《畴人传》、云间沈学子著《福斋集》及吾邑王述庵先生《蒲褐山房诗话》,均述及之。先生著书甚富,然皆奇数。尝为《诗说》七卷。是书为嬉笑怒骂之文,其原本亦只五十五卷,于琴、棋、书、画四土既毕,即接《沁园春》一词,以为结束,不知何时,为伧父妄增《幽榜》一卷,其诏表皆割先生文集中骈语,襞积而成,狗尾续貂,不值识者一哂:是犹《西厢》、《水浒》之卒为俗手所坏者,同

---

① 周瘦鹃:《闲话〈礼拜六〉》,《花前新记》,江苏人民出版社1958年版,第212页。
② 周瘦鹃:《〈礼拜六〉旧话》,《工商新闻》副刊《礼拜六》,1928年8月25日。

一遗憾也：书借危素、王冕二人引入，谓演明初时事，实则影射与先生同时之诸名士，细按之可一一吻合也。书中杜少卿乃先生自况。杜慎卿即指青然先生。其生平最敬服者，为江宁府学教授吴蒙泉，故书中表为上上人物。其次则上元程绵庄、全椒冯萃中、句容樊南仲、上元程文，皆与先生至交。书中所谓庄征君者，程绵庄也，马纯上者，冯萃中也。迟衡山者，樊南仲也。武书者，程文也。他如平少保之为年羹尧，凤四老爷之为甘凤池，牛布衣之为朱草衣，权勿用之为是镜，萧云仙之姓江，赵医生之姓宋，隋岑庵之姓杨，杨执中之姓汤，汤镇台之姓杨，匡超人之姓汪，荀玫之姓荀，严贡生之姓庄，高翰林之姓郭，余先生之姓金，万中书之姓方，范进之姓陶，娄公子之为浙江梁，或云铜城张，韦四老爷之姓韩，或象形谐声，或尘辞隐语，试以雍、乾间诸家文集，绌绎而参稽之，往往十得八九。书中沈琼枝，即指随园所称之扬州女子。高青邱指戴名世，以其文字取祸，与青邱相似故也。此节非余臆度而得，乃见苏州金和所志如是；金母为青然先生女孙，趋庭所闻，当更确于外人之所测度，余特依样录之而已。王冕，字元章，诸暨农家子。父使牧牛陇上，潜入塾听村童诵读，暮亡其牛，父怒挞之。塾师闻而怜之，愿教之读，不受值也。及长，应进士举不第，焚所作文，读古兵法，著高檐帽，被绿蓑衣，履长齿木屐，击木剑，或骑牛持《汉书》以读，人咸目为狂士。事母至孝，春秋佳日，辄以牛车奉母，口唱歌辞，游山水间，尽乐而返。晚隐九里山。为胡大海军所获。大海问攻越之策，冕曰：'将军能以仁义服人，何人不服？若以兵力，浙人虽弱，恐亦义不受辱。'大海奇而谢之，留咨军事，太祖授以咨议参军。《明史》有传。朱竹坨《曝书亭集》，亦为王冕作传，与史略同。而无名氏《保越录》则谓冕在胡大海军，尝献策攻越城，此必传闻之误，无是事也。《外史》第一回述王冕事均有来历，以冕所为，实开名士之习，故藉为是书弁首耳。"

吴梅的《奴泪碑传奇》发表于《小说月报》第7卷第4、5号。吴梅（1884—1939），字瞿安，一字灵鹣，晚号霜厓。吴梅一生致力于戏曲及其他声律研究和教学。主要著作有《顾曲麈谈》、《曲学通论》、《中国戏曲概论》、《元剧研究》、《南北词谱》等。又作有传奇、杂剧12种。培养了大量学有所成的戏曲研究家和教育家。吴梅对古典诗、文、词、曲研究精深，作有《霜崖诗录》、《霜崖曲录》、《霜崖词录》行世。又长于制曲、谱曲、度曲、演曲。作《风洞山》、《霜崖三剧》等传奇、杂剧十余种。吴梅终生执教，自1905年至1916年，先后在苏州东吴大学堂、存古学堂、南京第四师范、上海民立中学任教。1917年至1937年间，在北京大学、东南大学、中央大学、中山大学、光华大学、金陵大学任教授。他精通昆曲，他不但整理了唐宋以来的不少优秀剧目，还创作了不少昆曲，并且是第一个把昆曲这一民间艺术带入大学的教授，在北京大学文学系教昆曲和戏剧。他的弟子既有名教授大作家又有梨园界的大师，如朱自清、田汉、郑振铎、齐燕铭，著名京剧表演艺术大师梅兰芳、俞振飞，20世纪80年代的日本东京大学校长也是吴梅的弟子。吴梅是近代著名的曲学大师。他在戏曲创作、戏曲教育、曲律研究、曲史研究以及藏曲、校曲、谱曲、唱曲、演曲等方面，都做出了较大的贡献。从学术角度看，他对戏曲理论的研究成就最为突出。创作方面，他在16岁时，就有传奇《血花飞》之作，以纪念戊戌六君子；30年间，共创作14个剧本，现存12个，以50寿诞时自选的《霜崖三剧》为代表，曲律词采俱工，案头场上，两擅其美，人物鲜明而情节曲折，达到了那一时代的最高境界。传统戏曲本身就是一种综合艺术，若非具有文学、音乐、舞蹈、美术等多方面的较高修养，是不可能取得较高成就的。曲律研究方面，先后有《顾曲麈谈》、《曲学通论》、《南北词简谱》等专著，在前人研究成果和自己艺术实践的基础上，全面系统地论述了制、谱、唱、演的艺术规律。曲史研究方面，他的《中国戏曲概论》是放眼全局的第一部中国戏曲通史；《元剧研究》和《曲海目疏证》对剧作家与作品的考证，也有承前启后之功；《霜崖曲话》、《奢摩他室曲话》和《奢摩他室曲旨》等采取传统的曲话形式，广泛评述散曲、剧曲的形式与内容，既为作者的进一步研究打下了基础，也为后人的研究提供了可贵的参考材料。吴梅在词学研究上亦有很高造诣。朱祖谋先生曾四校《梦窗词》，而吴梅重读《梦窗词》，还能有新的发现。他的专著《词学通论》，寓史于论，史论结合，从格律到作法，多有创见。

汤忠永所著小说《爱情与敌忾》发表于《浙江兵事杂志》第25、27号。

本月，故事影片《黑籍冤魂》，在上海首映，张石川编导，演员大多为新剧团民鸣社的演员，影片反映鸦片流毒社会的罪恶。

五月

袁世凯公布《中华民国约法》，《临时约法》被废除。

6日，鲁迅从原来居住的绍兴会馆内藤花馆移居入补树书屋，《狂人日记》、《孔乙己》、《药》等作品后来皆在此写成。

6日，郭沫若发家书一封，告知拟投考东京高等工业学堂，未能如愿，因而，"七月内将应考东京第一高等……及千叶医校"。[①]

8日，云南、贵州、广东、广西护国军在广东肇庆成立军务院，作为各省护国军统一指挥机构。岑春煊为副抚军长，梁启超为政务委员长，陆荣廷、蔡锷、李烈钧、龙济光、刘显世等为抚军。军务院不承认袁世凯为总统，尊黎元洪为大总统。

9日，孙中山在上海发表了《讨袁第二次宣言》。

15日，《民彝杂志》在日本东京创刊出版。不定期刊。中国留日学生总会创办的政论刊物，由总会文事委员会编辑，第2期起改由上海泰东图书馆发行。李大钊为编辑部主任，张梓芳、陈溥贤、黄觉、刘明敏等为编辑。以主持正义，昌明学术，并灌输近世文明，增进民国福利为宗旨。分设撰著、评论、通讯、论坛、译述、杂姐、会务、余录、会计报告等栏目，探讨国体，评论时局，主张以辛亥革命失败为鉴，反对袁世凯独裁，反对革命的新人物与旧官僚的调和，并报道该会会务，发表纪念烈士诗文作品及各国在中国矿山、铁道权，山西票庄等调查报告。李大钊以守常署名发表《民彝与政治》，充分表达对民主共和制度的赞赏和对封建专制制度的鞭笞。因受日本当局迫害，自8月30日第2期起迁回国内，由上海泰东图书局发行。1917年2月，出至第3期终刊。

广仓学宭出版《学术丛编》月刊，王国维主编，发表王国维的《殷周制度论》等著名论文，共24册。后来编印为《广仓学宭丛书》甲类，又称《学术丛书》。同时出又称《艺术丛书》。《殷周制度论》一文叙述了五帝至殷周一段历史，王国维先生从地域上加以区别夏商文化略同之原因，而周代则与之不同之原因。故而自五帝以来，政治文物所自出之都邑，皆在东方，唯周独崛起西土。王国维则自称："此文于考据之中，寓经世之意。"

李大钊自日本回国抵上海。

不肖生（向恺）著《留仙外史》由上海民权出版部刊行单行本，至1922年出齐，共10集160章。同年，上海世界书局刊行。在此后他刊行的侠义章回小说还有《江

---

① 《郭沫若早年家书》，《社会科学战线》1979年第4期。

湖奇侠传》、《近代侠义英雄传》、《玉玦金环录》、《江湖小侠传》、《江湖异人传》、《江湖怪异传》等。

作者在自序中提到:"小说在唐时已称极盛,西京以来,大儒多为此体,类皆光怪陆离,择言尤雅。魏晋六朝踵之,作者愈繁,修洁亦复可贵。厥后唐代丛书,大放厥词,间多巨幅,放纵不羁,殊具奇气;沿及宋元,渐流粗率;明则自郐无讥矣。至我朝,山左蒲留仙先生《聊斋志异》出,奄有众长,萃列代之菁英,一炉冶之,其集小说之大成者乎。而河间纪文达公《阅微草堂笔记》,属辞比事,义蕴毕宣,与《聊斋》异曲同工。是皆龙门所谓自成一家之言者也。嗟乎!小说虽小道,岂易言哉?夫编氓生长穷乡僻壤,耳不闻先圣遗训,而同此秉彝,同此好恶。岁时伏腊,报赛攘弄,遇演忠臣孝子,仁人正士,无不肃然起敬,津津称叹者;遇演权奸忤逆,金壬宵小,无不决眦(眭)愤,交口唾骂者;甚至演生天成佛及地狱各种变相,又无不羡怖交售,以及福善祸淫,报施不爽,而互相劝戒不置者。于以见人心好恶之公,而秉彝之未泯也。其或家功之暇,二三野老,晚饭杯酒,暑则瓜棚豆架,寒则地炉活火,促膝言欢,论今评古,穷原究委,影响附会,邪正善恶,是非曲直,居然凿凿可据;一时妇孺环听,忽不自知其手舞足蹈。言者有褒有贬,闻者忽喜忽怒。事之有无,姑不具论,而借此以寓劝惩,谁曰不宜?予一介腐儒,幼习畎亩,喜观攘弄,又爱听野老丛谈,择其事之近是者,编为《里乘》一书,间亦杂以说鬼搜神,干宝苏髯.偶尔游戏,姑妄言之,姑妄听之可也。惟笔墨粗苴,不足供大雅一笑,岂敢望鼎立于蒲、纪二公间哉?阅者不以语怪悖圣见责,幸甚,幸甚!"

曾朴著《孽海花》第 3 册由望云小房刊行,附录有《孽海花考证》长文。在中国小说史上,《孽海花》是一部当之无愧的文学名著。小说第一回以孽海中的奴乐岛隐喻中国,此岛从古不与别国交通,约莫 19 世纪中段,岛的四周忽然起了怪风大潮,把岛根岌岌摇动,谁知一般国民,还是醉生梦死,到了 1904 年,平白地天崩地塌,那岛直沉向孽海中去。此时上海来了个爱自由者,想要探听奴乐岛的实在消息,却不知从何处问起,恍惚间,忽见一所小空屋里供着一盆极娇艳的奇花化成一绝代美人,那美人叫住爱自由者,将一卷纸郑重递与他,他展开一看,却是一段新鲜有趣的历史。爱自由者写了一段,就找他的朋友东亚病夫,叫他发布那一段新奇历史。遂成了《孽海花》这部小说。

《孽海花》的出版,曾于 20 世纪初期的文坛引起轰动,在不长的时间里,先后再版 10 余次,"行销 10 万部左右,独创纪录"①。专家的评论亦颇为热烈,著名小说研究专家蒋瑞藻在《小说枝谈》中,转引《负暄琐语》的评论说:"近年新撰小说风起云涌,无虑千百种,固自不乏佳构。而才情纵逸,寓意深远者,以《孽海花》为巨擘。"一代古文大师、著名外国文学翻译家林琴南,对之推崇备至,"叹为奇绝"。鲁迅对此书亦多有褒扬。然而,不同的声音亦复有所闻:胡适以为:"《孽海花》一书……但可居第二流"。一部小说不仅引起一般读者的广泛兴趣,以至一版再版,并且招来诸多文化名人评头品足,这确乎是一件极有趣的现象。

本月,刘半农翻译的高尔基作品《二十六人》出版,这是高尔基的作品首次被介绍到中国。刘半农的翻译,大多是具有进步意义的世界名著,这些作品显然和鸳鸯蝴蝶派的风格取向迥异。它对开拓国人视野、吸收外国文化、针砭时政、讨伐封建腐朽、启迪民众智慧有着不可低估的作用。

本月,英国柯南道尔所著小说《福尔摩斯侦探案全集》,分由严独鹤、程小青、陈小蝶、田虚握生、刘半农、周瘦鹃等 10 人翻译出版。收长短篇侦探小说 44 案,汇成文言译本 12 册。上海中华书局刊行。前有半农(刘半农)的《序》,认为:"柯氏此书,虽非正式的教科书,实隐隐有教科书的编法。"

本月,郁达夫在日本结识日本汉文学家服部担风。初次会面,两人淡诗论词,交谈了大约有一个多小时,意犹未尽。担风先生从这位瘦弱的异国青年身上看到了忧国忧民的爱国热情,博采众长的古典文学知识;而郁达夫则从这位著名学者的身上,感受到了以才量人的长者之风。这些给郁达夫留下了深刻的印象。后来,郁达夫与孙荃夫人谈起这次初访时,不无感慨地说:"那时大哥(郁曼陀)已经回国,我在日本举目无亲,与担风先生的相识使我感到一种亲切和温暖。他好像是我的老师和兄长,处处给我信心和力量。"后,郁达夫参加了服部担风主持的"佩兰吟社"定期集会,并开始在他编辑的《新爱知新闻》汉诗栏上发表旧体诗作。

本月,南社社员丁逢甲以"吴江壮者"的笔名在第 2 卷第 5 号《小说海》发表《延月楼笔记》。

---

① 范烟桥:《〈孽海花〉侧记》,《光明日报》1961年5月18日。

六月

1日,《春声》杂志停刊,共出6期。

5日,岑春煊通告成立滇桂粤护国联合军,并发布北伐布告。袁世凯病笃,召段祺瑞、徐世昌、王士珍口述遗令。

6日,袁世凯在北京病死。袁世凯(1859—1916),字慰亭,别号容庵,河南项城人。历任驻朝总理交涉通商事宜、浙江温处道、新建陆军督办、山东巡抚、直隶总督兼北洋大臣、练兵处会办大臣、军机大臣、外务部尚书、内阁总理大臣。1912年3月任中华民国临时大总统。1915年12月帝制自为,次年3月被迫取消。

6日,《小说日报》出版试销性的第一号。次日正式创刊。16开3张12版。创办人兼主编徐枕亚,发行人黄玉汝,印刷人何庚声。初创时内容分小说、艺文、杂纂三大类,报末附诗钟、文虎。自16号起,新增俱乐部专版,加添趣闻、剧谈、花史三栏。后因徐枕亚忙于主编《小说丛报》,于次月3日停刊,共出28号。

7日,副总统黎元洪任代理大总统。黎元洪下令恢复《临时约法》,并任段祺瑞为国务总理。

15日,《民铎》(季刊)在日本东京创刊,自第5号起(1918年12月1日)迁上海出版。1929年11月出版第10卷第5号后停刊。留日学生学术研究会主办,1919年起由李石岑主编。该刊以阐扬平民精神,介绍现代思潮为宗旨。前期的主要撰稿人有李石岑、朱谦之等,也登载了郭沫若、田汉、郑振铎等人的文章。自1918年12月第5期起,改在上海出版。宣称"本志今后之责任,纯以阐扬平民精神,介绍现代最新思潮为主"。

16日,胡适往绮色佳,共8天,住在韦莲司家。在此期间同任叔永、杨杏佛、唐擘黄谈文学改良问题,极力主张以白话作文作诗作戏曲小说。他把自己的意思概括为九点:(一)今日之文言乃是一种半死的文字,因不能使人听得懂之故。(二)今日之白话是一种活的语言。(三)白话并不鄙俗,俗儒乃谓之俗耳。(四)白话不但不鄙俗,而且甚优美适用。(五)凡文言之所长,白话皆有之。而白话之所长,则文言未必能及之。(六)白话并非文言之退化,乃是文言之进化。(七)白话可产生第一流文学。(八)白话的文学为中国千年来仅有之文学。(九)文言的文字可读而听不懂;白话的文字既可读,又听得懂。并特别指出:"今日所需,乃是一种可读、可听、可歌、可讲、可记的言语。要读书不须口译,演说不须笔译;要施诸讲台舞台而皆可,诵之村妪妇孺而皆懂。不如此者,非活的语言也,决不能成为吾国之国语也,决不能产生第一流的文学也。"(胡适:《藏晖室札记》卷十三)

25日,冷风著《武侠丛谈序》发表,刊载于《小说月报》第7卷第6号。

章太炎解除"幽禁"。《中华新报》6月27日、29日连载欢迎章太炎的报道。

涵秋的长篇小说《玉华惨史》发表于《小说海》第2卷6号、10号。

段祺瑞登门聘林纾为政府顾问遭到拒绝,林氏后来说:"若段氏者,罪浮于袁贼,直首乱之人。"

本月,郭沫若在东京一高的留日同学陈龙骥患肺病,住进圣路加医院。郭沫若此时已升入冈山六高读书,他到东京去探望友人,在圣路加医院与日本女护士佐藤富子相识。是年冬,与佐藤富子在冈山结婚。

七月

1日,月刊《小说海》出至第2卷第7号,本期刊有短篇小说《影事录》、《宦海传灯》、《守财虏》、《一日旅行记》、《利基司顿野闻录》、《庸人自扰》、《圬者冒险》、《瞌睡虫》等,长篇小说《玉华惨史(续)》《云梦缘(续完)》,以及其他杂俎和诗文。

2日,胡适自克利费兰城回纽约时,途经绮色佳,与梅觐庄讨论"造新文学"问题。当梅觐庄对"活文学"之说提出非难时,他认为"文学在今日不当为少数文人之私产,而当能以能普及最大多数之国人为一大能事"。又认为"文学不当与人事全无关系。凡世界有永久价值之文学,皆尝有大影响于世道人心者也"。他的这些思想和他所提出的"活文学",遭到了梅觐庄的反对。①

5日,鲁迅出席通俗教育研究会小说股第二十一次会议,讨论应禁各小说杂志。鲁迅在会上主张,凡应禁止的坏小说,不论停版与否,都应宣布禁止。但鉴于各人见解不同,对于同一小说,有人认为应禁;有人认为不应禁;甚至有人认为应该受奖。所以应当通过讨论慎重处理,不能匆忙决定。(参见《鲁迅年谱》第一卷,第349页)

---

① 曹伯言、季维龙编著:《胡适年谱》,安徽教育出版社1986年版,第102页。

5日,《书焦烈妇》(小说),瞻庐著,商务《妇女杂志》2卷7号。

6日,内务部通咨各省区解禁上海《时事新报》、《民国日报》、《中华新报》、《民信日报》、《民意报》、《共和新报》,一律允许自由行销。

6日,《中华新报》报道:"文学巨子章太炎君,由京抵沪后,各界人士开会欢迎者络绎不绝。"

11日,胡适记袁随园论文学。其中说:"袁简斋之眼光见地有大过人处,宜其倾倒一世人士也。其论文学,尤记文学革命思想。"并杂记其论文论诗之语六则。

11日,任鸿隽将一首记几个朋友游湖翻船的诗寄给胡适。胡适的批评引起梅光迪的不满,他们关于文学革命的争论因此激烈起来。

17日,梅觐庄给胡适去信,集中反对他的新文学主张。(《藏晖室札记》卷十三)

17日,孙中山在上海邀请参、众两院在沪议员及各界名流于张园开茶话会,孙中山演说地方自治制度,主张学习美国,建立地方自治。

19日,寄尘在《申报·自由谈》的《我之拉杂谈》中,自谓:"吾性疏懒迂阔,银钱出入尤不计较,或以为不宜于处世,吾独以为宜于养身也。盖彼善用心计者于金钱得之矣,然所得之金钱岂能偿其所耗之心血。"

20日,《大中华》杂志第2年第7期发表潘力山《日俄新协约与中国之关系》、《民选省长之利弊》、马君武《世界发明家罗伯尔传》、章太炎《告癸丑以来死难诸君文》、王湘绮《郑蕉园诗集序》等文。

20日,月刊《小说丛报》出至第22期,本期刊有短篇小说《侠情小说双侠》、《奇侠小说弱女雪恨记》、《破迷小说怪履》、《言情小说护花籝》、《趣情小说闺试》、《言情小说情医》,长篇小说《惨情小说棒打鸳鸯录(完)》、《言情小说钿合记(完)》、《言情小说翡翠芙蓉(完)》。

22日,胡适作诗《答梅觐庄》,又题《新大陆之笔墨官司》。其中说:"今我苦口哓舌,算来却是为何?正要求今日的文学大家,把那些活泼泼的白话,拿来'锻炼'拿来琢磨,拿来作文演说,作曲作歌:出几个白话的嚣俄,和几个白话的东坡。"最后还说:"文章需革命,你我都有责。我岂敢好辩,也不敢轻敌。有话便要说,不说过不得。"(《藏晖室札记》卷十四)

24日,梅觐庄回信复胡适,对他的答诗大加攻击,其中语言颇多尖刻。如说:

"读大作如儿时听'莲花落',真所谓革尽古今中外诗人之命者!足下诚豪健哉!""今之欧美,狂澜横流,所谓'新潮流'者,耳已闻之熟矣。有心人须立定脚根,勿为所摇。诚望足下勿剽窃此种不值钱之新潮流以哄国人也。"等等。(《藏晖室札记》卷十四)

25日,《小说月报》出至第7卷第7号,本期刊有琐言《红簏记(续)》、《李大茂》、《高通判》、《王树勋》、《外交暗潮》、《美人爱国》、《博场中之俄帝》、《妒之研究》等。

26日,胡适复信给任叔永。任的来信说,胡适提倡的文学革命如果成功,"将令吾国作诗者皆京腔高调,而陶谢李杜之流,永不复见于神州"。胡适信中表述了自己"梦想中文学革命之目的":"(一)文学革命的手段,要令国中的陶谢李杜皆敢用白话京腔高调作诗;又须令彼等皆能用白话高调京腔作诗。(二)文学革命的目的,要令中国有许多白话高腔京调的陶谢李杜。换言之,则要令陶谢李杜出于白话高腔京调之中。(三)今日决用不着'陶谢李杜的'陶谢李杜。若陶谢李杜生于今日而为陶谢李杜当日之诗,必不能成今日之陶谢李杜。何也?时世不同也。(四)我辈生于今日,与其不能行远不能普及的《五经》、两汉、六朝、八家文字,不如作家家喻户晓的《水浒》、《西游》文字。与其作似陶似谢似李似杜的诗,不如作不似陶不似谢不似李不似杜的白话高腔京调。与其作一个作'真诗',走'大道',学这个,学那个的陈伯严、郑苏盦,不如作一个'实地试验''旁逸斜出''舍大道而不由'的胡适。"强调今人当作今日之诗,不宜求似古人。

29日,姚鹓雏在《申报·自由谈》中发表《我之拉杂说》中说:"官场中人有三技,逢迎新旧如妓女之接客,变易面目如小丑之上场,搜刮脂膏如蚊虱之附体,擅此三者而后可以横行一时,昔洪稚存曰:我辈手版趋衙无所不至,幸而为男差无床第之辱,其他复何以异,然而作官如作妓,由来固已久矣。"

是月

胡适作《〈去国集〉自序》,说:"胡适既已自誓将致力于其所谓'活文学'者,乃删定其六年以来所为文言之诗词,写而存之,遂成此集。名之曰去国,段自庚戌也。昔者,谭嗣同自命其诗文集曰'三十以前旧学第几种'。今余此集,亦可谓之六年以来所作'死文学'之一种耳。集中诗词,一以年月编纂,欲稍存文学进退及思

想变迁之迹焉尔。"(《尝试集》附《去国集》)

《清诗话》刊行。丁宝福汇辑，首有丙辰（1916）五月初十日仪征严伟序。共收清人诗话中的代表作品43种，是规模较大的一部诗话丛书。

小说《真爱情》出版，由莲心、雏燕编译。上海商务印书馆1916年7月出版。收入说部丛书第3集第9编。

臧荫菘搜集《平报》"铁笛亭琐记"专栏林纾所写的古文笔记，共236则，由都门印书局印行，书名即《铁笛亭琐记》，1922年6月商务印书馆重印时，删去2篇，易名为《畏庐琐记》。

康有为游杭州，发表演说："中国文化垂五千年，赖以不敝者，孔教耳。"

《小说时报》出至第27期，本期刊有短篇《国民小说红粉英雄》、《言情小说何以我永不嫁》、《道德小说站之罪恶》、《滑稽小说花冠上之镑券》、《爱情小说帽邮》、《滑稽小说百户侯》。长篇《欧战中之爱国冒险谈海盗欤？》、《侦探小说毕竟是谁（续）》、《检察官之妻》。此外还有笔记杂记等。

曼陀居士撰《三斛珠》杂居刊于《春声》第6集。该剧取材于宋代乐史《绿珠传》，兼采《晋书·石崇传》。主要剧情写晋石崇有爱妾绿珠，被赵王司马伦嬖臣孙秀看中，索求遭拒。时赵王专权，孙秀遂矫诏收石崇下狱，绿珠坠楼自杀。

《小说新报》出至第2年第7期，本期刊有短篇小说《名家著述情剧》、《风俗小说韩都问俗记》、《写情小说裙边人语》、《伦理小说朱孝妇》、《滑稽小说色相镜》、《欧战中之情史热血美人》、《写情小说凤仙无恙》、《侠义小说萍踪别墅》、《伦理小说以德报怨》、《醒世小说情天棒喝记》，长篇小说《欧战中之情史辽西梦》、《节烈小说廿年苦节记》、《侦探小说变相之宰相》、《怪异小说无历村》、《红羊轶事莺魂唤絮录》、《欧美名家小说天作之缘》，以及谈荟、艳牍、传奇、弹词等栏目。

《杨花梦》（小说），黄花奴著，上海国华书局出版。作品叙述富商女儿杨素华才貌双全，结识了青年梦湘。一日素华路遇流氓，幸得梦湘解救。素华患无名之症，又是梦湘请医生治好。于是两人订立婚约。某日杨父印章失窃，银行中的巨款被人冒领去。事后才知是梦湘所为，以前种种都是他事先策划的圈套，引诱杨家上钩。

上海广仓学宭创办《广仓学宭演说报》（月刊）。

沈雁冰从北京大学预科毕业回家。"预科三年期满，……母亲因为经济日窘，不主张我再读书，而恰好我的一位亲戚又给我介绍进商务印书馆编译所办事"。(《我

的小传》)

八月

1日，郭沫若与安娜在东京相遇，并很快认作兄妹。安娜，即佐藤富子。不久，郭沫若回福冈，与安娜相隔千里，但每周总有三四封信来往，靠着纸上谈心，彼此继续热恋着。

1日，田汉跟随赴日本任湖南留日学生经理员的舅父易象离开长沙启程前往日本。达到东京后，田汉起先在湖南驻日留学生经理处当抄写员，一度想学做海军，后考入东京高等师范外语系学习英文。在此期间，田汉通过日本知识分子的介绍，开始了解欧洲现实主义的近代剧和电影艺术。

1日，月刊《小说海》出至第2卷第8号，本期刊有短篇小说《小红》、《黄殿撰轶事》、《无来禅师》、《倒绷婴儿》、《窃图案》、《绮恨》、《空气流质》、《约瑟司》、《蛇酒愈癫》，长篇小说《玉华惨史（续）》、《情场与战地（未完）》，以及其他杂俎和诗文。

3日，河北梆子名花旦田际云创办中国近代戏曲史上北京第一个女科班——崇雅社科班，1919年解散。

4日，胡适再次致信任叔永，申明："文字者，文学之器也。我私心以为，文言决不足为吾国将来文学之利器。施耐庵、曹雪芹诸人已实地证明小说之利器在于白话。今尚需人实地试验白话是否可为韵文之利器耳。"表示自己立定志愿，试作白话韵文，为诗界革命开一新天地。

5日，江苏省教育局附属小学教员暑期补习学校请章太炎演讲，大旨谓："学问须有自己意思，专法古人，专法外人，而自己无独立之精神，大为不可。教育者，对于受教育者不过尽辅助之责，其实自己不能教人，人亦不能教我，以言德育，须从自己良心上认定是非，不可以众人之是非为从违。如孔子言见贤思齐，阳明指为伪道德是也。以言智育，凡人之知识，并不从教育而得，盖举一固在教师，而反三仍在自己也。总之，人须有自信之能力，若全恃他人之教授，则其智慧为伪智慧，道德为伪道德。"其言论实为时人痛下针砭。继由省教育会副会长黄任之君提出："章君所说之要旨，证以近今中外教育家提倡之新教育主义，适相符合。"(《时报》，1916年8月6日《章太炎演说教育》)

10日，蔡元培所著《赖斐尔》一文发表。此文是蔡元培打算编写的《欧洲美术小史》之一章。本年在法国撰就，寄给张菊生。自8月起，在《东方杂志》第13卷第8号及第8卷连续刊载。随后，商务印书馆辑为《东方文库》第68种，名为《艺术谈概》。

13日，陈独秀复函胡适，告《青年》"依发行者之意，已改名为《新青年》"；"中国万病，根在社会太坏，足下能有暇就所见闻论述美国各种社会现象，登之《青年》。"（《胡适往来书信选》上，第3页）

15日，《晨钟报》创刊。这是以梁启超、汤化龙为首的研究系的机关报。李大钊任总编。主要撰稿人有胡适、蒋梦麟、张申府、丁文江等。李大钊在创刊号上发表《〈晨钟〉之使命——青春中华之创造》一文，通过介绍"青年德意志"运动队德国统一振兴的贡献，认为"由来新文明之诞生，必有新文艺为之先声，而新文艺之勃兴，尤必赖有一二哲人，犯当世之不韪，发挥其理想，振其自我之权威，为自我觉醒之绝叫，而后当时有众人之沉梦，赖以惊破"（李大钊：《〈晨钟〉之使命——青春中华之创造》，《晨钟报》创刊号）。希望和有志青年一起发动类似"青年德意志"那样的思想文艺运动，反对旧文学，提倡新文学，以期振兴中华。

15日，蔡元培主编的《旅欧杂志》在法国都尔创刊。该杂志"以交换旅欧同人之智识及传布西方文化于国内为宗旨"。每期约三四十页，约万余言，内容分图画、论说、纪事、通讯、丛录、杂俎六部分，每半个月出版一期，由都尔中华印字局印刷发行。初版该杂志的《缘起》云："吾人之旅于此者，耳目之所感，其最著者，一则因学理之发达，而精神物质之文明，乃进步而不已也；一则因民权之发达，而平民制度之基础，因以确立，且亦进步而不已也。吾人之所感，既如此矣，取其所感，以相质证。踪迹相迤，则发为语言；謦欬相隔，则形于文字。真理以辨难而愈明，事实以讨论而愈确，斯势之不容己者。"同日，所撰《文明之消化》一文，刊载于《旅欧杂志》创刊号。所编著之《华工学校讲义》四十篇，在该杂志上陆续发表。

16日，郭沫若致信元弟翔昌，说："古时夏禹治水"、"苏武使匈奴牧羊"均历尽艰辛，思及自己海外留学，并"无夏苏之苦"，"敢不深自刻勉，直以厥成"，以"一技之长，报效国家"。

19日，胡适复信给朱经农。在这封信里，胡适第一次系统提出了文学革命的纲领。他说："新文学之要点约有八事：（一）不用典。（二）不用陈套语。（三）不讲对仗。（四）不避俗字俗语。（五）须讲求文法。——以上为形式的方面。（六）不作无病之呻吟。（七）不摹仿古人。（八）须言之有物。——以上为精神（内容）的方面。"

20日，南社寓沪社员在愚园举行临时雅集，到会叶楚伧、许苏民、马君武等26人。

21日，胡适致信陈独秀，赞成他"趋向写实主义"的说法。对《青年》杂志在登载谢无量的旧体诗时所加案语，表示不以为然，认为吹捧太过。指出谢诗用典太多，且有不切不通之处。还进一步指出，今日文学腐败，"盖可以'文胜质'一语包之。今日欲言文学革命，须从八事入手"。遂将他在前数日给朱经农信中提出的文学革命八条件向陈氏复述一遍。这八条后来成为《文学改良刍议》的主题。

25日，《小说月报》出至第7卷第8号，本期刊有琐言《红箧记（续）》、《三十九号鱼雷艇》、《琴缘》、《系铃解铃》、《年光倒流》、《异晶记》、《灵璧石》等。

是月

《福尔摩斯探案全集》（第1—12册）由上海中华书局再版，英国作家柯南道尔著，瘦鹃、小青等译。收入小说汇刊（55—56）目次。

小说《二义同囚录——加黎波的将军》由上海中国图书公司和记1916年8月初版。英国作家亨利著，甘永龙、朱炳勋译。

《战场情话》出版，史久成编译，冷风校订。上海商务印书馆1916年8月初版。收入说部丛书第3集第10编。

月刊《小说丛刊》出至第3年第1期，本期小说海栏刊有《纪事短篇刘老虎》、《哀情短篇合欢冢》、《家庭短篇我与儿》、《侠义短篇芦花剑影》、《侦探短篇萤火》、《滑稽艳情快活三郎》、《革命外史短篇成败英雄》、《实事短篇锋镝余生》、《趣事短篇噫误矣》、《实事短篇唐脱复仇记》、《苦情长篇断肠花》、《写情长篇闺语》、《言情侦探情劫》。

《红蝴蝶》首演于上海丹桂第一台。是为创编古代戏。又名《女侠红蝴蝶》，连台本戏。此剧系三麻子早年与丹桂园艺人根据清代章回小说《红蝴蝶》改编。

剧写关东响马赵大刚之妹赵凌如,以红蝴蝶为别名,在为民除暴锄奸、伸张正义的过程中,与丈夫刘进生悲欢离合的故事。

《小说新报》出至第2年第8期,本期刊有短篇小说《晚清佚闻自动神机》、《晚清佚闻惜霞曲本事》、《明季佚闻杀身成仁》、《明季佚闻鸰原双烈》、《别裁小说红楼残梦》、《言情小说海棠秋》、《艳情小说俪影》、《哀情小说负情侬》、《警世小说沧桑劫》、《哀情小说情场忆语》,长篇小说《欧战中之情史辽西梦》、《节烈小说廿年苦节记》、《言情侦探小说变相之宰相》、《军事小说军事斜阳》等,还刊有艳牍、艺府、传奇、弹词、剧史等栏。

鲁迅作《关于废止〈教育纲要〉的签注》。1915年初,袁世凯任大总统时,曾制定《教育纲要》,凡五项二十五款,以"尊孔尚孟"为宗旨,提倡设立经学会,规定中小学校均加读经一科。鲁迅认为《纲要》规定"多与旧式思想相合",应"明文废止","根本取消"。

九月

1日,《青年杂志》更名《新青年》。陈独秀发表《新青年》,号召青年做"新青年";"新青年"的标准是:生理上身体强壮;心理上是"斩尽涤绝""做官发财思想",而"内图个性之发展,外图贡献于其群";以自力创造幸福,而"不以个人幸福损害国家社会"。《新青年》第2卷第1号出版。李大钊在本期上发表《青春》一文,指出青春是"无尽"的、"无初无终"、"无极无限"、"无方无体",号召青年"冲决过去历史之网罗,破坏陈腐学说之囹圄,勿令僵尸枯骨,束缚现在活泼泼地之我","进而勿顾后,背黑暗而向光明",为创造新的中国而奋斗。胡适译有俄国作家泰来夏甫的小说《决斗》;陈嘏译的屠格涅夫小说《初恋》(续二)。《青年杂志》于本年2月15日出版至1卷6号后休刊半年。本日自2卷1号起复刊,更名《新青年》,同时成立《新青年》杂志社。

1日,月刊《小说海》出至第2卷第9号,本期刊有短篇小说《雀屏误选》、《航船盗》、《法兰西之魂》、《斐林小劫》、《哭不得》、《半克朗》、《法学院》,长篇小说《玉华惨史(续)》、《情场与战地》(续),以及杂俎和诗文等。其中,《航船盗》,叙述了布商王正祥携巨款回家,半途与某少年相遇,两人乘舟同行。分手之后又再次相遇，殷勤问候，结伴而行，王正祥以为与少年有缘。不料少年伺机将他杀死，盗走巨款。后来王正祥的朋友秋星上告官府，将少年逮捕归案。

1日，蔡元培接黎元洪政府教育总长范源濂电，促归国任北京大学校长，云："转蔡鹤卿先生鉴：国事渐平，教育宜急。现以首都最高学府尤赖大贤主宰，师表群伦。海内人士，咸深景仰。用特专电敦请我公担任北京大学校长一席，务祈鉴允，早日归国，以慰瞻望。启行在即，先祈电告。范源濂宥印，外交部代。"

3日，胡适作《尝试歌》并序。陆放翁曾说："尝试成功自古无。"他则主张"试验主义"，认为"尝试而失败者，固往往有之。然天下何曾有不尝试而成功者乎？"他在歌词中说："'尝试成功自古无'，放翁这话未必是。我今为下一转语：'自古成功在尝试。'……我生求师二十年，今得'尝试'两个字。作诗做事要如此，虽未能到颇有志。作《尝试歌》颂吾师：愿吾师寿千万岁！"

5日，商务《妇女杂志》2卷9号，刊出小说《马头娘》、《酒婢》、《妻棋》等。

7日，教育部通俗教育研究会通令查禁鸳鸯蝴蝶派的《眉语》月刊，以其提倡"聚钗广鬓影能及时行乐"的淫乱思想，毒害青年而查禁。随后还查禁了《金屋梦》、《鸳鸯梦》等小说。通俗教育研究会于本年曾订审核小说标准，分小说为教育、政事、哲学及宗教、史地、实质科学、社会情况、寓言及谐语、杂记八类。每类分上、中、下三等，上等者设法提倡，中等者听任，下等者限制或禁止，大要均以适合国情、有益学识、辅助道德为归。又议决《良好小说目录议案》七条。计本年审核的小说、杂志有《孤雏感遇记》、《块肉余生述》、《新西游记》及《新小说汇编》、《说林》等265种。

10日，月刊《小说丛报》出至第3年第2期，本期小说海栏刊有《红羊佚闻补遗劫后谈》、《奇情短篇乔妆拯夫记》、《纪事短篇铁丐》、《虚无党案秘密窟中一夕谈》、《别裁短篇棠仙》、《奇情短篇当垆余韵》、《滑稽短篇假须》、《警世短篇大除夕》、《写情短篇情感》、《趣情短篇蜡人》、《苦情长篇断肠花》、《白话长篇情海风花录》、《写情长篇闺语》、《言情侦探劫》。

13日，梁启超、汤化龙等进步党人组织"宪法研究会"。

15日，《千金松》（小说），李寅荣著，《旅欧杂志》3—4期。

16日，郭沫若在日本发家书一封，中云："想古时夏禹治水，九年在外，三过家门不入；苏武使匈奴，牧羊十九年，馑龁冰雪。男……质虽鲁钝，终非干国栋家之器，要思习一技，长一艺，以期自糊口腹，并藉报效国家……敢不深自刻勉，直收厥成，宁敢歧路忘羊，捷径窘步，中道辍足，以贻父母羞，为家国蠹耶！"（《樱花书简》）

18日，陈独秀到汪孟邹处，赞助"亚东"与"群益"两书店合并改组，并愿为此北上，收集资本。（《孟邹日记》1916年9月18日）

18日、25日，周恩来撰《吾校新剧观》，载天津南开学校校刊《校风》第38、39期。文章介绍西欧各国戏剧的流派，总结我国新剧运动的经验，论述新剧改造社会的作用，宣传新剧发展的正确道路。正当新剧堕落、衰败之时，周恩来的新剧观和演出的实践活动，都极富现实意义。

20日，康有为发表《致总统总理书》，要求"以孔教为大教，编入宪法，复祀孔子之拜跪"。10月1日，陈独秀于《新青年》第2卷第2号上发表《驳康有为致总理书》，指出定孔教为国教，不但违反思想自由之原则，而且违反宗教信仰自由之原则。

20日，《大中华》杂志第2卷第9期发表张君劢《联邦十不可论》、王壬秋《张雨珊词序》等文。

24日，周作人作《〈东江校十周纪念录〉序》和《〈柳塘诗思图〉序》。

24日，南社第十五次雅集在愚园举行，到会的柳亚子、郑佩宜、朱少屏、姚石子、叶楚伧、李息霜等34人，柳亚子仍被选为主任。

25日，《小说月报》出至第7卷第9号，本期刊有琐言《红篋记(续)》、《挖地道》、《英雌镜》、《女王》、《背影》、《笔工沈梅》、《强盗忏悔录》、《燕语》等。

27日，闻一多继续在《清华周刊》上发表《二月庐漫记》(续)，《二月庐漫记》是由笔记、诗话构成，未收入作者专集。

30日，南社社员庞树柏在上海逝世。《民国日报》陆续发表其遗著《墨泪龛笔记》等著作。稍后，南社社员王蕴章编辑的《庞檗子遗集》初版。

十月

月初，茅盾与孙毓修合作译书。

夏秋之交，郭沫若作《死的诱惑》、《Venus》、《别离》、《新月与白云》，这是他最早的白话新诗。其中，《别离》原为古体诗《残月黄金梳》，后于 1919 年三四月间，被作者改译为白话诗，题名《别离》，收入 1921 年《女神》第 3 辑。据郭沫若自己回忆说，在阅读了泰戈尔和海涅的诗歌以后，"自然受了不小的影响，在一六、一七、一八几年间便摹仿他们，偶然地写过一些口语形态的诗。"①

胡适在《留美学生季报》秋季第三号，发表《藏晖室札记》片段。

胡适被举为 1917 年《留美学生季报》总编辑。

小说《双凤夺妻录》（又名：珠联璧合）由上海小说丛报社 1916 年 9 月初版，英国作家 C.Garvice 著，倪灏森译述。

戏剧《枭欤》由上海有正书局 1916 年 9 月初版，法国作家嚣俄著，东亚病夫（曾朴）译。

小说《六十万元之惨史》由上海进步书局 1916 年 9 月初版，蒋景缄译。

《树穴金》由束凤鸣编译，上海商务印书馆 1916 年 9 月初版，后收入说部丛书第 3 集第 11 编。

郁达夫因医科费用太大，自己又爱好文科，故又改读文科，专攻法学部政治学科，重读一年级。从此时起，除应付学校功课以外，整日阅读西洋小说，"从杜儿葛纳夫到托尔斯泰，从托尔斯泰到独思托以夫斯基，高尔基，契诃夫。更从俄国作家，转到德国各作家的作品上去，后来甚至于弄得把学校的功课丢开，专在旅馆里读当时流行的所谓软文学作品。在高等学校里住了四年，共计所读的俄、德、英、日、法的小说，总有一千部内外"。（《五六年来创作生活的回顾》）

康有为至曲阜祭孔陵，并致电黎元洪，请"以孔子为大教，编入宪法，复祀孔子之拜跪，明令各地设奉祀官"。登泰山，过经石峪，睹《金刚经》，观摩不忍去。

弁山樵子作《红楼梦发微绪言》，载《香艳杂志》第 11 期。

《小说时报》出至第 28 期。本期刊有短篇《爱国小说归来》、《哀情小说孤篷听雨记》、《历史小说拿破仑第二遗事》、《忏情小说悲惨之目光》、《哲理小说情感》、《军事小说哈利》、《言情小说独木舟上之女儿》、《名家小说怪客》、《技击小说孙隼手》。长篇《奇情小说电贼》、《名家警世小说堕落（未完）》。剧本新剧《家庭短剧

---

① 郭沫若：《兔进文艺的思想》，《文哨》第 1 卷第 2 期，转引自郑方泽编：《中国近代文学史事编年》，吉林人民出版社 1983 年版，第 353 页。

姊妹》。等等。

周信芳在丹桂第一台演出新戏《英雄血泪图》，写林冲故事。合演者有王鸿寿、芙蓉草、王兰芳、冯志奎等。

绛珠女士著《五女缘弹词》，载《小说海》第2卷9至12号。

《小说新报》出至第2年第9期，本期刊有短篇小说《社会小说双拐案》、《革命佚闻碧血黄花》、《义侠小说义婢传》、《滑稽小说难得糊涂》等，长篇小说《欧战中之情史辽西梦》等。

《女蜮记》（小说），老谈（谈善吾），上海甲寅杂志社出版。作品叙述了太平天国攻占南京后，扬州城内某女子为太平军提供情报，同时又向清军传递消息，为两面充当间谍，赚取金钱。太平军战士因她出卖而被捕，她带巨款逃离扬州。

林白水等在北京创办《公言报》。

云南义声日报社创办《义声日报汇刊》于昆明刊行。

年底，沈雁冰翻译并校完卡本脱著的《衣·食·住》（原文名《How the world is Clothed, Fed and Housed》，作者为 E C. Carpenter），由商务印书馆印行。（一说为1918年4月）

十月

1日，胡适在《新青年》第2卷第2号发表《寄陈独秀》，着重谈文学革命问题。《寄陈独秀》略云："尝谓今日文学已腐败极矣。其下焉者能押韵而已矣。稍进，如南社诸人，夸而无识，滥而不精，浮夸淫琐，几无足称者（南社中间亦有佳作，此所饥评，就其大概言耳）。更进，如樊樊山、陈伯严、郑苏龛之流，视南社为高矣，然其诗皆规摹古人，以能神似某人为至高目的，极其所至，亦不过为文学界添几件赝鼎耳。"陈独秀发表《我之爱国主义》，刘半农发表《灵霞馆笔记》（一）——《爱尔兰爱国诗人》。

1日，陈独秀发表《驳康有为致总统总理书》，批判康有为要求政府"以孔子为大教编入宪法"的主张。自此，作者高举打倒孔家店旗帜，发表了一系列反孔文章，其武器乃是"西洋文明"，"所谓平等人权之新信仰"。同时还发表《当代二大科学家之思想》，译文《现代文明史》及通信《答胡适（文学革命）》。

1日，月刊《小说海》出至第2卷第10号，本期刊有短篇小说《不贪之宝》、《北极出险记》、《雏踪》、《义犬凤芝传》、《虎父犬子》、《李士伟》、《朱三公子》、《袁七妹》、《吴家婢》，长篇小说《玉华惨史（续）》、《情场与战地（续完）》，以及杂俎和诗文等。

1日，《上海小史》（小说），《中华全国商会联合会会报》第3年9、10合刊。

4日，通俗教育研究会小说股第二十七次会议。会上宣布：通俗教育研究会推定鲁迅为小说股审核干事，"已呈奉部令照准"。（《鲁迅年谱》第一卷，351页。）

4日，康有为在南京发表尊孔演说。

4日，《菜匪》（小说），刘弨著，《清华周刊》81—83期。

5日，陈独秀写信给在美国留学的胡适说："文学改革，为吾国目前切要之事。……《青年》文艺栏意在改革文艺"，"吾国无写实诗文以为模范，译西文又未能直接唤起国人写实主义之观念，此事务望足下赐以所作写实文字，切实作一改良文学论文，登之下期《青年》"。（《胡适来往书信选》上，第5页）

5日，商务《妇女杂志》2卷10号，刊有小说《兰质蕙心》、《梅村侠女》等。

10日，郁达夫在致长兄的信中说："国事弟意当由根本问题着想，欲整理颓政，非改革社会不可。"表示了他的抱负和志向。

10日，上海《时事新报》开辟《上海黑幕》专栏，此后两三年间，"黑幕小说"风行一时。主要作家有平江不肖生（向恺然）、陆士谔等人，代表作品有《绘图中国黑幕大观》及其续集。内容分为军、政、学、商及会党、匪类、报界、僧道、慈善事业等类。其内容是专门揭人隐私，进行人身攻击，即所谓"秘密史"、"风流史"、"艳史"、"趣史"之类。绝大多数3年左右即从文坛消失。

10日，月刊《小说丛报》出至第3年第3期，本期小说海栏刊有《清宫秘史香莲塔》、《忏情短篇一失足成千古恨》、《诙奇短篇小南海》、《社会短篇清凉》、《别裁短篇梅婢》、《中国侦探短篇假薄记》、《纪事短篇玉钗缘》、《爱情短篇珠佛》、《实事短篇情场腐史》、《别裁短篇愁里新年》、《革命短篇一句钟之独立史》、《苦情长篇断肠花》、《白话长篇情海风花录》、《写情长篇闺语》、《言情侦探情劫》。

20日，《大中华》杂志第2年第10卷发表蘧蘧的《论中国今日不宜以孔学为国教》等文。同期发表梁启超的《五年来之教训》，收入《饮冰室合集·专集》第9册第33卷，为《盾鼻记》附录。略云："五年来经过之陈迹，贻吾侪以深切显豁之教训者不知凡几，特患吾人善忘耳。苟其不忘，则此种教训之所以厚我中国者，更云何可量也！""第一之教训，能使吾侪知世界潮流不可拂逆，凡一切顽迷复古之思想，根本上不容存在于今日"；"第二之教训，能使吾侪知凡百公私举措，皆万不可驰于极端；能使吾侪知凡有势力者，万不可滥用其势力以至过度；能使吾侪知中国各派势力之竞争，为事势上所不能免，抑亦不足为病。虽然，竞争必须有轨道、有范围，一面力求自力之伸张，一面仍许容他力之存在"；"第三之教训，能使吾侪知凡身任国事，而不以个人之利害或一党之利害为本位者，其结果必失败；能使我吾侪知权术之为物，决不足以驭人，而惟足以自毙。"

25日，《小说月报》出至第7卷第10号，本期刊有琐言《煤矿罢工》、《海陵》、《马母》、《破镜重圆》、《自由误》、《端石砚》、《利令智昏》、《滇抚某中丞轶事》、《安蒂翁放大器》、《警孽》等。

30日，鲁迅接待因神经错乱由山西逃来的大姨母之子阮久荪。后来，周遐寿（周作人）在《鲁迅小说里的人物·狂人是谁》中认为，此人为鲁迅在《狂人日记》中塑造"狂人"形象提供了生活原型。

30日，梅兰芳、姜妙香、姚玉芙在天蟾舞台首演梅兰芳创编的新戏《黛玉葬花》。《黛玉葬花》由齐如山、李释戡、罗瘿公、梅兰芳等集体创作，是梅兰芳所演京剧古装新戏的代表作之一，也是京剧舞台上最早出现的"红楼戏"之一。后又被电影公司摄制为电影。当时欧阳予倩在上海也编了京剧《黛玉葬花》等一系列红楼戏，颇具影响。故京剧界有"南欧北梅"之誉。

31日，黄兴在上海的寓所逝世。次日，孙中山通告中华革命党各支部悼念黄兴逝世。

是月

梁启超的《饮冰室全集》，共48册，由上海中华书局再版。

郭沫若去校园后的操山散步，灵感被瑰丽的晚景打动，信口吟出了古风"怪石疑群虎"一首，诗中描写操山傍晚的壮丽景色，抒发了自己的浩气豪情。（初见于《自然之追怀》，载1934年4月10日《现代》月刊第4卷第6期，现见于《中国现代文艺资料丛刊》第3辑）

小说《铜圜雪恨录》由上海商务印书馆1916年10月初版,法国作家余增史著,双石轩译。收入说部丛书第3集第12编。

法国萨特的悲剧《热泪》,由卓呆译,载于《小说大观》第7集。

蔡元培与张一麐、吴稚晖、黎锦熙等发起成立"中华民国国语研究会",主张"言文一致","国语统一"。自翌年第一次大会起,即推荐蔡元培为正会长、张一麐为副会长。该会发起人当即以蔡元培领衔,具呈教育部,申请立案,云:"窃维吾国今日欲图教育之普及,……必自改革今日教科书之文体。而专用寻常语言入文始,……必先调查全国之方言,……斟酌适中,定为准则,其程度必视寻常之语言稍高,视寻常之文字较低,而后教育可冀普及,而语言亦有统一之望。……同人等有鉴于此,爰有国语研究会之设立。"①

柳亚子在《国学丛选》第8集上发表《分湖旧隐记》一文。蒋万里的《红微感旧记序》、吴沛霖的《赠卢生序》、高燮的《祭顾贞献先生文》等文也发表在同期的《国学丛选》上。

胡盍朋作《海滨梦》、《汨罗纱》传奇由上海国光书局刊行。

双月刊《新民德》杂志在上海创刊,毕云程主编。声称"以提倡个人本位主义,激励青年之精神,增进国民之实力为宗旨"。

《民声》杂志在长沙创刊,曾稚编辑,由民声杂志社发行。

《小说新报》出至第2年第10期,本期刊有短篇小说《社会小说生秭祸》、《革命外史帷灯匣剑》、《红羊佚闻血艳》、《义烈小说弱女复仇记》、《清季佚闻芙蓉石》、《奇情小说求婚奇谈》、《明季佚闻飞头将军》、《清初佚闻真可汗》、《讽世小说裙带禄》、《言情小说金箭缘》,长篇小说《欧战中之情史辽西梦》、《节烈小说廿年苦节记》、《军事小说古屋斜阳》、《怪异小说无历村》、《红羊佚事莺魂唤絮录》、《欧美名家小说天作之缘》,以及其他栏目。

《西子湖底》(小说),瘦鹃(周瘦鹃),《小说大观》7集。作品叙述了西湖中操舟者老桨,数十年来常望湖深思。原来老桨17岁时,一天有艘游船沉没,老桨下水救人,在舱里发现一美人,老桨贪恋她的美色,就把船舱关上,说舱内已没有人了。此后他天天潜水去看美人。五天后大潮起,沉船被击碎,美人也失踪了,

---

① 黎锦熙:《国语学讲义》下篇,商务印书馆1919年版,第33页。

从此老桨常望着湖水遐想。

《帐中语》（小说），陆士谔著，上海进步书局初版。

《黄海风涛》（小说），觉才，上海中国图书公司和记初版。

北京宪法公言发行所创刊《宪法公言》（旬刊），仅出9期，于翌年1月停刊。

《新民德》（双月刊）于上海创刊，1919年4月停刊。

十一月

1日，陈独秀发表《宪法与孔教》论文一篇；与毕云程、莫芙卿、一民等通信讨论人生观、独身主义及禁止恶劣分子结婚、法兰西之文明及世界语等问题；为苏曼殊著《碎簪记》作"后记"。在答毕云程信中，他解说了自己过去对国势悲观的原因及今后的决心，指出："欧美之文明进化，一日千里。吾人已处于望尘莫及之地位。然多数国人犹在梦中，而自以为是……虽有极少数开明之士，其何救于灭亡之运命……惟既生斯土，聊尽我心。一息尚存，寸心不懈。此可告于爱我责我之良友者也。"

1日，苏曼殊在《新青年》第2卷第3号上发表小说《碎簪记》。小说叙述了青年庄湜自幼居上海，由叔婶养大，曾受过良好的教育且通法文。一次去北京游玩，正值袁世凯欲称帝。旧友某要人请他用译一通告全国的文件，并请他签名。他因拒绝而遭诬陷被拘禁，幸得同窗好友杜灵运相救，方免于难。杜灵云弃职往瑞士，行前将胞妹杜灵芳介绍给庄湜。灵芳曾随兄游学罗马，才貌俱佳，对庄情有所钟，但庄的叔父恪守封建道德，反对庄私订婚约，而为他另聘婶娘的外甥女燕佩莲。佩莲天资聪慧，通经史和英、法文，也钟情庄。为此，庄终日彷徨苦闷。灵芳来访，叔父以庄有婚约事相告，灵芳写信与庄诀别，庄抑郁而死，灵芳、佩莲亦殉情自尽。小说以第一人称叙事，运用了象征手法，字句间尚留有文言的痕迹，更有英文句子。小说的价值不在于内容，而在于突破了传统小说的写作形式，在中国现代小说史上有一定的意义。同期上，刘半农译有葡萄牙作家席尔洼的小说《欧洲花园》。

1日，月刊《小说海》出至第2卷第11号，本期刊有短篇小说《交际元龟》、《新闻记者之妻》、《赵鹏飞》、《丹墀血》、《医界冤闻》、《丧家狗》、《海绵》、《山妇》，长篇小说《艳闻掇佚（未完）》、《鸂鶒鸾凤》，以及其他杂俎和诗文等。

5日，商务《妇女杂志》2卷11号，刊出小说《母也天只》、《机声灯影》等。

9日，鲁迅因筹办全国专门以上学校成绩展览会，得教育部颁发的三等奖章。

10日，月刊《小说丛报》出至第3年第4期，本期刊有小说海栏《义侠短篇铁血男儿》、《红羊佚闻阿莲》、《掌故短篇丁文诚公轶事》、《探险短篇毛人》、《哀情短篇箧诗记》、《纪事短篇吴孝子》、《侦探短篇锡湖案》、《心理短篇虾蟆》、《滑稽艳情奇缘》、《怨情短篇侬是情场失意人》、《苦情长篇断肠花》、《白话长篇情海风花录》、《写情长篇闺语》、《言情侦探情劫》。

19日，政学会于北京成立。

20日，梁启超在《大中华》第2卷第12期上发表《祭蔡松坡文》，收入《饮冰室合集·文集》第15册第44卷上。

22日，郁达夫的七律四首《秋兴》，载于1916年11月22日《神州日报·文艺俱乐部·文苑》，署名达夫。

23日，郁达夫的七律《有怀碧岑长嫂却寄》，七绝《日暮湖上》，载于1916年11月23日《神州日报·文艺俱乐部·文苑》，署名达夫。

23日，《新申报》开始连载朱瘦菊长篇小说《歇浦潮》。

蔡元培由欧归国后，曾往绍兴。26日上午，在浙江第五师范学校发表演说，希望该校教师及师范生注意身教，重视科学与美术，下午，向绍兴各界人士发表演说，希望绍兴能改善交通及建设，注意卫生，举办各种事业时，宜树立共同进行（而不是各别进行）之观念。(《越铎日报》1916年11月28日、29日)

25日，《小说月报》出至第7卷第11号，本期刊有琐言《女侠》、《堕落》、《缧绁谭》、《泪影书声》、《复仇与爱国》、《如皋逆伦案》、《记程一善》等等。

26日，周作人往花巷布业会馆听从欧洲回国的蔡元培演说。次日，往笔飞衖访蔡元培，未遇。

26日，为"群益"与"亚东"两书社打算合并改公司之事，陈独秀与汪孟邹同车赴北京。

30日，鲁迅得陈师曾所赠印章一方，文曰"俟堂"。陈师曾擅长篆刻，又与鲁迅过从甚密，曾多次为鲁迅刻名印和收藏印。

是月

小说《小拿破仑别记》由上海中华书局 1916 年 11 月初版，英国作家巴科著，朱世溱译述。收入小说汇刊。

小说《女虚无党》由上海有正书局 1916 年 11 月初版，胡利编，路钧译。

小说《云破月来缘》由上海商务印书馆 1916 年 11 月初版，英国作家鹘刚伟著，胡朝梁口译，林纾译、笔述。

小说《风俗闲评》由上海中华书局 1916 年 11 月初版，俄国作家契诃夫著，陈家麟、陈大灯译。

《血痕》由上海商务印书馆 1916 年 11 月初版，生可编译，冷风校订。收入说部丛书第 3 集第 15 编。

小说《法国拿破仑》由上海民学图书局 1916 年 11 月初版，袁午南编译，卷首题有"著者张子和"字样。

《冰原探险记》由上海商务印书馆 1916 年 11 月初版，王无为编纂。收入说部丛书第 3 集第 14 编。

小说《橄榄仙》由上海商务印书馆 1916 年 11 月初版，美国作家巴苏谨著，陈家麟、林纾译。收入说部丛书第 3 集第 13 编。又收入林译小说丛书第 2 集第 20 编。

《重订南社姓氏录》出版，共 825 人，由李息霜（黄昏老人）题。

原署名"莫等闲斋主人"（陈尺山）《孟谐传奇》由上海中华书局刊行。其虽名传奇，实为六个单折杂剧，都是从《孟子》中选出来的讽喻性诙谐故事编成。分别是：《牵牛》、《搏虎》、《攘鸡》、《食鹅》、《烹鱼》、《获禽》。

《小说新报》出至第 2 年第 11 期，本期刊有短篇小说《清秘史外录雍和宫异闻》、《清季佚闻秣陵冤狱》、《外交秘史巴黎之秘密隧道》、《英国佚闻兰心》、《冒险小说岛国归婚记》、《政治小说红手党》、《苦情小说妾命薄》、《边事小说水仙香》、《苦情小说缧绁鸳鸯》、《惨情小说情场悲剧》，长篇小说《欧战中之情史辽西梦》、《节烈小说廿年苦节记》、《军事小说古屋斜阳》、《怪异小说无历村》、《红羊佚事莺魂唤絮录》、《欧美名家小说天作之缘》，以及其他栏目。

《梅林雪》（小说），窦润庠、陈翔，上海中华书局出版。

《琴焉小传》（小说），何海鸣，上海民权出版部出版。

十二月

1日，陈独秀发表《孔子之道与现代生活》、《袁世凯复活》、《西文译音私议》论文三篇；与读者毕云程、萧山、孔昭铭等讨论进化、西学、古文和孔教等问题。在《孔子之道与现代生活》一文中，陈独秀分析了清末以来社会思潮的一些变化，认为："宇宙间精神物质，无时不在变迁即进化之途。道德彝伦，又焉能外？'顺之者昌，逆之者亡。'史例俱在，不可谓诬。"文中还批判了孔子学说与时代的背离："孔子……所提倡之道德，封建时代之道德也；所垂示之礼教，即生活状态，封建时代生活之礼教，封建时代之生活状态也；所主张之政治，封建时代之政治也。封建时代之道德，礼教，生活，政治，所心营目注，其范围不越少数君主贵族之权利与名誉，于多数国民之幸福无与焉。"有鉴于此，陈独秀在文末呼吁道："吾愿世之尊孔者勿盲目耳食，随声附和，试揩尔目，用尔脑，细察孔子之道果为何物，现代生活果为何态，诉诸良心，下一是非善恶进化或退化之明白判断，勿依违，勿调和——依违调和为真理发现之最大障碍！"（《新青年》第2卷第4号）

1日，胡适在《新青年》第2卷第4号上发表《藏晖室札记》。

1日，月刊《小说海》出至第2卷第12号，本期刊有短篇小说《晋阳客话》《义盗》、《黑牡丹》、《血豆腐》、《日光杀人案》、《皖罗》、《兵燹余谈》、《空花幻影》、《兄弟侦探》，长篇小说《艳闻掇佚（续）》、《鸥鹡鸾凤（续）》，以及其他杂俎和诗文等。

1日，子余《京华尘梦录》（一、京师戏园，二、查楼）载于《小说海》第2卷第12号。

3日，鲁迅因母亲六十寿辰，回绍兴省亲，本日启程。这是鲁迅到京后第二次返回故乡。

5日，留日学生陈启修、郑贞文等发起组织"丙辰学社"，以"研究真理、昌明学术、交换智识"为宗旨。1917年创刊《学艺》杂志，1920年12月改名为"中华学艺社"。

5日，商务《妇女杂志》2卷12号，刊出小说《春红包碎》、《势利镜弹词》、《爱儿》等。

7日，晨，鲁迅自北京抵绍兴。当晚周作人与鲁迅长谈至午夜二时。第二天同鲁迅至第五中学访章鲁瞻、刘揖先等。

9日,鲁迅致许寿裳信。告以回乡途中"所见事状,时不惬意",并谈及:"在沪时,闻蔡先生在越中,报章亦云尔;今日往询其家,则言已往杭州矣。在此曾一演说,听者颇不能解。或云:但知其欲填塞河港耳。"并对浙江省议会阻止刻《章氏丛书》表示愤慨。

10日,《新民德》1卷2号,刊出小说《门第与学生》。

10日,月刊《小说丛报》出至第3年第5期,本期刊有小说海栏《惨情短篇有情花对无情佛》、《别裁短篇天台艳迹》、《笔记短篇客窗雨话》、《侠义短篇黑金》、《哀情短篇青楼亦有女贞花》、《滑稽短篇五十佛朗克之罚》、《技击短篇甘秀山》、《哀情短篇想象当年》、《神怪短篇行尸欤走肉欤》、《趣情短篇急煞侬矣》、《苦情长篇断肠花》、《白话长篇情海风花录》、《写情长篇闺语》、《言情侦探情劫》。

11日,蔡元培应江苏教育会邀请,演讲《教育界之恐慌及其救济方法》。指出中、小学生升学机会甚少,出路成问题,造成教育界恐慌现象,一时不宜广设高等学校,必须发展职业教育,广开门路,并宜注重美育,发展人格,以提高学生的道德修养。(在江苏教育会演说记录稿)

13日,阴历十一月十九日,为鲁迅母亲六十生辰。"上午祀神,午祭祖。夜唱'平湖调'。"

14日,《新世界报》在上海创刊,1919年6月17日至1920年2月5日改名为《药风日刊》。至1927年3月,受北伐战事影响而终刊。为上海大型游乐场出的报纸,始于新世界,故《新世界报》是近代第一份游戏场文艺报纸。编辑主任郑正秋。历任总编有奚燕子(号莲侬)、扬尘因。五四运动期间,该报刊有小说、笔记、诗话、戏剧等内容。

14日,汪笑侬由北方返沪,本日起在丹桂第一台演出。

15日,汪笑侬演出《马前泼水》。该剧系汪笑侬根据《烂柯山》传奇改编。写汉代会稽书生朱买臣穷愁潦倒,屡试不中,其妻崔氏不耐清贫,提出与买臣离异。买臣再三劝说,崔氏执意不听,逼买臣写下休书,改嫁张木匠。后朱考中进士,升任太守,途经乡里。其时沦为乞丐的崔氏知前夫已得高官,跪在马前请求收容。朱买臣泼水于地,令其将覆水收起,方能如愿。崔氏心知事难挽回,羞愧撞墙而死。该剧以剧情感人、唱腔精美、表演细腻而成为汪派艺术中脍炙人口的名剧,亦为汪派常演剧目。剧本收入《汪笑侬戏曲集》。《申报》广告以大号字刊出消息,将《马前泼水》与《张松献地图》、《受禅台》三剧列为"寰球欢迎独一无二新旧剧哲学大家著名须生汪笑侬"的三天打炮戏。

15日，《祭邹慰丹文》（小说），王慕陶，《旅欧杂志》9期。

17日，周作人参加浙江省立第五中学校长朱渭侠的追悼会，并在会上致辞。下午至龙华寺祭朱渭侠并送其灵柩。

17日，胡适二十五周岁生日。作词《二十五岁生日自誓》。说："种种从前，都成今我，更莫思量更莫哀。从今后，要那么收果，先那么栽。"

21日，蔡元培先生抵京。北京大学校长事，须调查能否着手整顿，再行决定，唯当局劝驾甚力。

21日，《清华周刊》92期，刊出小说《郑老五》、散文《访金川寨记》等。

24日，周作人在浙江省立第五中学第十届学生毕业典礼大会上演说。

24日，《昙影》（小说），冷生，《瓯海潮》1—2期，《记梅兰芳》（散文），冷生，1—3期，《白桃花传奇》（戏剧），洪炳文，1—4期。

25日，郭沫若用英文作散文诗一首，献给安娜。后于1922年7月3日改译成中文，作为《〈辛夷集〉小引》，以一条快干死的小鱼在少女的泪渊中得以复苏的故事，反映自己在爱情中得到新生。收1923年4月上海泰东书局版《辛夷集》。

25日，《小说月报》出至第7卷第12号，本期刊有琐言《鸡谈》、《三少年遇死神》、《德意志之花》、《康蒂斯小传》、《珊瑚美人》、《鹇鸪》、《情值》、《王渭泉渭生》等等。林纾在本期上发表散文《宝井堂记》。

25日，郁达夫的七律两首《王师罢北征》、《梦醒枕上作》，载于1916年12月25日《神州日报·文艺俱乐部·文苑》，署名达夫。

26日，黎元洪任命蔡元培为北京大学校长，次年1月4日就职。蔡元培任职后，"循思想自由原则，取兼容并包主义"，聘请倡导新文化运动的人物前往执教，使北大成为传播新文化的一个阵地。同月，经沈尹默推荐，蔡元培邀请陈独秀来校任教，并答允可把《新青年》"带到学校里来办"。

26日，蔡元培去寓所拜访陈独秀。他力约陈独秀出任北大文科学长。陈起初回绝说："不干，因为正在办杂志，……"蔡说："那没关系，把杂志带到学校里来办好了。"蔡后来回忆说："民国五年冬，我在法国，接教育部电，促回国，任北大校长。""我到京后，先访医专校长汤尔和君"，"他说：文科学长如未定，可请陈仲甫君。""我对于陈君，本有一种不忘的印象"，"现听汤君话，又翻阅了《新青年》，决意聘他。从汤君处探知陈君寓前门外一旅馆，我即往访，与之订定；于是陈君来北大任文科学长"。(《我在北京大学的经历》，《东方杂志》第31卷第1号。)

27日，蔡元培到北京后，应北京通俗教育研究会邀请，发表演说，对古今中外若干小说及戏剧加以评论，认为"讲演能转移风气，而听者未必皆有兴会。小说之功，仅能收之于粗通文义之人。故二者所收效果，均不若戏剧之大。……新剧初起，其感化社会之力，或尚不及改良之旧剧。盖旧剧之体裁，久已印入人心，而新剧则尚未习惯"。还阐述了小说、讲演、戏剧、影戏等与通俗教育的关系。(《在北京通俗教育研究会之演说词》)

27日，郭沫若致信元弟翊昌，表示：当此"国家积弱，振别须材"之时，身为青年，"任重而道远"，愿彼此都"能以为己任"，免得"少不奋力，老大徒悲"。

28日，郁达夫的七绝五首《论诗绝句寄浪华》，载于1916年12月28日《神州日报·文艺俱乐部·文苑》，署名达夫。

31日，借宣扬孔孟之道，进行迷信活动的会道门道德学社于北京成立，参谋总长王士珍为社长。次月创刊《道德学志》(旬刊)。

是月

《山中人》由上海商务印书馆1916年12月初版，谢寿长、孙毓修编译。收入童话丛书第1集第47册。

《木乃伊》由上海中华书局1916年12月初版，徐桌呆译。

小说《甘萨女郎》由上海小说丛报社1916年12月初版，P.Richardson著，倪灏森译述。

小说《郁金香》由上海中华书局1916年12月初版，天虚我生(陈蝶仙)译。

小说《诗人解颐语》由上海商务印书馆1916年12月初版，英国作家倩伯司著，林纾、陈家麟译。收入说部丛书第3集第17编。本书收短篇故事205篇。

《新青年》编辑部由上海迁到北京。柳亚子《与徐梦鸥书》中，自称"弟为主张倒孔之一"，对陈独秀著作评价甚高，认为"宜写万本读万遍也"。

林纾的《春觉斋论文》由北京都门印书局出版，自署林纾(封面题林畏庐)，

1921年2月商务印书馆新版时，易名为《畏庐论文》。本书内容在民国初年曾以《春觉生论文》为题连载于《平报》，据说是林纾在京师大学堂教书时的讲义。

《鸡谈》、《三少年遇死神》发表于12月《小说月报》第7卷第12号。作者为英国作家曹西尔，口译者陈家麟，自署林纾。

朱自清从北京大学回扬州，遵父母之命与扬州名医武威三先生的女儿结婚。夫人名钟谦，原籍杭州，也是在扬州长大，性喜笑，与朱自清同岁。

王统照寄信《新青年》，称："贵志初版以来，宏诣精论，凤所钦佩。凡我青年，宜手一编，以为读书之一助，而稍求其所谓世界之新学问，新知识者，且可得藉知先知先觉之责任于万一也。"《新青年》于2卷4号"通信"栏内发表该信，并加编者按语称："来书疾时愤俗，热忱可感，中学校有如此青年，颇足动人，中国未必沦亡之感。"这是王统照在公开报刊上发表文字的开始。

梁启超发起创办松坡图书馆，以纪念蔡锷。

柳亚子为明遗民刘坊《天潮阁集》作序，反对"诗穷而后工"的传统说法，认为只有心系天下的"嵚崎磊落之士"，才能写出好的作品。略云："昔人有言，诗穷而后工，余谓穷亦视其人何如耳。里巷小夫，所志不出藩溷之外，所谋不越温饱之微，求之不得，沾沾然忧之，叹老嗟卑，怨天尤人，茕焉若不可以终日，自有识者视之，哂其笑矣，穷亦何必工哉！"

蔡元培"到上海后，多数有人均劝不可就职，说北大腐败恐整顿不了；也有少数劝驾的，说腐败的总要有人去整顿，不妨试一试"（《自写年谱》），孙中山先生竭力主张往就此职，认为有利于向北方传播革命思想。蔡元培先生也认为任大学校长并非做官，故决定北上。（罗家伦：《蔡元培先生与北京大学》）

《丙辰杂志》（月刊）在上海创刊，由郑三立等主持，设艺苑、诗词录等栏目。

吴梅《顾曲麈谈》由商务印书馆初版。全书凡四章。第一章《原曲》介绍"宫调"、"音韵"、"论南北曲"；第二章《制曲》论"作剧法"与"作清曲法"；第三章《度曲》从"五音"、"四呼"、"四声唱法"、"出字"、"收声"、"归韵"和"曲情"等方面介绍昆曲的演出方法，并"制谱之法"也略作介绍；第四章《谈曲》按时代评价元明清戏曲、散曲作家，探寻戏曲散曲发展的源流。本书可称近代戏曲学最富系统性的专著。

《小说新报》出至第2年第12期，本期刊有短篇小说《怨情小说韵琴小传》、

《奇情小说灵台幻影》、《革命外史青楼侠女》、《哀情小说华胥梦影》、《讽世小说消寒韵事》、《节烈小说腊梅》、《纪事小说怪铁》、《侦探小说血钱》、《苦情小说嫠妇断肠史》、《哀情小说离鸾别凤》，长篇小说《欧战中之情史辽西梦》、《节烈小说廿年苦节记》、《军事小说古屋斜阳》、《怪异小说无历村》、《红羊佚事茑魂唤絮录》、《欧美名家小说天作之缘》，以及其他栏目。

《女间谍二》(小说)，汤忠永著，《浙江兵事杂志》32 期。

《车窗幻影续篇》(小说)，天虚我生，《小说大观》8 集。

《仇情案》(小说)，醉世居士，北京图书局石印本。

《宁为国死》(小说)，公达，《进步杂志》11 卷 2—3 号。

《补过》(小说)，吴门天笑生述，《小说大观》8 集。作品叙述了青年学生柳吉人与少女云英相爱，使云英怀孕。云英被家中赶出后堕落为妓女，后又成为丝厂工人。柳吉人医学院毕业后，当了某医院副院长。柳因自行车祸，与云英重逢。了解了云英的痛苦遭遇后，柳吉人放弃副院长职务，与云英结婚，离开上海去广州开始新生活，经过数年努力，又担任某医院院长。

《八月十二日慰慈擘黄邀游陀甘露刻瀑布二首》(诗)，任鸿隽，《留美学生季报》3 卷 4 期。

陈独秀走访北京大学，在校园内偶遇沈尹默。当时，北京大学文科学长正好缺人，沈便把陈独秀正在北京的事告诉蔡元培。[①]

---

① 参见沈鹏年：《鲁迅与〈新青年〉关系的两个史实》，《文汇报》1962年4月22日。

1917年

一月

1日,胡适的《文学改良刍议》发表于《新青年》第2卷第5号。胡适给旧的"文言分离"的文学形式以全面的否定,并上承梁启超的文学进化论,提出了接近口语的"白话文学"应"为中国文学之正宗"的思想。胡适在文中提出文学改良"须从八事入手":"一曰,须言之有物。二曰,不模仿古人。三曰,须讲求文法。四曰,不作无病之呻吟。五曰,务去滥调套语。六曰,不用典。七曰,不讲对仗。八曰,不避俗字俗语。"这八条主张又被称为"八不主义",针对当时文学创作中的诸多弊端一一展开。胡适在文中主张"言文合一",明确表示"白话文学之为中国文学的正宗",提出了文学发展的新方向,成为文学革命的先声。

胡适(1891—1962),原名嗣穈,学名洪骍,字适之,安徽绩溪人。为白话文和五四文化的倡导者。1910年留学美国,入康奈尔大学,后转入哥伦比亚大学,从学于杜威,深受其实验主义哲学的影响。1917年初在《新青年》上发表了《文学改良刍议》。1917年获哲学博士学位,同年回国,任北京大学教授。参加编辑《新青年》,并发表论文《历史的文学观念论》、《建设的文学革命论》,出版新诗集《尝试集》,成为新文化运动中很有影响的人物。1919年发表《多研究些问题,少谈些主义》,主张改良主义。1920年离开《新青年》,后创办《努力周报》。1923年与徐志摩等组织新月社。1924年与陈西滢、王世杰等创办《现代评论》周刊。1932年与蒋廷黻、丁文江创办《独立评论》。1938年任国民政府驻美国大使。1946年任北京大学校长。1948年离开北平,后转赴美国。1958年任台湾"中央研究院院长"。胡适一生在哲学、文学、史学、古典文学考证诸方面都有成就，并有一定的代表性。著有《五十年来之中国文学》、《胡适文存》、《白话文学史》、《中国章回小说考证》等。

胡适一生的学术活动主要在史学、文学和哲学几个方面，主要著作有《中国哲学史大纲》（上）、《尝试集》、《白话文学史》（上）和《胡适文存》（四集）等。他在学术上影响最大的是提倡"大胆的假设、小心的求证"的治学方法。晚年潜心于《水经注》的考证，但未及写出定稿。1962年在台北病逝。

4日，蔡元培就任北京大学校长。蔡元培作了来北大之后的第一次演讲，他说："我来这里一是希望学生丢掉读书做官的思想，树立大学是研究高深学问之地的信念。二是想仿世界各大学通例，循思想自由原则，取兼容并包主义。今天我和陈学长一起，真心来和大家商量一个问题，我们究竟要把北大这所最高学府，办成一所什么样的大学呢？我以为大学之大，不是校舍恢宏，而是学术气度广大。这些年来我在西方考察教育，发现各国大学风格颇有差异。像英国的养成人格、德国的专重学问和美国的兼及实用等等。而且我发现一所好的大学，都有她自己独特的校风和精神传统。那么，什么才是我们北大的校风和精神呢？我以为第一流的大学，不仅仅是肩负着阐发新学、昌明旧术之责任。也就是说，不能仅仅满足于为社会提供有知识技术的专门人才，还应该是整个国家最高尚、最纯洁的学术圣地，是培养具有人类优秀品质和完美个性的'思想库'和'实验室'。这些天我常在问自己，你心目中的新北大究竟该是什么模样呢？我以为首先应该有学术至上、思想自由的学术气度。我们的北大，应该把培养具有独立思想和自由意识的批判者作为奋斗目标。我历来主张教育要完全交给教育家去办，要保持独立的资格，丝毫不受各派政党或教会的影响。看来在中国，一所新型大学的诞生，还要有一种敢于和封建体制和黑暗势力相抗争的精神和勇气呵！"演讲过后，是片刻的沉默，紧接着是山呼海啸般的欢呼。后来有学者说，中国知识分子从庙堂走向民间，从官场走向象牙塔、十字街头，正是从蔡元培踏进北大这一天开始的，是从蔡元培重新给大学下一个定义那天开始的。

赴任后，蔡元培改革北大领导体制和学科、学制设置，创办科研机构，倡导平民教育，首行男女同校。他采取"兼容并包"的方针，大量引进新人物，不拘一格招聘众家。蔡元培支持日益兴盛的新文化运动，提倡白话文，赞成文学革命，反对封建复古主义，倡导以科学和民主为内容的新思潮。北京大学遂成为"五四"时期新文化运动的中心。

11日，蔡元培荐举陈独秀为北京大学文科学长。《新青年》编辑部亦迁至北京北池子箭杆胡同9号陈独秀家中，《新青年》由此成为五四时期进步知识分子的思想阵地。

1月27日，北大校长蔡元培在国立高等学校校务讨论会议上提出改革高等教育的建议，主张大学专设文理二科，其他法、医、农、工、商五科分别为独立之大学。

1月28日，章士钊在北京创办《甲寅》周刊，上海亚东图书馆印行。6月19日停刊，共出150号。

1月30日，李大钊在《甲寅》周刊发表《孔子与宪法》。当时正处于黎元洪的统治时期。

二月

1日，陈独秀的《文学革命论》发表于《新青年》第2卷第6号。后收录于《独秀文存》（95—98页），安徽人民出版社1987年版。《文学革命论》是紧接胡适的《文学改良刍议》后举起文学革命大旗的重要文章。陈独秀在文中旗帜鲜明地主张"文学革命"，明确提出了"三大主义"："曰推倒雕琢的阿谀的贵族文学，建设平易的抒情的国民文学；曰推倒陈腐的铺张的古典文学，建设新鲜的立诚的写实文学；曰推倒迂晦的艰涩的山林文学，建设明了的通俗的社会文学。"从内容到形式对封建旧文学持批判否定态度，主张以革新文学作为革新政治、改造社会之途。

文章反对"文以载道"、"代圣贤立言"的旧文学观念，要求"赤裸裸的抒情写世"；批判旧文学内容上不及社会、人生，形体上陈陈相因，特别是批判了拟古主义、形式主义的明前后七子；要求建设写实文学、社会文学。文章对中国古典文学的批判虽有某些偏颇之处，如对律诗等，但总体而言，尖锐揭露了旧文学的弊端。文章还从政治革命、伦理道德革命角度论述了文学革命的必要性、必然性。下面几段录自《文学革命论》：

《国风》多里巷猥辞，《楚辞》盛用土语方物，非不斐然可观。承其流者，两汉赋家，颂声大作，雕琢阿谀，词多而意寡，此贵族之文古典之文之始作俑也。魏、晋以下之五言，抒情写事，一变前代板滞堆砌之风，在当时可谓为文学一大革命，即文学一大进化；然希托高古，言简意晦，社会现象，非所取材，是犹贵族之风，未足以语通俗的国民文学也。齐、梁以来，风尚对偶，演至有唐，遂成律体。无韵之文，亦尚对偶。《尚书》《周易》以来，即是如此。（古人行文，不但风尚对偶，且多韵语，故骈文家颇主张骈体为中国文章正宗之说。——亡友王无生即主张此说之一人——不知古书传抄不易，韵与对偶，以利传诵而已，后之作者，乌可泥此？）

东晋而后，即细事陈启，亦尚骈丽。演至有唐，遂成骈体。诗之有律，文之有骈，皆发源于南北朝，大成于唐代。更进而为排律，为四六。此等雕琢的阿谀的铺张的空泛的贵族古典文学，极其长技，不过如涂脂抹粉之泥塑美人，以视八股试帖之价值，未必能高几何，可谓为文学之末运矣！韩、柳崛起，一洗前人纤巧堆朵之习，风会所趋，乃南北朝贵族古典文学，变而为宋、元国民通俗文学之过渡时代。韩、柳、元、白，应运而出，为之中枢。俗论谓昌黎文章起八代之衰，虽非确论，然变八代之法，开宋、元之先，自是文界豪杰之士。吾人今日所不满于昌黎者二事：

一曰，文犹师古。虽非典文，然不脱贵族气派，寻其内容，远不若唐代诸小说家之丰富，其结果乃造成一新贵族文学。

二曰，误于"文以载道"之谬见。文学本非为载道而设，而自昌黎以讫曾国藩所谓载道之文，不过抄袭孔、孟以来极肤浅极空泛之门面语而已。余尝谓唐、宋八家文之所谓"文以载道"，直与八股家之所谓"代圣贤立言"，同一鼻孔出气。

以此二事推之，昌黎之变古，乃时代使然，于文学史上，其自身并无十分特色可观也。元、明剧本，明、清小说，乃近代文学之粲然可观者。惜为妖魔所厄，未及出胎，竟而流产，以至今日中国之文学，委琐陈腐，远不能与欧洲比肩。此妖魔为何？即明之前后七子及八家文派之归、方、刘、姚是也。此十八妖魔辈，尊古蔑今，咬文嚼字，称霸文坛。反使盖代文豪若马东篱，若施耐庵，若曹雪芹诸人之姓名，几不为国人所识。若夫七子之诗，刻意模古，直谓之抄袭可也。归、方、刘、姚之文，或希荣慕誉，或无病而呻，满纸之乎者也矣焉哉。每有长篇大作，摇头摆尾，说来说去，不知道说些什么。此等文学，作者既非创造才，胸中又无物，其伎俩惟在仿古欺人，直无一字有存在之价值，虽著作等身，与其时之社会文明进化无丝毫关系。

今日吾国文学，悉承前代之弊：所谓"桐城派"者，八家与八股之混合体也；所谓"骈体文"者，思绮堂与随园之四六也；所谓"江西派"者，山谷之偶像也。求夫目无古人，赤裸裸地抒情写世，所谓代表时代之文豪者，不独全国无其人，而且举世无此想。文学之文，既不足观，应用之文，益复怪诞：碑铭墓志，极量称扬，读者决不见信，作者必照例为之。寻常启事，首尾恒有种种谀词。居丧者即华居美食，而哀启必欺人曰"苫块昏迷"。赠医生以匾额，不曰"术迈歧、黄"，即曰"著手成春"。穷乡僻壤极小之豆腐店，其春联恒作"生意兴隆通四海，财源茂盛达三江"。此等国民应用之文学之丑陋，皆阿谀的虚伪的铺张的贵族古典文学阶之厉耳。

陈独秀的文章言辞激烈，态度坚决，堪称文学革命的檄文，对文学革命的发生具有重要的推动作用。胡适后来在《五十年来中国之文学》中讲道："当日若没有陈独秀'必不容反对者有讨论之余地'的精神，文学革命的运动决不能引起那样大的注意。"

在当期（第2卷第6号）《新青年》上，以"通信"为题，钱玄同写道："顷见五号《新青年》胡适之先生《文学刍议》，极为佩服。其斥骈文不通之句，及主张白话体文学说最精辟……具此识力，而言改良文艺，其结果必佳良无疑。惟选学妖孽、桐城谬种，见此又不知若何咒骂。虽然，得此辈多咒骂一声，便是价值增加一分也。"紧接着，针对陈独秀"必不容反对者有讨论之余地"，钱玄同接过话头："此等论调虽若过悍，然对于迂缪不化之选学妖孽与桐城谬种，实不能不以如此严厉面目加之。"

在理论倡导的同时，胡适于1917年2月在《新青年》2卷6期上发表了八首白话诗。这八首新诗分别是《朋友》、《赠朱经农》、《月》三首、《他》、《江上》、《孔丘》，堪称现代新诗最早的尝试之作。

1917年2月1日，《新青年》第2卷第6号发表吴虞的《家族制度为专制主义之根据论》一文，综合分析了《四书》、《孝经》、《礼记》以及宋儒语录等书，抓住儒家的"孝悌"与封建家族制的关系，进行了猛烈的攻击。吴虞论证儒家是以"孝"立教的。"孝为百行之本。""凡人未仕在家，则以事亲为孝；出仕在朝，则以事君为孝。"

4日,李大钊在《甲寅》日刊发表《自然的伦理观与孔子》。这篇文章的主旨是:"余既绝对排斥以孔道规定于宪法之主张,乃更进而略述自然的伦理观,以判孔子于中国今日之社会,其价值果何若者。"李大钊在文中写到:"余之掊击孔子,非掊击孔子之本身,乃掊击孔子为历代君主所雕塑之偶像的权威也;非掊击孔子,乃掊击专制政治之灵魂也。""盖尝论之,道德者利便于一社会生存之习惯风俗也。古今之社会不同,古今之道德自异。而道德之进化发展,亦泰半由于自然淘汰,几分由于人为淘汰。孔子之道,施于今日之社会为不适于生存,任诸自然之淘汰,其势力迟早必归于消灭。吾人为谋新生活之便利,新道德之发展,企于自然进化之程,少加以人为之力,冀其迅速蜕演,虽冒毁圣非法之名,亦所不恤矣。"

1917年1月,蔡元培就任北京大学校长,聘吴稚晖为北京大学学监,并教授语言概论一科,计议成立语言学研究所,吴稚晖辞不就。2月1日起,《中华新报》为吴稚晖特辟专栏,用问答体按日阐述外国风俗见闻,以及指导英、法留学生出国前应作之准备与知识,以鼓励学生多多出国留学也。(参见王云五主编,杨恺龄撰编的《新编中国名人年谱集成第十三辑·民国吴稚晖先生敬恒年谱》,台湾商务印书馆发行,1981年初版。)

三月

王国维成《太史公年谱》,并酝酿《殷卜辞中所见先公先王续考》及序。

1日,《太平洋》月刊在上海创刊,后改双月刊。李剑农、杨端六先后主编,泰东图书局发行。第2卷起改由杂志社发行。1924年3月编辑所迁北京,1925年6月停刊。共出4卷42号。

1日,钱玄同在《新青年》第3卷第1号上发表致陈独秀的信,信中表达了对胡适《文学改良刍议》的支持和拥护,提出废除一切典故、遵循"自然"的原则使用骈散句、彻底革新中国戏剧、重新认识小说的历史地位等文学主张。钱玄同在信中说:"胡君'不用典'之论最精,实足祛千年来腐臭文学之积弊。"他说,齐梁以前的文学,如诗经、楚辞和后来的汉魏之歌诗、乐府等,都是从来不用典。"古代文学,最为朴实、真挚,始坏于东汉,以其浮词多而真意少。弊盛于齐梁,以其渐多用典也。唐宋四六，除用典外，别无他事，实为文学'燕山外史'中最下劣者。……戏曲小说，为近代文学之正宗。小说因多用白话，用典之病少。"

钱玄同主张"应用之文，以为非做到言文一致地步不可"。

为此，钱玄同提出了"应用文之改革大纲十三事"。其中提到应用文写作，宜用最普通常用的汉字，绝对不用典，数目字改用阿拉伯数字，纪年采用世界通用的公元，改用新式标点符号等。这13项改革大纲中，最具革命意义的是"改右行直下为左行横迤"。这种文书格式的改革，早在1917年夏钱玄同就在给陈独秀的信中提出过。

钱玄同认为，"中国之小说戏剧，与欧洲殆不可同年而语"，"中国旧戏专重唱工，所唱之文句，听者本不求甚解，而戏子打脸之离奇，舞台设备之幼稚，无一足以动人情感"；"外国之新戏""讲究布景，人物登场，语言神气务求与真者酷肖，使观之者几忘为舞台扮演"。钱玄同这些带有根本方向性的意见，得到了其他倡导者的热烈响应。

钱玄同（1887—1939），浙江省吴兴县人。原名夏，字中季，少号德潜，后更为掇献，又号疑古、逸谷，笔名浑然。常效古法将号缀于名字之前，称为疑古玄同，"五四"运动以前改名玄同。语文改革活动家、文字音韵学家、"五四"新文化运动的倡导者之一、著名思想家。1906年，赴日本早稻田大学习师范，与章太炎、秋瑾等人交往。次年入同盟会。1908年，始与鲁迅、黄侃等人师从章太炎学国学，研究音韵、训诂及《说文解字》。1910年回国后曾任中学教员、浙江省教育总署教育司视学、北京高等师范附中教员、高等师范国文系教授、北京大学教授、《新青年》编辑、北平师范大学中文系教授和系主任等。他在语言文字学方面的主要贡献集中体现在语文改革活动、文字、音韵和《说文》的研究等几个方面。在语文改革运动中，他是冲击封建文化的一员猛将。他反对文言文，提倡白话文的态度很坚决。他率先在《新青年》上发表致陈独秀的白话信，并敦请他人用白话作文。《新青年》也在他的倡议和影响下于1918年第4卷第1号始用白话文出版。他是国语运动的积极参加者。1917年，他成为"国语研究会"的会员。1919年，他成为"国语统一筹备会"的会员，并任常驻干事。1925年，他与黎锦熙一起创办并主持《国语周刊》。"国语统一筹备会"于1928年改组为"筹备委员会"，于1935年又改组为"国语推行委员会"，他都一直任常务委员。1931年，任国音字母讲习所所长。

1928年,他曾任辞典处国音大字典股主任。1932年,与黎锦熙共任《中国大辞典》总编纂。曾参与审订由吴稚晖编写的《国音字典》。钱玄同的观点可用他自己的一句话作为代表:"我再大胆宣言道:欲使中国不亡,欲使中国民族为二十世纪文明之民族,必以废孔学、灭道教为根本之解决,而废记载孔门学说及道教妖言之汉文,尤为根本解决之根本解决。"

同日(3月1日),陈独秀的《儒教与家庭》发表于《新青年》第3卷第1号(《新青年》卷三·通信·三)。文章强调:

"吾国大家族合居制度,根据于儒家孔教之伦理见解,倘欲建设新式的小家庭,则亲去其子为不慈,子去其亲为不孝,兄去其弟为不友,弟去其兄为不恭。此种伦理见解倘不破坏,新式的小家庭,势难生存于社会酷评之下。此建设之必先以破坏也。惟破坏略见成效时,则不可不急急从事建设,为之模范,以安社会心理之恐怖作用。"

此信论述了儒教与家庭的关系,对统治中国封建社会的儒教提出了强烈批判,认为要粉碎根深蒂固的旧的家庭伦理道德,就要打破儒家的伦理道德。

同日,《太平洋》月刊创刊于上海,定期刊(1917年3月—1917年8月)、不定期刊(1917年9月—1925年6月),1925年6月5日出至第4卷第10期停刊,"太平洋杂志社"发行(一度由泰东图书局发行),印刷兼总代售处商务印书馆,主编李剑农,后为杨端六,政论为主,文艺为副。1924年12月出至第4卷第9号,由郁达夫协助改组为《现代评论》。1925年6月出满第4卷(10期)。主要栏目有论说、海外大事评林、译述、论坛、通讯、文小说、诗录、国内大事日志、附录、诗词录、时事评林、诗等。主要文学撰稿人有刘复、东润、胡适、李大钊、郁达夫等。

本月,《说丛》月刊创刊于北京,1917年4月出至第2期停刊,许指严编辑,"宣南编译社"发行。所载诗歌、散文、长短篇小说、戏曲、杂文等,全部为文言文。主要栏目有长篇、短篇、随笔、文苑、剧曲、杂俎等。

3月15日,《新国民杂志》创刊。

四月

洪深继续在美国俄亥俄州立大学学习。本年,美国加入协约国对德宣战,洪

深激于正义感在美国参加军事训练,穿军装当过工程队员,并在戴登参加测量军用机场。(见洪深《戏剧的人生》)

15日,蔡元培演说《在北京通俗教育研究会演说词》发表于《东方杂志》第14卷第4号。通俗教育研究会是以"卫生、谋生、公众道德、国家观念之四主义"为宗旨。蔡元培先生认为"今通俗教育研究会之设,所研究者即此使不平者渐跻于平之意也",提出"小说与教育有密切之关系,往往有寝馈其中而获得知识者。昔时尚无人注意此。近日西学输入,翻译彼帮小说,日渐繁多,国人稍稍注意"。"演讲能转移风气,而听者兴会。小说之功,仅能收之精通文艺之人。固二者所收效果,均不若戏剧之大。"《在北京通俗教育研究会演说词》体现了蔡元培对于文学与教育关系的辩证思考。

蔡元培(1868—1940),近代民主革命家、教育家、科学家。字鹤卿,号子民。清同治丁卯年十二月十七日(1868年1月11日)生于浙江绍兴府山阴县。17岁考取秀才,18岁设馆教书。青年时期,连续中举人、取进士、点翰林、授编修。1898年,弃官从教,初任绍兴中西学堂监督、嵊县剡山书院院长、南洋公学特班总教习;1902年,组织中国教育会并任会长,创立爱国学社、爱国女学,均曾被推为总理。1904年组织光复会,1905年参加同盟会。1907年赴德国莱比锡大学研读哲学、心理学、美术史等。武昌起义后回国,1912年1月就任南京临时政府教育总长。不久,因不满袁世凯的专制而辞职,再赴德、法等国学习和考察。1915年与李石曾等在法国组织勤工俭学会,次年与吴玉章等发起组织华法教育会,提倡勤工俭学。1916年回国,次年任北京大学校长。1921年,法国里昂大学、美国纽约大学,分别授予他文学、法学博士荣誉学位。在1924年、1926年中国国民党第一次、第二次全国代表大会上,入选中央监察委员会。1927年,除任国民党中央政治会议委员、中央特别委员会常务委员、国民政府常务委员、监察院长、代理司法部长等职外,并倡议成立大学院作为全国最高学术教育行政机关,被任为大学院院长。1928年,辞去各行政职务,专任国立中央研究院院长。还兼任交通大学、中法大学、国立西湖艺术院(后改为杭州艺专)等多所高等学校校长、院长以及故宫博物院理事长、北平图书馆馆长等职。1932年,同宋庆龄、杨杏佛等在上海组织中国民权保障同盟,被推为副主席。晚年,为抗日救亡事业奔波,努力促成国共合作。1938年,被推为国际反侵略运动大会名誉主席。1940年3月

5日在香港病逝。他生前备受同时期各界人士的推崇，去世后也令人长相追思，其道德、文章影响深远，被毛泽东称为"学界泰斗，人世楷模"。作为身跨学术、政治两界的学人，蔡元培在风云变幻的中国近现代史上留下了灿烂的痕迹。

通俗教育研究会，1912年4月28日成立于江苏，并在上海召开的第四次会议决定创办通俗教育研究会杂志和创立通俗教育品制造所（活动影片幻灯制作所），1915年，教育部公布通俗教育会章程。1917年，通俗教育研究会附设于教育部内，会长由教育次长兼任，各股干事均由会长推定，各股主任暨会员均由部指派，它的制度化标志着它成为国家正式的教育机构和正规的教育途径。1918年，全国各省通俗教育会达23个。1919年，《通俗教育丛刊》出版，并出版了《通俗教育报》。通俗教育研究会工作主要分三股：小说股、戏剧股、讲演股。小说股主要负责新旧小说的调查、编辑改良、审核等工作。戏剧股主要负责对戏曲和评书的审核、改良等活动。讲演股负责讲演、画报、白话报的审核等。

本月，《学艺》季刊（第2卷第1号起改为月刊）创刊于日本东京，后迁至上海，1934年5月15日出至第13卷第4号停刊，1947年1月复刊，1956年7月终刊，上海"中华学艺社"主办，先后共出1—26卷1号，年出10册。主要撰稿人有林思进、吴君毅、周作人、杨树达、郭沫若、康白情、张资平、黎烈文、梁宗岱、陆侃如等。

《艺文杂志》出版，为上海艺文函授社出版的社刊。社长兼总编是倪轶池。上海国光书局印刷。此社的宗旨为"以保存国粹言，承先启后，返朴还真，立为本刊"。该刊开设三科:词章（专授散文、骈文、诗词、歌曲）、说部（专讲小说、传奇、弹词）、函牍（讲解公文、状词、尺牍），并分设数栏。

《学生周刊》出版于上海，"中华编译社"创办，"中国学生联合会"会刊，苦海余生（刘哲庐）主编，1917年10月终刊，共出11期。主要栏目有社说、名著、文艺、日记、碎锦等。主要撰稿人有林纾、蔡元培、梁启超、沈家桢、徐世瑞、易顺鼎等。

4月，丙辰学社编辑的《丙辰》季刊在日本东京创刊，后改名《学艺》。自2卷1期起，由商务印书馆出版。该刊"以昌明学术，输入文明为宗旨"。后改月刊。1931年停刊。1947年1月在上海复刊，1958年终刊。

五月

王国维撰《古要竹书纪年辑校》,并作《自序》,又撰《殷文存序》、《乡饮礼席次图》。

胡适于1917年5月向导师杜威告别,7月,抵达上海。9月便在北京大学就任教授职。不久,又加入《新青年》的编辑行列,成为这个群体的重要成员。

1日,《新青年》第3卷第3号发表胡适致陈独秀信,讨论文学革命事宜。胡适在信中说:"适所主张八事及足下所主张之三大主义者,此事之是非,非一朝一夕所能定,亦非一二人所能定。甚愿国中人士能平心静气与吾辈同力研究此问题。讨论既熟,是非自明。吾辈一张革命之旗,虽不容退缩,然亦决不敢以吾辈所主张为必是而不容他人之匡正也。"

陈独秀在给胡适的回信中说:"改良文学之声,已起于国中,赞成反对者各居其半。鄙意容纳异义,自由讨论,固为学术发达之原则;独至改良中国文学,当以白话为文学正宗只说,必不容反对者有讨论之余地,必以吾辈所主张者为绝对之是,而不容他人之匡正之。"①

同日,胡适的《历史的文学观念论》一文发表于《新青年》第3卷第3号。胡适在文中提出了"一时代有一时代之文学"的观点,他说:"居今日而言文学改良,当注重'历史的文学观念'。一言以蔽之,曰:一时代有一时代之文学。此时代与彼时代之间,虽皆有承前启后之关系,而决不容完全抄袭,其完全抄袭者,决不成为真文学。愚惟深信此理,故以为古人已造古人之文学,今人当造今人之文学。至于今日之文学与今后之文学究竟当为何物,则全系于吾辈之眼光视力与笔力,而非一二人所能逆料也。"胡适在简述了中国白话文学的历史源流后,郑重提出以白话文学为正宗:"夫白话之文学,不足以取富贵,不足以邀声誉,不列于文学之'正宗',然卒不能废绝者,岂无故耶?岂不以此为吾国文学趋势。自然如此,故不可禁遏而以昌达耶?愚深信此理,故又以为今日之文学,当以白话文学为正宗。然此但是一个假设之前提,在文学史上,虽已有许多证据,如上所云,而今后之文学之界出于此与否,则犹有待于今后文学家之实地证明。若今后之文人不能为

---

① 《新青年》第3卷第3号,1917年5月1日。

吾国造一可传世之白话文学，则吾辈今日之纷纷议论，皆属枉费精力，决无以服古文家之心也。"而明代前后七子和清代的归方刘姚等复古派，都是摹拟前人"欲强作一千年二千年以上之文"，因此，胡适认为，不反对复古派，白话文则永无被列为正宗的可能。

5月，《新青年》1917年3卷3号上，刘半农发表《我之文学改良观》，就如何创造白话文学语言进行了探讨，并且提出了文章分段和使用新式标点符号的建议。《我之文学改良观》是文学革命中第一篇论述纯文学与杂文学不同的专门论文。文章区分了"文字"与"文学"的不同：

> 余决非盲从西洋学说之人。此节所引文学用处之规定，其Positive一字，实以"Philosophical Literature"已成为彼邦文学中之一种。而哲学又为诸种科学之一，故必于"科学"之上冠以"实质"，方不至于互相抵触。其实哲学本身，既包有高深玄妙之理想，行文当力求浅显，使读者一望即知其意旨所在。此余所以主张无论何种科学皆当归入文字范围，而不当羼入文学范围也。至于新闻纸之通信（如普通纪事可用文字，描写人情风俗当用文学），政教实业之评论（如发表意见用文字，推测其安危祸福用文学），官署之文牍告令（文牍告令，什九宜用文字而不宜用文学。钱君所指清代州县喜用滥恶之四六，以判婚姻讼事，与某处诰诫军人文，有"偶合之乌"、"害群之马"、"血蚨"、"飞蝗"等字样，即是滥用文学之弊。然如普法之战，拿破仑三世致普鲁士维廉大帝之宣战书"Sire my Brother—Not having been able to die in the midst of my troops, it only remains for me to place my sword in the hands of Your Majesty. I am Your Majesty's good brother, Napoleon."未尝不可视为稀世奇文。维廉复书中"Regretting the circumstances under which we meet, I accept the sword of Your Majesty"之句，便觉黯然无色，故于适当之外，文牍中亦未尝绝对不可用文学也），私人之日记信札（此二种均直用文字。然如游历时之日记，即不得不于有关系之处，涉及文学。至于信札，则不特前清幕府中所用四六滥调当废。即自命文士者所作小简派文学，亦大可不做。惟在必要时，如美儒富兰克令B.Franklin之与英议员司屈拉亨Strayan绝交，英儒约翰生S.Johnson之不愿受极司菲尔伯爵Lord Chesterfield之推誉，则不得

不酌用文学工夫），虽不能明定其属于文字范围，或文学范围，要惟得已则已。不滥用文学，以侵害文字，斯为近理耳。其必须列入文学范围者，推诗歌戏曲、小说杂文、历史传记，三种而已。（以历史传记列入文学，仅吾国及各国之惯例而言，其实此二种均为具体的科学，仍以列入文字为是。）酬世之文（如颂辞、寿序、祭文、挽联、墓志之属），一时虽不能尽废，将来崇实主义发达后，此种文学废物，必在自然淘汰之列。故进一步言之，凡可视为文学上有永久存在之资格与价值者，只诗歌戏曲、小说杂文二种也。

上述诸事，不敢自信为必当，敬请胡陈钱三君及海内外关心本国文学者逐条指正外，尚有三事记之于次：

（一）余于用典问题，赞成钱君之说。主张无论广义狭义工者拙者一概不用。即用引证，除至普通外，亦当注明出自何书，或何人所说。

（二）余于对偶问题，主张自然。亦如钱君所谓"凡作一文，欲其句句相对，与欲其句句不对者，皆妄也"。

（三）余赞成小说为文学之大主脑，而不认今日流行之红男绿女之小说为文学。（不佞亦此中之一人，小说家幸勿动气。）

总之，刘半农的《我之文学改良观》参与倡导新文学运动，并进一步提出一系列具体的的文学改革措施。他认为，欲发起新文学，须从散文改革做起。第一曰破除迷信，如不顾自己只是学着古人，便是古人的子孙。第二曰文言白话可暂处于对持的地位，二者各有所长，各有不相及处，未能偏废。第三曰不用不通之文字。而新诗的创作第一曰破坏旧韵重造新韵。第二曰增多诗体。第三曰提高戏曲对于文学上之位置。

5月23日，蔡元培赴天津在南开学校全体会上讲德、智、体三育的重要，又在该校敬业、励学、演说三会的联合讲演会上讲思想自由问题。两次讲演，均由周恩来笔录。

六月

6月，王国维撰《今本竹书纪年疏证》及序，编就《戬寿堂所藏殷虚文字》及序，作《戬寿堂所藏殷虚文字考释》、《释旬》、《释昱》。

1日，吴虞以妻子吴曾兰名义在《新青年》3卷4期发表文章《女权平议》。他在文中说，由渔猎生活之平等夫妻时代，入于耕牧生活之专制夫妻时代，则妇女失其自由，为男子之财产，为男子之奴隶矣。专制时代之妇女，出则听命于夫，入则听命于翁姑，幽闭闺阃，不能自主，一无所知，一无所能，与六畜无异，只知饮食，只知养子。以此辈无知无能之人为群男之母，则举国男子当幼稚之时，不受其害者鲜矣。吾国专重家族制度，重名分而轻人道，蔑视国家之体制道德法律并为一谈，礼刑所出，其义根本于儒教。孔氏常以女与小人并称，安能认为主张男女平等之人？且吾人所争平等，为法律上之平等；所争自由为法律内之自由；非无范围之平等，无限界之自由。而天尊，地卑；扶阳，抑阴，贵贱，上下之阶级，三从七出之谬谈，其于人道主义，皆为大不敬，当一扫而空之，正不必曲为之说也。

他呼吁：吾女子当琢磨其道德，勉强其学问，增进其能力，以冀终得享有其权之一日；同男子奋斗于国家主义之中，追踪于今日英德之妇女，而固非与现在不顾国家之政客议员较量其得失于一朝也。呜呼！良妻贤母，固为妇女天职之一端；而生今之世界，则殊非以良贤母为究竟。

6月1日，中华书局创刊《小说画报》，月刊，包天笑主编。钱病鹤作画，沈知方发行。出至第12期停刊。

6月9日，美国人密勒（Thomas F. Millard）在上海创办英文《密勒氏评论报》（Millard's Review of the Far East）周刊。后改名《The Weekly Review》。两年后由鲍威尔（John Beraman Powell）接办。1923年6月起改名《The China Weekly Peview》。

29日，柳亚子的《答野鹤》一文发表于《国民日报》。柳亚子在文中明确提出："欲中华民国之诗学有价值，非扫尽江西派不可。"

陈衡哲的小说《一日》发表于《留美学生季报》第4卷夏季2号。

1917年6月9日，胡适从纽约启程回国，结束了在美7年的留学生活。19日胡适正在自美返国、途经加拿大"落机山"的旅途中。胡适日记记载："车上读薛谢儿女士（Edith Sichel）之《再生时代》。'再生时代'者，欧史十五、十六两世纪之总称，旧译'文艺复兴时代'。吾谓文艺复兴不足以尽之，不如直译原意也。"在这段读书札记中，胡适还特意写明："书中述欧洲各国国语之兴起，皆足供吾人之参考，故略记之。"① 胡适因提倡文学革命而成为新文化运动的领袖之一。

胡适7月10日到达上海，旋即回安徽绩溪家中小住。8月到北京，应聘就任北京大学文科教授，参加编辑《新青年》。

1917年，周瘦鹃个人的翻译小说集《欧美名家短篇小说》由中华书局出版。全书共分三册，比较客观地介绍了欧美十四国，包括一些弱小民族国家的短篇小说作品。并且，该书还收介绍了包括高尔基《叛徒的母亲》（周瘦鹃译作《大义》）在内的欧美二十多个作家的作品，鲁迅先生赞扬说它是"昏夜之微光，鸡群之鸣鹤"。

周瘦鹃（1895—1968），近现代作家，文学翻译家。原名周国贤。江苏省苏州市人。曾任第三、四届全国政协委员、江苏省人民代表、江苏省苏州市博物馆名誉副馆长。家贫少孤，6岁丧父。靠母亲的辛苦操作，得以读完中学。中学时代即开始文学创作活动，第一篇作品《爱之花》（剧本）发表在《小说月报》上。毕业后不久，即以写作和翻译为职业。1916年至1949年间，在上海历任中华书局、《申报》、《新闻报》等单位的编辑和撰稿人，其间主编《申报》副刊达十余年之久。还主编过《礼拜六》周刊、《紫罗兰》、《半月》、《乐观月刊》等。主要作品有：抗日战争时期写的意在唤起同胞奋起抗敌救国的短篇小说《亡国奴日记》、《祖国之徽》、《南京之围》、《卖国奴日记》、《亡国奴家里的燕子》等；新中国成立之后写的散文集《行云集》、《花花草草》、《花前琐记》、《花前续记》等。后者，多以花草、山水、风俗、习尚成篇，也不乏对社会主义新事物、新建设和幸福生活的描写，其中许多篇集印前曾在香港《大公报》、《文汇报》、《新晚报》等进步报章上发表，对海外侨胞有一定影响。抗战前夕，上海文化工作者积极呼号御侮，他和鲁迅、郭沫若等数十人发表联合宣言。新中国成立之后，一边写作，一边以相当大的精力从事园艺工作。他在自己的庭园里栽花培草，种植盆景，开辟了苏州有名的"周家花园"。周恩来、叶剑英、陈毅等党和国家领导人都曾多次前往参观，许多外国朋友也不断登门观赏。

---

① 参见段怀清：《胡适文学改良主张中三个尚待澄清的问题》，《浙江大学学报（人文社会科学版）》2007年第3期。

1968年8月，周瘦鹃被林彪、"四人帮"残酷迫害身死，"周家花园"也横遭践踏摧残。

1917年，32岁的黄侃在北京大学讲授中国文学史，并与刘师培再次相逢于北京。刘师培的曾祖文淇、祖父毓松、伯父寿曾都以给《春秋左传》作新疏而列名《清史稿·儒林传》。作为经学的第四代传人，刘师培能将《十三经注疏》倒过来背，一字不易。"得名太早，厥性无恒"的刘师培，经不住富贵利禄的引诱，先变节为清廷密探，后为"筹安会"六君子之一。刘师培曾拉黄侃称说帝制，黄侃声色俱厉地说："如此等事，请先生一身任之。"然后拂袖而去，在座的其他人也随之而散，弄得刘师培狼狈不堪。

黄侃（1886—1935），学名乔鼐，谱名乔馨，最后改名侃，字季刚。晚年自号量守居士。湖北蕲春人。经学家、音韵训诂学家、文学家、国学大师。

黄侃自幼聪颖过人，7岁作诗已有可观，9岁读完经书。1900年中秀才，1903年，考入武昌文普通学堂，与宋教仁、董必武等为同学，畅谈革命。1905年，湖广总督张之洞以黄侃为"故人子"，资助官费留学日本早稻田大学。到日本后加入同盟会。1907年，从章太炎学习小学、经学，成为章门大弟子。1910年回国，在蕲春组织孝义会，同时参加"文学社"的反清活动。1911年，与友人在汉口创办《大江报》，所撰文《大乱者救中国之妙药也》极大鼓舞了当时的革命士气。1913年，被直隶总督赵秉钧任命为秘书长。1914年，任北京大学文科教授。曾反对刘师培拥护帝制。1917年，刘师培任教北大，黄侃师事刘师培，尽得春秋左氏学家法。1919年，与刘师培等创办北大《国故月刊》，同年秋辞去北大教职，改任武昌高等师范学校国文教授，讲授说文、尔雅、文心雕龙诸课。1925年，梁启超任清华国学院导师，邀请黄侃讲授小学。1926年后，历任东北大学、金陵大学国文教授，中央大学中国文学系副教授。1932年应聘为"国难会议"会员。1935年10月8日去世。

黄侃幼承家训，长受名师，毕生精研文字学，尤擅长音韵训诂，在经学、小学、诗赋方面都有突出的成就，在继承前人成果的基础上，推陈出新，建立了独树一帜的古音韵体系，与章太炎、刘师培齐名，被称为"国学大师"，和章太炎被称为"乾嘉以来小学的集大成者"，"传统语言文字学的承前启后人"。对于传统语言文字学的研究，黄侃主张"以《说文》为主，而求制字时之声音；以《广韵》为主，而考三代迄于六朝之音变。然后参之以等韵，较之以今世方言；证据具而理亦明"，并主张根据《说文》和古音研究来研读《尔雅》。黄侃治学重视系统和条理，强调从形、音、义三者的关系研究中国语言文字学，以音韵贯穿文字和训诂。他对于上古声韵系统研究的主要成果是：古声十九纽说；古韵二十八部说；古音仅有平入二声说等。章太炎称赞黄侃："尤精治古韵，始从余问，后自为家法。"此外，黄侃在《文心雕龙》、礼学、汉唐玄学等方面都有独到的见解。学术之外，尤精古文诗词，文尚澹雅，上法晋宋。

黄侃为学务精习，对于四史、群经义疏及小学基本著作都研读达十几遍、几十遍，对《说文》、《广韵》尤为精熟，多有批注。他治学极为严谨，认为"敦古不暇，无劳于自造"，自言"年五十，当著纸笔矣"！可惜黄侃在50岁即辞世，其著述多未写定，后经学生整理刊印。新中国成立之后有《黄侃论学杂著》整理出版。主要著述有《音略》、《声韵通例》、《说文略说》、《尔雅略说》、《声韵略说》、《集韵声类表》、《文心雕龙札记》、《日知录校记》、《汉唐玄学论》、《礼学略说》、《量守居士诗集》、《量守居士词集》等。

章太炎《章氏丛书》1917年刊印。

七月

7月初，因张勋复辟乱作，鲁迅愤而离职，同月，乱平，即返回教育部。

俄国作家托尔斯泰的小说《人鬼关头》，经由林纾、陈家麟翻译，在《小说月报》第8卷第7号至第9号上发表。

31日，《中华新报》发表了朱鸳雏的七绝六首《论诗斥柳亚子》，攻击柳亚子是"如此厚颜廉耻丧，居然庸妄窃诗盟"。

八月

1日，陈独秀在《新青年》第3卷第6号上发表《复辟与尊孔》，指出："盖主张尊孔，势必立君，主张立君，势必复辟，理之自然，无足怪者。故曰:张、康复辟，其事虽极悖逆，亦自有其一贯之理由也。""孔子生于二千年前君主之世，所言治术，自本于君政立言，恶得以其不合于后世共和政制而短之耶？曰：是诚然也。愚之非难孔子之动机，非因孔子之道之不适于今世，乃以今之妄人强欲以不适今世之孔道，支配今世之社会国家，将为文明进化之大阻力也，故不能已于一言。"

1日，蔡元培《以美育代宗教说》载于1917年《新青年》第3卷第6号，此文为1917年4月8日他在北京神州学会的演讲。他提出"以美育代宗教"的教育主张，"美以普遍性之故，不复有人我之关系，遂亦不能有利害之关系。马牛，人之所利用者，而戴嵩所画之牛，韩幹所画之马，决无对之而作服乘之想者；狮虎，人之所畏也，而芦沟桥之石狮、神虎桥之石虎，决无对之而生搏噬之恐者；植物之花，所以成实也，而吾人赏花，决非作果实可食之想。善歌之鸟，恒非食品。灿烂之蛇，多含毒液。而以审美之观念对之，其价值自若"。

1日，柳亚子以南社主任名义，布告驱逐朱鸳雏出社。8月9日，柳亚子宣布逐成舍我出社。驱逐朱鸳雏和成舍我标志着南社内部唐宋诗之争达到了高潮。蔡哲夫以南社广东分社同人名义，在广州发表启事，指斥柳亚子驱逐朱鸳雏、成舍我事，又与成舍我等人在上海成立"南社临时通讯处"。田梓琴（桐）、叶楚伧、胡朴安等34人，在上海《民国日报》发表《南社旅沪同人启事》，表示柳亚子"处置南社，一切皆极正当"。陈去病等203人发表《南社社友公鉴》启事，绝不承认所谓"南社临时通讯处"，并建议柳亚子连任。这场论争始于南社内部宗唐派主将柳亚子对宋诗派和其他学古诗派的贬斥。南社内部宋诗派追随者驳斥柳亚子而强调宋诗派的艺术成就，愈发激起柳亚子等宗唐派诗人的不满，从而掀起了一场轰轰烈烈的诗学论争。

《新青年》杂志因故停刊约4个月。

九月

4日，周作人收到了北京大学的正式聘书，上面写着"敬聘周作人先生为文科教授，兼国史编纂处纂辑员"。

18日，周作人第一次用白话翻译了古希腊谛阿克列多思的牧歌第十，题为《古诗今译》，载于《新青年》第4卷第2期。

23日，《兰言》创刊，每周一期，每期设有"文苑"、"谐著"、"笔记"、"小说"

四类栏目,以文言文形式进行刊载,并始终坚持"宗旨纯正,不涉政治,不事攻讦"的原则。同年 11 月停刊,共出 8 期。该刊为江苏文学同人社团"苔岑社"社刊。武进晨钟报社发行。常州日进印刷所代印。编辑主任余信芳(余希澄)。所刊小说有余希澄《并蒂兰》、汪仲涵《妇人心》、拜竹《陋巷鹃声》等,撰稿人还有袁绮园、吴放、缪九畴、王企园、王心存、陈浣青等。

9 月,蔡元培所著《石头记索隐》由上海商务印书馆正式印行单行本,原载 1916 年《小说月报》第 7 卷第 1 至 6 期。

9 月,茅盾协助编辑《学生杂志》,处理在校学生的投稿,编辑文言的游记、诗、词。

十月

1 日,《珍珠帘》(月刊)创刊于上海,文学社团一社的社刊。上海一社出版部发行。32 开本。主编黄花奴。编撰吴虞公、谪花、玄一、梦梦、左丹、醉樵、月斧、履冰、药聋。载有社员的小说、散文、诗词、游记、杂文等。共出 4 期,1918 年 1 月停刊。

南社举行每年之例行改造,柳亚子仍当选主任,在《民国日报》上宣布选举结果。以论诗引起的南社内部分化,虽得到大多数社友的支持,但因柳亚子不愿意再参加社务,而致南社逐渐衰落,维持数年后,于 1923 年停止活动。

王国维归国后的第二年,汇集近数年所为文 57 篇,编成《永观堂海内外杂文》二卷,在上海印行。

沈德鸿(即茅盾)编辑出版了《中国寓言初编》(商务印书馆),孙毓修为该书作序,明确指出"寓言"一词与西文"fable"的对译关系。此书为现中国古代寓言的最早选本,内容仅限秦汉时代的寓言。

十一月

7 日,上海《时事新报》发表《本报裁撤黑幕栏通告》:因"效颦之黑幕""诲淫者有之,攻人隐私者有之","揆诸本报始揭黑幕之宗旨,实属背到而驰","爰特将本报黑幕一栏,即日取消"(1916 年 9 月 1 日上海《时事新报》刊发"征稿启事"《黑幕大悬赏》，为"黑幕"之始作俑者）。

《青声周刊》在上海创刊，共出 10 期。创办人严芙孙。严自任编辑，另聘凤文、芝轩任编辑。逢星期日出版一期。刊内设 16 个栏目，为小言、社电、社会琐闻、学界琐闻、谈丛、解颐录、聚谈、文苑、小说、杂俎等。其重点是小说、诗词、剧谈、谐杂文。

十二月

12 月开始，北京大学设立研究所，分哲学、中文及英文三门，由教员拟定题目，分教员共同研究及学生研究两种。

《申报》登载了关于"黑幕小说"的征文启事。启事称："中国自改革以后，法令更张，奸豪纷起，自政府以至庶民，莫不黑幕高张，作暗无天日之事，长此不已，为患不堪，设想本公司目击心伤，联合同志组织改良社会研究所六载于兹，将中国各省各界黑幕之事业探缉真实，编辑成书，以行于世，名其书曰中国黑幕大观。盖举中国万般黑幕无不载人是书也，本所并非心存刻薄好为摘奸发覆之言，实以莠草不除，良苗难植，欲成光明之世界，不得不将黑幕撤除，本所作是书中之旨，盖为此耳，知我罪我，听之而已。"

黑幕小说为近代小说之流派，约盛行于 1915—1918 年间，与鸳鸯蝴蝶派一样在上海颇有市场。黑幕小说与鸳鸯蝴蝶派的小说都是具有游戏消遣性质的趣味主义的文学流派。当时各种杂志、小报、大报副刊均刊载此类小说，如《时事新报》就开辟有"上海黑幕"专栏。1918 年由中国图书集成公司编辑出版的《中国黑幕大观》及其续集，充分反映了黑幕小说的盛行。该书分为 12 大纲，分别为政界、军界、商界、学界、社会、家庭、婚姻、富翁、娼妓、赌博、帮匪、讼棍、游民、僧道等部分。

《申报》副刊编辑、鸳鸯蝴蝶派文人王钝根为《中国黑幕大观》作序，提倡黑幕小说。王文称："世教衰微，道德堕落；益以内乱外患，商业凌夷，国人生计困难，遂相率为卑污残忍诈伪欺罔之事，以求幸获。受其祸者无所得伸，或泄其愤于口舌，文人笔而存之，是为时下流行之黑幕。黑幕者，摘奸发核之笔记也。"作者提出了黑幕小说之功能："故《中国黑幕大观》，学校以外教科书也，使天真烂漫之少年，忠厚朴实之君子，读之而知所戒备，尤使贫困之士，勿歆小利而隳其身家，厥功伟哉！"①

由于黑幕小说的作者毫无取舍地记录各种丑恶现象，其社会作用往往适得其反，变成了教人为恶的"犯罪教科书"。有的作品更成为军阀、政客之间相互中伤、攻讦的工具。所以鲁迅说这类作品"丑诋私敌，等于谤书；又或有谩骂之志而无抒写之才，则遂堕落而为'黑幕小说'"。②

---

① 王钝根：《〈中国黑幕大观〉序》，《中国黑幕大观》，中国图书集成公司1918年版。
② 鲁迅：《中国小说史略》，《鲁迅全集》第9卷，人民文学出版社1981年版，第292页。

1918年

一月

　　李大钊接替章士钊出任北京大学图书馆主任，在接下来的5年间，李大钊进行了一系列改革，促使北大图书馆从传统走向现代。当时陈独秀、胡适等人汇聚北大，这批新文化运动的斗士使北大成为新文化运动的中心,李大钊在北大加入《新青年》编辑部，同陈独秀等人轮流编辑这个已成为新文化运动旗帜的刊物。

　　5日,《学生杂志》5卷1—4、6、8、9、12号发表小说《两月中之建筑谭》，该文章作者为美国作家洛赛尔彭特，雁冰、泽民翻译。

　　5日,《妇女杂志》4卷1—6期发表小说《军人之妻》，该文章作者为英国作家Hofland夫人，瞿宣颖翻译。

　　5日,《妇女杂志》4卷1号3期发表《黑珠案》，该文章作者未署名,拜兰翻译。

　　15日,《新青年》复刊出版4卷1号，编委会改组，李大钊、钱玄同、刘半农、胡适、沈尹默、高一涵、周作人组成编委会轮流编辑工作，不久鲁迅也加入到编辑队伍当中。《新青年》改版之后形成反封建的思想文化战线。自此，该刊反帝反封建色彩越来越浓，由主要宣传西方自然科学和资产阶级政治学说，逐步成为"打倒孔家店"、宣传马列主义阵地。当时，北京大学校长蔡元培在办学上坚持"思想自由，兼容并包"，新旧思想在北大讲坛的汇聚大大促进"新思想、学术"的发展，从而推动"五四"学生爱国运动的发生。

　　15日,《新青年》4卷1号出版，开始完全改用白话，并使用新式标点符号。

　　15日,《新青年》4卷1号发表北京大学文科学生傅斯年所作的《文学革新申义》。傅斯年极力主张白话文，多次撰文支持《新青年》提倡白话文的主张，《文学革新申义》是傅斯年众多支持文章中的第一篇。

傅斯年在文中写道：

> 中国文学之革新，酝酿已十余年。去冬胡适之先生草具其旨，揭于《新青年》，而陈独秀先生和之。寸会所演，从风者多矣。蒙以为此个问题，含有两面。其一，对于过去文学之信仰心，加以破坏；其二，对于未来文学之建设，加以精密之研究。过去文学，乃历史上之出产品，其不全容于今日，自不待智者而后明。故破坏一端，在今日似成过去，但于建设上讨论而已。然以愚近中所接触者言之，国人于此抱怀疑之念者至多。恶之深者，斥为邪说，稍能容者，亦以为异说高论，而不知其为时势所造成之必然事实。国人狃于习俗，此类恒情，原无足怪。然欲求新说之推行，自必于旧者之不合时宜处，重申详绎，方可奏功。然则破坏一端，尚未完全过去。此篇所说，原无宏旨，不过反复言之，期于共喻而已。
>
> 本篇所陈，纷杂无次，综其大旨，不外三端。一为理论上之研究：就文学性质上以立论，而证其本为不佳者，二为历史上之研究：泛察中国文学升降之历史，而知变古者恒居上乘，循古者必成文弊。三为时势上之研究：今日时势，异乎往者，文学一道，亦应有新陈代谢作用，为时势所促，生于兹时也。此外偶有所涉，皆为附属之义。
>
> ……
>
> 平情论之，纵使今门中国犹在闭关之时，欧土文化犹未输入，民俗未丕变，政体未革新，而乡愿之桐城，淫哇之南社，死灰之闽派，横塞域中。独不当起而剪除，为末流文弊进一解乎？而况文体革迁，已十余年，辛壬之间，风气大变。此酝酿已久之文学革命主义，一经有人道破，当无有间言。此本时势迫而出之，非空前之发明，非惊天之创作。始为文学革命论者，苟不能制作模范，发为新文，仅至于持论而止，则其本身亦无何等重大价值。而吾辈之闻风斯起者？更无论焉。若于此犹存怀疑，非拘墟于情感，即阙乏于长识。此篇所言，全无妙义，又多盈辞，实已等于赘旒，今后但当从建设的方面有所抒写。至于破坏既往，已成定论，不待烦言矣。

傅斯年以"历史的观念"和进化论思想作为基础，提出文学的顺时而变，在他看来，中国文学之"革新"中包含有两面：一曰"破坏"，二曰"建设"。"知变古者恒居上乘，循古者必成文弊"，因此，"革新"的对象为"过去文学"。因为"过去文学"已经不能"全容于今日"，古往今来，文学均为"今日的而非历史的"。从晚周开始，文学的发展都同时代的变化相呼应，而当时的时代需要一种全面革新的文学，所以我们"深信文学之必趋革新，而又极望其革新者"。

15 日，《新青年》4 卷 1 号和 3 号发表钱玄同作《论注音字母》。

钱玄同在这篇文章中提出兼用罗马字母和注音字母来标音，借以祛除汉字固有的弊端。他在文章里说道："假若再过几年之后，中国竟能废弃这种'不象形的字'（中国古代的字，本是象形的；但因籀篆草的变迁，已经不象形了，现在的字既非拼音，又不象形，这种无意识的记号，我姑且戏称他作'不象形的字'），改用纯粹拼音的字，那么注音字母当然跟了一同废弃。"但钱玄同认为，注音字母是汉字和拼音文字之间的一个重要过渡，因此注音字母还兼具重要的过渡功能。他说："我对于注音字母，虽极愿其早日施行；而在此未曾施行之短时期内，尚欲论其缺点，希望有人亟起讨论，加以修正。"

15 日，《新青年》4 卷 1 号和 3 号发表刘半农作《应用文之教授——商榷于教育界诸君及文学革命诸同志》。

在这篇文章中，刘半农详细记录了北大预科进行语文教改试验格"结果和经过情形"。文章由三个部分组成，分别论述了应用文教学的宗旨、阅读教学、作文教学。刘半农在文中提到语文教学中一些主要问题，并对此提出了自己独到的见解和解决措施。在作文教学中，刘半农从工作生活需要出发，设计和安排了许多应用文写作训练内容，引述于下：1. 出一记事文或论文题目，由学生自由作文；2. 说一段文字，令学生笔述，不许增损原文；3. 译白话文为文言文，或译文言文为白话文；4. 化韵文为散文（如古诗及白香山纪事诗，均可改作散文，兼采辞曲）；5. 以"讲之方面"第六条研究的结果，令学生撰写为论文或笔记；6. 以一段冗长的文字，令学生删烦就简，作一短文，其字数至多不得逾原文三分之一；7. 就其专习的科目，出种种应用题目，令学生实地研习（如记载实验、解析学理、辩论、批牍、商业通信、订立合同等，各视所专习的科目定之）；8. 以一段文字，抽去紧要虚字，令学生填补之；9. 以一篇不通的文字——或文理不通而意义尚佳的小说杂记等——令学生细心改订，不许掺入己意；10. 以一篇文字，颠倒其段落字句，令学生校订之；11. 以一段简短的文字，令学生演绎成篇；12. 预先指定一书，或一书的一部分——其篇幅以一万字至三万字为限，且文义不宜高深，要以学生能自行阅看，全无窒碍为度——令学生阅看，即提纲挈领，作一笔记，或加以论断，字数不得逾千。上述所列内容，囊括了学生在今后工作生活中所要碰到的所有应用文形式，同时也就种种形式提出了相应的训练方法。

而刘半农希望通过这样的教授来解决学生读数年书，只能做"今夫""且夫"的滥调文章，而不能写通畅之家信的问题，以期"人人能作通俗应作之文"。

15日，《新青年》4卷1号发表胡适的作品《胡适致钱玄同：论小说及白话韵文》。在《胡适致钱玄同:论小说及白话韵文》一文中，胡适将"白话"的语言特点，归纳为三条：

（一）白话的"白"，是戏台上"说白"的"白"，是俗语"土白"的"白"。故白话即是俗语。

（二）白话的"白"，是"清白"的"白"，是"明白"的"白"。白话但须要"明白如话"，不妨夹几个明白易晓的文言字眼。

（三）白话的"白"是"黑白"的"白"。白话便是干干净净没有堆砌涂饰的话，也不妨夹几个明白易晓的文言字眼。

胡适对白话的了解是从口语的角度出发，"白话"包含方言和"几个明白晓易的文言字眼"。在这篇文章中，胡适认为"方言未尝不可入文。如江苏人说'像煞有介事'五个字，我所知的各种方言中竟无一语可表示这个意思。"在其看来，方言和共同语之间不存在对立的关系，除此之外，胡适还提出："国语不过是最优胜的一种方言；今日的国语文学，在多少年前，都不过是方言文学。正因为当时的人肯用方言作文学，敢用方言作文学，所以一千多年之中积下了不少的活文学。其中那最有普遍性的部分，遂逐渐被公认为国语文学的基础。……国语的文学从方言文学里出来，仍需要向方言的文学里去寻它的新材料、新血液、新生命。"……"方言的文学也是这样的。必须先有方言的文学作品，然后可以有文学的方言。有了文学的方言，方言有了多少写定的标准，然后可以继续产生更丰富更有价值的方言文学。"在胡适的眼中，文学中的方言与国语地位相等，两者之间互相补充，互相促进，共同为文学的繁荣努力。

15日，《新青年》4卷1号发表钱玄同作品《钱玄同致半农：新文学与今韵的问题》。

15日，《新青年》4卷1号发表理论著作《陀思妥夫斯奇之小说》，该文章作者为英国人 W.B.Trites，周作人翻译。

15日，《新青年》4卷1号发表白话诗：

胡适的《鸽子》、《人力车夫》等四首。

沈尹默的《鸽子》、《人力车夫》、《月夜》。

刘半农的《题女儿小蕙周岁日造像》。

18日，刘半农在北京大学文科研究所小说科作题为《通俗小说之积极教训与消极教训》的演讲。讲稿载于1918年7月《太平洋》月刊第1卷第10号。

刘半农在演讲中说："本文所讨论的，是上、中、下三等社会共有的小说。若要在中国旧小说中举几个例出来：则《古今观止》、《七侠五义》、《三国演义》等，都是通俗小说；《燕山外史》、《花月痕》、《聊斋志异》等，都是'发牢骚的小说'；——此等小说，实在并无本领可卖，不过作小说者，有卖本领之心而已，——若问'交换思想意志'的小说，中国有了几种，我却回答不出！……题中'教训'二字，是说此项小说出版后，对于世道人心的影响如何。所谓'积极教训'，便是记述善事，描摹善人，使世人生羡慕心、摹仿心；'消极教训'，便是记述恶事，描摹恶人，是世人生痛恨心、革除心。这两种教训，各有各的好处：第一种是合乎'见贤思齐'、'当仁不让'的道理；第二种也合乎'有则改之，无则加勉'的道理；粗粗一看，决难判别孰好孰坏。"在刘半农看来，"1.作通俗小说，与其用消极的教训，不如用积极的教训；2.如其不能，则与其谩骂，不如婉讽；与其从正面直写其恶，不如从侧面曲绘其愚；3.否则混善恶与一之，用诙谐之笔，以促阅者自己之辨别与觉悟。"演讲还说"做积极小说虽非绝对的不可能，却已证明十分之八九是不容易做好的；要在这不容易之中找些方法出来，大约有五种；——第一种是化消极为积极……，第二种是以积极衬托消极……，第三是以消极打消消极，……第四是以积极打消消极……，第五是消极积极循环打消"。同时，刘半农又针对通俗小说的未来说："试看世界各国的今世小说家，凡是有魄力，有主张的，人人都有一部两部反抗强权，刺激社会的小说；非但不说那'须有含蓄'的腐败话，扁练积极消极，也不成问题。然就小说的全体说是如此；若只就通俗小说一部分说，究竟要有些斟酌。所以今天我所说的话……然为目前时势之所需要，不得不如此说。到将来人类的知识进步，人人可以看得陈义高尚的小说，则通俗小说自然消灭了，我这话也就半钱不值了。"

19日，蔡元培在北京大学发起组织"进德会"。

25日，《小说月报》9卷1—11号发表俄国小说《恨缕情丝》，该书作者为俄国作家托尔斯泰，林纾、陈家麟翻译。

25日，《小说月报》9卷1号发表小说《秋》，该小说作者为瑞典人史屈恩白，瘦鹃翻译。

同月

《小说俱乐部》1期发表小说《猎人之子》，该小说作者为英国人L.A.Smith，绮缘迻翻译。

《桑狄克侦探案》由上海中华书局出版，该书作者为英国作家奥斯登，常觉、常迷、天虚生生译述。

《帐中说法》由上海中华书局出版，该书作者为英国作者唐格腊司，刘半侬译述。

《旅行笑史》由上海中华书局出版，该书作者为英国作者迭更司，常觉、小蝶翻译。

《亚森罗苹奇案》由上海中华书局出版，该书作者为法国作家玛丽瑟，常觉、常迷翻译。

《水晶瓶塞》由上海中华书局出版，该书作者为法国作家玛丽瑟，常觉、常迷翻译。

《十之九》由上海中华书局出版，该书作者为丹麦作家安德森，陈家麟、陈大镫翻译。

周瘦鹃译述的小说《冰天艳影》由上海中华书局出版。

《杜宾侦探案》由上海中华书局出版，该书作者为美国作者爱伦浦，常觉、常迷、虚我生翻译。

《鱼雷》由上海中华书局出版，该书作者为美国作者亚赛李芙，丁宗一、陈坚译述。

周瘦鹃译述的《翻云覆雨录》由上海中华书局出版。

张君劢、蒋方震发起组织以"读书善性"为宗旨的"松社"。

二月

苏俄政府公告废除中俄不平等条约。

1日,《尚志》1卷4号发表小说《二渔夫》,该小说作者为法国作家莫泊桑,胡适翻译。

15日,《新青年》4卷2号发表诗作《古诗今译》,该文章作者未署名,周作人翻译。

15日,《新青年》4卷2号发表戏剧《天明》,该作品作者为英国作家P.L.Wilde,刘半农翻译。

15日,《新青年》4卷2号发表钱玄同作品《〈尝试集〉序》。《尝试集》是胡适所作的一部新诗集,也是我国新文学运动期间第一篇以白话写成并发表的诗集。《尝试集》中有诗词64首,共三编及附篇《去国集》。《尝试集》第一编大多是脱胎于旧诗词的作品,第二、三编在运用自由诗体和音韵节奏的改革等方面作了尝试。作品表现个性解放和积极进取精神,显示出白话诗从传统诗词中脱胎、蜕变,逐渐寻找、试验新诗形态的艰难过程。作者在序言中说:周、秦以前,文章大都是白话,言文一致。后来所以发生了文言和白话的变迁,言文不一致的情况,那是被"独夫民贼"和"文妖弄坏的"。"现在我们认定白话诗文学的正宗:正是要用质朴的文章,去铲除阶级制度里的野蛮款式;正是要用老实的文章,去表明文章是人人会做的,做文章是直写自己脑筋里的思想,或直叙外面的事物,并没有什么一定的格式。对于那些腐臭的旧文学,应该极端驱除,淘汰净尽,才能使新基础稳固。"

胡适在《尝试集》"四版自序"中说:"《尝试集》初版有钱玄同先生的序和我的序。这两篇序都有了一两万份流传在外,现在为减轻书价起见,我把它们都删去了。"

15日,《新青年》4卷2号发表傅斯年的作品《文言合一草议》。文章主张文言合一，并就文言合一出十条具体意见和八点事项。

《文言合一草议》写于白话文开始提倡的初期，提出了"文言合一"的观点。傅斯年在文章提到白话的优点和缺点："文言分离之后，文词经两千年之进化，虽深芜庞杂，已成陈死，要不可谓所容不富。白话经两千年之退化，虽行于世也，恰合人情，要不可谓所蓄非贫。"而文辞的优点在于"富满充盈"，缺点在于比较陈死，不鲜活。

五四先驱对于如何实现"文言合一"意见并不一致。胡适主张"八不"，钱玄同则赞同"纯为白描，不用一典"，主张"须老老实实讲话，务期老妪能释"，而傅斯年在《新青年》上发表了《文言合一草议》一文，提出应"以白话为本，而去文词所特有者，补苴罅漏，以成统一之器，乃吾所谓用白话"，而用白话作材料，即"取白话为素质，而以文词所特有者补齐未有"。新文学并不是彻底的抛弃古代文言词汇，而是以现代流行的白话为文学之基本表达形式，同时取古代文辞丰富的内涵，补充现代白话内容的贫乏。他说："废文词而用白话，余所深信不疑也。虽然废文词者，非举文词之用一括而尽之谓也。用白话者，非即以当今市语为已足，不加修饰，率而用之也。文言分离之后，文词经两千年之进化，虽深芜庞杂，以成陈死，要不可谓所容不富。白话经两千年之退化，虽行当世，恰和人情，要不可谓所蓄非贫。正其名实，与其所谓'废文词用白话'，毋宁为文言合一，较为惬允。"

傅斯年认为，白话的优点在于切合当世，缺点在于使用的时候常常有不足的感觉。文辞的优点在于"富满充盈"，缺点在于"已成过往"。所以对于白话，应取其本质，取其简洁、切合近世人情、活泼饶有生趣之处；对于文辞，应取其文采，取其繁富，取其"名词剖析毫厘"，取其"静状充盈物里"。同时，傅斯年从语言学的角度，提出了具体实施方案和操作措施。为此，他特意制定了"文言合一"的十款规条：（1）代名词全用白话。（2）介词全用白话。（3）感叹词全用白话。（4）助词全用白话。（5）用白话表达一切名静动状的及物动词。（6）文词中所独有，白话中却没有；文词分辨清晰，而白话却十分含糊的，宜舍白话而用文词。（7）白话中形容词亦嫌不足，用文词较用白话有力，当以文词补之。（8）凡白话用一字，而文言用两字者，从文词；凡文词用一字，而白话用两字者，从白话。（9）尽量保留直接描摹事物及其情状的俗语。（10）表达同样的内容，凡文词繁冗而白话简洁者，即用白话；文词白话文法不同时，即从白话。

除此以外，傅斯年认为，实行"文言合一"还应注意如下八个问题：(1)人们需要通过努力推动文言合一，将其用于新文学形式的建设。(2)文言合中不可单纯偏执于白话使用的多少。(3)行文时"不从辟，不好奇，不徇古"。(4)不带感情地博采各地语言，制成标准的国语。(5)避免方言中习惯用语成为词语。(6)制定出统一的语音。(7)统一语音要以当今的字音为依据。(8)统一国语中的音态语气极为不易。

15日，《新青年》4卷2号发表沈兼士给钱玄同的致书：《新文学与新字典》。

15日，《新青年》4卷2号发表钱玄同给记者（陈独秀）的致书：《句读符号》。

在这封信中，钱玄同向陈独秀提出有关句读符号的建议，钱玄同在文中说："我以前所说要把右行直下的汉文改用左行横迤，先生回答道：'极以为然。'现在我想，这个意思先生既然赞成，何妨把《新青年》从第四卷第一号起，就改用横式？近年以来所出的杂志，我所看见的，第一个改用横式的是美国留学生所办的《科学》。后来教育部出版的《观象丛报》，也是用横式。这两种杂志，都是讲科学的，常有算式表谱嵌在文章中间，用横式便利，自不消说得。至于别种杂志，书籍，即使不纯粹讲科学，或完全和科学不相干的（小说诗歌之类），也是用横式比用直式来得便利。因为以后的中国文章中间，要嵌进外国字的地方很多。假如用了直式，则写的人，看的人，都要把本子直搬横搬，两只眼睛，两只手，都费力得很。又像文章中间所用的符号和句读，要他清楚完全，总是全用西洋的好。……况且眼睛是左右横列的，自然是看横比看直来得不费力。《新青年》杂志拿除旧布新做宗旨，则自己便须实行除旧布新。所有认做"合理"的新法，说了就做得到的，总宜赶紧实行去做，以为社会先导才是。这改直式为横式，虽然是形式上的事情，然而于看写二层，都极有便利，所以我总想先生早日实行。"

除此之外，钱玄同还在文章中探讨了"？"、"！"、"……"等符号使用的必要性。

同时，钱玄同还在文中提出了自己对于西洋文学的看法，在钱玄同看来，"中国现在没有一件事情可以不改革。政治革命，晓得的人较多，并且招牌上也居然写了'共和'两个字了。伦理革命，……先生和适之先生虽也竭力提倡新文学，但是对于元、明以来的中国文学，似乎有和西洋现代文学看得平等的意思。我以为元、明以来的词曲小说，在《中国文学史》里面，必须要详细讲明，并且不可轻视，要认做当时极有价值的文学才是。为什么呢？因为在当时，他是'开新的'，还有先生所说的'其内容与社会实际生活日渐接近,斯为可贵'的缘故。但是到了现在,这种文学,又渐渐成了过去的陈迹。现在中国的文学界,应该完全输入西洋最新文学,才是正当办法。我们既然绝对主张用白话体做文章,则自己在《新青年》里面做的,便应该渐渐的改用白话"。

在这篇文章中,钱玄同名义上是要求陈独秀在《新青年》上实行新的句读符号、排版方法,实则依然是坚持新文学革命革新的主题。

《新青年》4卷2号继续发表沈尹默、刘半农、胡适等人的新诗。

《新青年》4卷2号发表刘叔雅作品《柏格森之哲学》。

21日,《清华周刊》129—130期发表散文《福尔摩斯鳞爪录》,该文作者为英国作家茹南道尔,承译。

25日,《小说月报》9卷2号发表小说《难夫难妇》,该文作者为美国作家O.Henry,张舍我翻译,西神润辞。

同月

北京大学歌谣研究会成立,发起征集全国民谣。3月,《新青年》第4卷第3号刊出《北京大学征集全国近世歌谣简章》,宣布将编印《中国近世歌谣汇编》和《中国近世歌谣选粹》两书,并说明歌谣材料征集的方法、取材时段、相关要求等,承担此次征集工作的人员有沈尹默、刘复、周作人、沈兼士、钱玄同等。搜集的歌谣由刘半农选择,每日在《北大日刊》刊登一两首。

平江不肖生的小说《留东外史》由民权出版部出版,1—10册,到1927年8月出齐。

上海商务印书馆出版《鹦鹉缘》,该书作者为法国作家小仲马,林纾、王庆通翻译。

上海商务印书馆出版《鹦鹉缘续编》,该书作者为法国作家小仲马,林纾、王庆通翻译。

2月至3月,叶绍钧在《妇女杂志》第4卷第2号、第3号上连载发表小说《春宴琐谭》,这是他的第一篇白话小说。

三月

段祺瑞重任国务总理，随即组成新内阁。

4日，《时事新报》创办副刊《学灯》，这是中国报纸开辟的第一份学术性副刊。《学灯》创刊宣言中宣称：一、"藉以促进教育，灌输文化"；二、"屏门户之见，广商榷之资"；三、"非为本报同人撰论之用，乃为社会学子立论之地"。该刊每周出一至三期，1919年改为日刊。最初为张东荪负责，不久由匡僧、澹庐（俞颂华）、郭虞裳、宗白华、李石岑、郑振铎、柯一岑、徐六几、郭梦良等先后接编。1926年2月，《学灯》终刊。刊期和版式几度变更，初为周刊，后改为每周出2次或3次。1919年1月起改为日刊（逢该报其他副刊出版时停）。1922年2月起按月出版单行合订本，从1923年出版的第5卷起，以后每年1卷，每月1册。先后由张东荪、匡僧、俞颂华（澹庐）、郭虞裳担任编辑。该刊系"五四"时期四大报纸副刊之一，其宗旨在于促进文化教育。《时事新报》是研究系在上海的机关报，在研究系中又属于梁启超、张东荪一派。内容起初以教育为主，注重探讨学校教育和青年修养，通过议论教育问题宣传新文化。1921年9月以后，《学灯》内容逐步扩展到哲学、教育学、文艺理论和文艺创作等方面，文艺方面著译并重。郭沫若、郁达夫、田汉、谢六逸、洪为法等人都常为该刊撰稿。

7日晚，王揖唐、王印川、刘恩格、黄云鹏、田应璜、解树强、江绍杰等人在梁式堂住宅开会，成立了安福俱乐部，并决定3月8日为正式成立日。因梁宅在安福胡同，故取名安福。安福俱乐部下设有干事部、评议会、政务研究会。干事部由王揖唐任主任，下分文牍、交际、会计、庶务、游艺五课，课下复设股。评议会会长为田应璜。政务研究会会长为李盛铎。

15日，《新青年》4卷3号发表《北京大学征集全国近世歌谣简章》。简章中提到"本大学拟于相当期限内刊印左列二书：《中国近世歌谣汇编》、《中国近世歌谣选粹》"。同时，文中指出，歌谣征集的途径主要有以下几种："本校教职员学生各就闻见所及自行搜集；嘱托各省官厅转嘱各县学校或教育团体代为搜集。"所要征集的歌谣内容主要为以下几个规定："1.有关一地方、一社会或一时代之人情风俗政教沿革者；2.寓意深远有关格言者；3.征夫野老游女怨妇之辞，不涉淫亵，而自然成趣者；4.童谣谶语，似解非解，而有天然之神韵者；5.歌谣之长短无定限。"

而歌谣征集的事务"由沈尹默主任一切,并编辑《选粹》;刘复担任来稿之初次审订,并编辑《汇编》;钱玄同、沈兼士考订方言"。

15日,《新青年》4卷3号以《文学革命之反响》为题,发表了王敬轩君《致〈新青年〉编者书》,王敬轩模仿封建文人的口吻,写出了旧文人攻击新闻学的种种论调(作于1月14日)。同时,刘半农以《新青年》记者的身份所写的《复王敬轩书》发表于《新青年》(作于2月19日),刘半农以嬉笑怒骂的笔调,对王敬轩信的谬论作了痛快淋漓的批驳。此即新文学史上著名的"双簧信"。

封建卫道者对文学革命十分仇视,但是他们并没有公开站出来反对,反而只是摆出一种不屑与辩的样子,说提倡新文学不过是"春鸟秋虫,听其自鸣自可止耳","与之较论亦可笑也"。因此,为了掀起斗争,扩大新文学的影响,奠定新文学的发展道路,扫清反对新文学的障碍,由钱玄同化名王敬轩,以封建复古派的口吻,致书《新青年》,恶毒诋毁文学革命,攻击《新青年》所提倡的伦理革命和文学革命,反对白话文和白话文学及新式标点,为复古派的林纾辩护,并宣扬陈腐的"中国为五千年文物礼义之帮,精神文明复非西人所能企及"的谬论。因此,刘半农代表《新青年》同人写了长篇公开信,运用嬉笑怒骂的犀利笔锋,将王敬轩来信中的主要观点,痛快淋漓地加以严正的驳斥。当时人们将这两封信称之为《新青年》编辑部的"双簧信",成为"五四"时期新旧文学论证中的著名事件。

王敬轩在《给〈新青年〉编者的一封信》中,提出"提倡新学流弊甚多",反对"排斥孔子废灭纲常"、白话行文和新式标点,抨击《新青年》崇拜西洋文明、丑诋中国文豪,"林先生渊懿之古文则目为不通","周君謇涩之译笔则为之登载","又贵报之白话诗则尤堪发噱"。认为《新青年》众人欧化而国学功底不深,推崇中国古人的造字。此外,该信还认为"论文学而以小说为正宗"是"荒伧幼稚","文有骈散各极其妙惟中国能之","今之真能倡新文学者实推严几道林琴南两先生"。王敬轩在信中还提出,应当"反对贵报诸子之排斥旧文学而言新文学","能笃于旧学者始能兼采新知",终要"中学为体西学为用"。

刘半农在《复王敬轩书》中,对王敬轩的观点逐条批驳,阐述了排斥孔丘、不排西教,以及采用西式句读符号的原因。刘半农指出林琴南所译的小说"半点儿文学的意味也没有",翻译上也存着种种问题。此外,刘半农还驳斥了王敬轩指责周作人注重翻译小说和胡适、沈尹默、刘半农创作白话诗的特点,主张"作文的时候，但求行文之便与不便，适当之与不适当，不能限定只用那一种文字"。而王敬轩在中国文字上的谬误和对小说的偏见，实因其不懂新知，故刘半农认为，"非富于新知，具有远大眼光者，断断没有研究旧学的资格"。

"双簧信"发表后，立即引起了强烈反响。有一位自称为"崇拜王敬轩先生者"写信质问《新青年》编者："王先生之崇论宏议，鄙人极为佩服；贵志记者对于王君的议论，肆口侮骂，自由讨论学理，固应又是乎？"陈独秀则回答说：对于妄人"闭眼胡说，则唯有痛骂之一法"。（《新青年》第4卷第6号。）读者YZ则致信刘半农，称赞他对于谬论"驳得清楚，骂得爽快"，并说"有糊涂的崇拜王敬轩者等出现实在奇怪得很"。（《新青年》第5卷第3号。）后来的新文学诗人朱湘则回忆说："是刘半农的那封《答王敬轩书》，把我完全赢到新文学方面来了。现在回想起来，刘氏与王氏还不也是有些意气用事；不过刘氏说来，道理更为多些，笔端更为带有情感，所以有许多的人，连我也在，便被他说服了。将来有人要编文学史，这封刘答王的价值，我想，一定是很大的。"①

15日，《新青年》4卷3号发表吴敬恒致钱玄同的文章《注音字母》。同时还发表俞慧殊致半农的文章《新文学之应用》。

15日，胡适在北京大学国文研究所小说科发表演讲，演讲题目为《论短篇小说》。讲稿原载于《北京大学日刊》，后经作者略加修改，发表于同年5月15日刊行的《新青年》第4卷第5号。全文共3节。

胡适在文中认为："短篇小说是用最经济的文学手段，描写事实中最精彩的一段，或一方面，而能使人充分满意的文章。"文章追溯了中国短篇小说略史："中国最早的短篇小说……要数先秦诸子的寓言。""自汉到唐这几百年中"，"散文短篇小说还该数到陶潜的《桃花源记》，韵文中《孔雀东南飞》、《木兰辞》、《上山采蘼芜》都是很好的例子。唐朝"韵文散文中都有很好的短篇小说"，韵文中有杜甫的《石壕吏》、白居易的《新乐府》50首等，散文短篇有张说的《虬髯客传》。至于"宋朝的'杂记小说'颇多好的，但都不配称作'短篇小说'"，因其缺乏局势结构。胡适认为，"明清两朝的'短篇小说'，可分白话与文言两种"，"白话的'短篇小说'可用《今古奇观》作代表"。"唐人的小说大都属于理想主义"，而"《今

---

① 贺炳铨编：《新文学家传记·朱湘自传》，上海旭光社1934年版。

古奇观》中大多数的小说，写的都是些琐细的人情世故"，"近于写实主义"，"写物写情"，"更能曲折详尽"，更由文言变为白话，"大有进步"。但"白话的短篇小说发达不久，便中止了"，原因在于："第一，因为白话的'章回小说'发达了，做小说的人往往把许多短篇略加组织，合成长篇。如《儒林外史》和《品花宝鉴》名为长篇的'章回小说'，其实都是许多短篇凑拢来的。这种杂凑的长篇小说的结果，反阻碍了白话短篇小说的发达。""第二，是因为明末清初的文人，很做了一些中上的文言短篇小说。如《虞初新志》、《虞初续志》、《聊斋志异》等书里面，很有几篇可读的小说。比较看来，还该把《聊斋志异》来代表这两朝的文言小说。《聊斋》里面，如《续黄粱》、《胡四相公》、《青梅》、《促织》、《细柳》……诸篇，都可称为'短篇小说'。"文章最后认为，"最近世界文学的趋势，都是由长趋短，由繁多趋简要"。"小说一方面，自十九世纪中段以来，最通行的是'短篇小说'。长篇小说如托尔斯泰的《战争与和平》，竟是绝无而仅有的了。所以我们简直可以说，'写情短诗'、'独幕剧'、'短篇小说'三项，代表世界文学最近的趋向。"胡适进而批评了中国文学的现状，认为："今日中国的文学，最不讲'经济'。那些古文家和那'《聊斋》滥调'的小说家，只会记'某时到，某地遇，某人作某事'的死账，好不懂状物写情是全靠琐屑节目的。那些长篇小说家又只会做那无穷无极《九尾龟》一类的小说，连体裁布局都不知道，不要说文学的经济了。若要救这两种大错，不可不提倡那最经济的体裁，——不可不提倡真正的'短篇小说'。"

15日，《新青年》4卷3号发表小说《童子Lin之奇迹》，该文章作者为俄国作家Sologub，周作人翻译。

20日，无政府主义刊物《劳动》创刊。

21日，教育部公布《学术审定会条例》。

21日，《清华周刊》133—134、136、140、150期发表小说《红豆怨史》，该文作者为美国人长卿，浦薛凤翻译。

23日，段祺瑞再任国务总理，主张"武力统一"。

25日，《小说月报》9卷3号发表小说《情场凯旋》，该文作者为M.E.Sangster，张舍我翻译，西神润辞。

25日，《小说月报》9卷3号发表小说《断弦》，该文作者为法国作家孟巴桑，拜兰翻译。

30 日,《小说大观》13 集发表小说《死哥萨特兵》,该文作者为法国人福时亨利,听鹂翻译。

30 日,《小说大观》13 集发表小说《意孝女飞艇血仇录》,该文作者为法国人葛耐尔,陈坚、范木煊翻译。

同月

路滨生编,王钝根、程瞻庐作序的《中国黑幕大观》由中华图书集成公司出版。王钝根在其所写的序中言明黑幕盛行的原因:"世教衰微,道德堕落;益以内乱外患,商业凌夷,国人生计困难,遂相率为卑污残忍作伪欺罔之事,以求幸获。受其祸者无所得伸,或泄其愤于口舌,文人笔而存之,是为天真烂漫之少年,忠厚朴实之君子,读之二知所戒着,尤使贫困之士,勿歆小利而堕其身家,厥功伟哉。"而程瞻庐的序说:"主人之辑为是书,不啻为黑暗社会建设无数灯塔,作奸者不敢尝试,涉世者知所趋避,百余万言之福音,有功于世道者人心者甚大。黑幕既除,神州遂旦,古人不敢欺暗室之风,或者复见于今世乎!书既成,余故阐发主人救世之苦心,以告世之读《黑幕大观》者。"

《青年进步》11 册发表小说《御人狄克落》,该文作者为海恩司,公达翻译。

《青年进步》11 册发表散文《论游戏》,该文作者为美国人夏义可,黄聚珊翻译。

四月

5 日,穆旦生于天津。

穆旦(1918—1977),原名查良铮,著名诗人、翻译家,祖籍浙江省海宁市袁花镇。曾用笔名梁真。

1918 年,穆旦生于天津。1929 年考入南开中学读书,从此对文学产生浓厚兴趣,开始写诗。当时日寇侵凌,京津首当其冲,穆旦写下了《哀国难》:眼看祖先们的血汗化成了轻烟,/铁鸟击碎了故去英雄们的笑脸!/眼看四十年的光辉一旦塌沉,/铁蹄更翻起了敌人的凶焰!"1935 年,穆旦考入清华大学地质系,半年后改读外文系。1937 年七七事变后,10 月随大学南迁长沙国立长沙临时大学,后又徒步远行至昆明西南联合大学。同年,在香港《大公报》副刊和昆明《文聚》上连续发表《合唱》《防空洞里的抒情诗》《从空虚到充实》《赞美》《诗八首》等具有代表性的作品,成为有名的青年诗人。1939年,穆旦开始系统接触西方现代派诗歌、文论,他的创作逐渐走向成熟。40年代,穆旦出版了《探险者》《穆旦诗集(1939—1945)》《旗》三部诗集,将西欧现代主义和中国诗歌传统结合起来,诗风富于象征寓意和心灵思辨。1940年,穆旦毕业,在西南联大留校任教。1942年2月,穆旦响应国民政府"青年知识分子入伍"的号召投笔从戎,以助教的身份报名参加中国入缅远征军,在副总司令杜聿明兼任军长的第5军司令部,以中校翻译官的身份随军进入缅甸抗日战场。后来穆旦根据入缅作战的经历,创作了中国现代主义诗歌史上著名诗篇——《森林之魅——祭胡康河上的白骨》,另有相关创作《阻滞的路》《活下去》。1945年,穆旦创办沈阳《新报》并担任主编。1947年,穆旦参加"九叶诗派"的创作活动。1948年,穆旦在FAO(联合国世界粮农组织救济署)和美国新闻处工作。1949年,穆旦前往美国留学,进入芝加哥大学英国文学系学习。1950年代起,穆旦开始从事外国诗歌的翻译,主要译作有俄国普希金的作品《波尔塔瓦》《青铜骑士》《普希金抒情诗集》《普希金抒情诗二集》《欧根·奥涅金》《高加索的俘虏》《加甫利颂》,英国雪莱的《云雀》《雪莱抒情诗选》,英国拜伦的《唐璜》《拜伦抒情诗选》《拜伦诗选》,英国《布莱克诗选》《济慈诗选》。所译的文艺理论著作有苏联季摩菲耶夫的《文学概论》(《文学原理》第一部)、《文学原理(文学的科学基础)》《文学发展过程》《怎样分析文学作品》和《别林斯基论文学》,这些译本均有较大的影响。1952年,穆旦获得文学硕士学位并于1953年回国。回国后,穆旦担任南开大学外文系副教授。1958年,穆旦被指为历史反革命,调往图书馆和洗澡堂工作,在十多年的工作中受到管制、批判、劳改,穆旦不得不停止诗歌创作,从事翻译工作。1977年2月26日春节期间,穆旦于凌晨心脏病突发逝世,享年59岁。死前,穆旦在《尽头》的诗中道出了自己的内心独白:"而如今突然面对坟墓,我冷眼向过去稍稍四顾,只见它曲折灌溉的悲喜,都消失在一片亘古的荒漠。这才知道我全部的努力不过完成了普通生活。"

10日,非常国会改组军政府,将大元帅制改为总裁合议制,排斥孙中山。

11日,《清华周刊》136期发表小说《死头陀》,该文作者为美国人长卿,基翻译。

14日,新民学会在湖南长沙刘家台子蔡和森家中召开成立会。新民学会取义于"大学之道在新民……日日新，又日新"，经过争辩，新民学会确定以"革新学术，砥砺品行，改良人心风俗"为宗旨。

新民学会拥有会员70余人，会员全是湖南籍的知识青年，会员参与长沙的五四运动、1919年11月至次年6月成功地驱逐军阀张敬尧、1920年9月至12月湖南首倡的湘省自治运动以及组织湘籍青年前往法国勤工俭学等活动。新民学会孕育了一批共产主义者，除毛泽东、蔡和森外，还有何叔衡、罗章龙、李维汉、谢觉哉、向警予、杨开慧、蔡畅、夏曦、萧三、郭亮等。1920年下半年，新民学会的许多会员加入了中国社会主义青年团和共产主义小组。1921年后，学会逐渐停止了活动。

15日，《新青年》4卷4号开始设立"随感录"栏目，该栏目专门发表杂文，文章形式短小精悍，自由活泼，及时对各种时事问题、社会问题和思想文化问题表示反响与抗争，在表述作者见解和发扬作者个性等方面均有独到之处，因而逐渐流行开来。继《新青年》之后，《每周评论》、《民国日报》的副刊《觉悟》，还有《新生活》、《新社会》等报刊杂志，也相继开辟了《随感录》专栏，在众多报刊杂志推波助澜之下，杂文开始承担社会批评与文明批评的任务，成为最早显示白话文艺术特质的文体之一。《新青年》随感录作者大都是新文化运动的先驱者，鲁迅是其中主要作家。"随感录"杂文大都是论战批判色彩浓厚的急就章，必须联系当时特定的时代氛围来阅读。这种文体逐步兴盛，对后起的"语丝"派等散文诸流派产生影响。鲁迅在《小品的危机》一文中，曾说到这种文体产生的背景："到五四运动时候，才又来了一个展开，散文小品的成功，几乎在小说戏曲和诗歌之上。这之中，自然含着挣扎和战斗，但因为常常取法于英国的随笔（Essay），所以也带一点幽默和雍容；写法也有漂亮和缜密的，这是为了对旧文学的示威，在表示旧文学之自以为特长者，白话文学也并非做不到，以后的路，本来明明是更分明的挣扎和战斗，因为这原是萌芽于'文学革命'以至'思想革命'的。"

15日，《新青年》4卷4号发表胡适作品《建设的文学革命论——国语的文学，文学的国语》。文章说：

我现在做这篇文章的宗旨，在于贡献我对于建设新文学的意见。我且先把我从前所主张破坏的八事引来做参考的数据：

一、不做"言之无物"的文字。

二、不做"无病呻吟"的文字。

三、不用典。

四、不用套语烂调。

五、不重对偶：——文须废骈，诗须废律。

六、不做不合文法的文字。

七、不摹仿古人。

八、不避俗话俗字。

这是我的"八不主义"，是单从消极的、破坏的一方面着想的。

自从去年归国以后，我在各处演说文学革命，便把这"八不主义"都改作了肯定的口气，又总括作四条，如下：

一、要有话说，方才说话。这是"不做言之无物的文字"一条的变相。

二、有甚么话，说甚么话；话怎么说，就怎么说。这是二、三、四、五、六诸条的变相。

三、要说我自己的话，别说别人的话。这是"不摹仿古人"一条的变相。

四、是甚么时代的人，说甚么时代的话。这是"不避俗话俗字"的变相。

这是一半消极，一半积极的主张。一笔表过，且说正文。

……

我的"建设新文学论"的唯一宗旨只有十个大字："国语的文学，文学的国语。"我们所提倡的文学革命，只是要替中国创造一种国语的文学。有了国语的文学，方才可有文学的国语。有了文学的国语，我们的国语才可算得真正国语。国语没有文学，便没有生命，便没有价值，便不能成立，便不能发达。这是我这一篇文字的大旨。

我曾仔细研究：中国这二千年何以没有真有价值真有生命的"文言的文学"？我自己回答道："这都因为这二年的文人所做的文学都是死的，都是用已经死了的语言文字做的。死文字决不能产出活文学。所以中国这二千年只有些死文学，只有些没有价值的死文学。"

……

我说的是，用死了的文言决不能做出有生命有价值的文学来。这一千多年的文学，凡是有真正文学价值的，没有一种不带有白话的性质，没有一种不靠这个"白话性质"的帮助。

……

为甚么死文字不能产生活文学呢？这都由于文学的性质。一切语言文字的作用在于达意表情；达意达得妙，表情表得好，便是文学。那些用死文言的人，有了意思，却须把这意思翻成几千年前的典故；有了感情，却须把这感情译为几千年前的文言。

……

因此我说，"死文言决不能产出活文学"。中国若想有活文学，必须用白话，必须用国语，必须做国语的文学。

而具体如何做出"国语的文学"，胡适给出了自己的解释：

我以为创造新文学的进行次序，约有三步：一、工具，二、方法，三、创造。前两步是预备，第三步才是实行创造新文学。

郑振铎对胡适创造新文学的这三点主张，极为赞许，在《中国新闻学大系·论争集导言》诩之为"文学革命的最堂皇的宣言"。

15日，《新青年》4卷4号发表钱玄同致陈独秀的《论"中国今后之文字问题"》。钱玄同在信中提出废灭汉文这一极端主张。"先生前此著论,力主推翻孔学、改革伦理,以为倘不从伦理问题根本上解决,那就这块共和招牌一定挂不长久（约述尊著大意,恕不列举原文）。玄同对于先生这个主张,认为救现在中国的唯一办法。然因此又想到一事：则欲废孔学,不可不先废汉文；欲驱除一般人之幼稚的野蛮的顽固的思想,尤不可不先废汉文。"

对此，钱玄同解释道："所以二千年来用汉字写的书籍，无论哪一部，打开一看，不到半页，必有发昏做梦的话。此等书籍，若使知识正确、头脑清晰的人看了，自然不至堕其玄中；若令初学之童子读之，必致终身蒙其大害而不可救药。欲祛除三纲五伦之奴隶道德，当然以废孔学为唯一之办法；欲祛除妖精鬼怪、炼丹画符的野蛮思想，当然以剿灭道教——是道士的道，不是老庄的道，——为唯一之办法；欲废孔学，欲剿灭道教，惟有将中国书籍一概束之高阁之一法。何以故？因中国书籍，千分之九百九十九都是这两类之书故。中国文字，自来即专用于发挥孔门学说及道教妖言故。"

对于一些人提出用拼音代替汉字，钱玄同提出了自己的看法：

中国文字，既非拼音，又从无适当之标音符号。三十六字母，二百〇六韵，闹得头昏脑胀。充其极量，不过能考证古今文字之变迁而已，于统一音读之事，全不相干。今欲以吾侪三数人在十年八年之内，告成字音统一之伟业，恐为不可能之事。又中国文言既多死语，且失之浮泛，而白话用字过少，文法亦极不完备。欲兼采言文，造成一种国语，亦大非易事。于此可见整理言文及音读两事，已甚困难。言文、音读不统一，即断难改用拼音。况汉文根本上尚有一无法救疗之痼疾，则单音是也。单音文字，同音者极多，改用拼音，如何分别？——此单音之痼疾，传染到日本，日本亦大受其累：请看日本四十年来提议改良文字之人极多，而尤以用罗马字拼音之说为最有力。然至今尚不能实行者无他，即"音读"之汉字不能袪除净尽，则罗马字必难完全实行也。——吾以为改用拼音，至为困难者，此也。……

我要爽爽快快说几句话：中国文字，论其字形，则非拼音而为象形文字之末流，不便于识，不便于写；论其字义，则意义含糊，文法极不精密；论其在今日学问上之应用，则新理、新事、新物之名词，一无所有；论其过去之历史，则千分之九百九十九为记载孔门学说及道教妖言之记号。此种文字，断断不能适用于20世纪之新时代。

我再大胆宣言道：欲使中国不亡，欲使中国民族为20世纪文明之民族，必以废孔学、灭道教为根本之解决；而废记载孔门学说及道教妖言之汉文，尤为根本解决之根本解决。

……

中国文字，迟早必废。欲为暂时之改良，莫若限制字数：凡较僻之字，皆弃而不用，有如日本之限制汉文。此法行，则凡中国极野蛮时代之名物，及不适当之动作词等，皆可屏诸古物陈列院，以备异日作"世界进化史"者为材料之猎取。所有限制以内之字，则供暂时内地中小学校及普通商业上之应用。其余发挥较深之学理,及繁赜之事物,本为近世界之新学理、新事物。若为限制行用之字所发挥不足者,即可掺入万国新语(即 esperanto)。以便渐掺渐多,将汉文渐废,即为异日经用万国新语之张本。

这个废灭汉文的问题,未知高明以为何如?愿赐教言,以匡不逮。如以为然,尤愿共同鼓吹,以期此事之实行。本社同人,及海内志士,关于此问题,如有高见,不论赞成与反对,尤所欢迎。

陈独秀在复信中对钱玄同的主张,保持保留看法。他认为中国文字和中国语言,二者关系既密切而又是性质不同的问题。他说:"先生'中国文字,迟早必废'之说,浅人闻之,虽必骇怪;而循之进化公例,恐终无可逃。惟仅废中国文字乎?抑并废中国言语乎?此二者关系密切,而性质不同之问题也。各地反对废国文者,皆以破灭累世文学为最大理由。然中国文字,既难传载新事、新理,且为腐毒思想之巢窟?废之诚不足惜。(康有为谓:美国共和之盛,而与中国七相臣,无能取法。其一即云:"必烧中国数千之历史书传,俾五四千年之风俗,以为阻碍。"在康氏乃做作比语,以难国人;在吾辈则以为烧之何妨?)至于废国语之说,则益为众人所疑矣。鄙意以为今日"国家"、"民族"、"家族"、"婚姻"等观念,皆野蛮时代狭隘之偏见所遗留,根底甚深,即先生与仆亦未必能免俗,此国语之所以不易废也。倘是等观念,悉数捐除,国且无之,何有于国语?当此过渡时期,惟有先废汉文,且存汉语,而改用罗马字母书之;新名悉用原语,无取义译;静、状、介、连、助、叹及普通名、代诸词,限以今语;如此行之,虽稍费气力,而于便用进化,视固有之汉文,不可同日而语。先生谓为"还是半斤与八两,二五与一十的比例",恐未必然也。至于用西文原书教授科学,本届至顺;盖学术为人类之公有物,既无国界之可言,焉有独立之必要?先生及读者诸君以为如何?谨复。"

15日,《新青年》4卷4号发表林语堂致钱玄同的文章《论"文字索引制"及西洋文学》。

15日,《新青年》4卷4号发表诗作《老洛伯》,该文作者为苏格兰女诗人Lady A.Lindsay,胡适翻译。

15日,《新青年》4卷4号发表小说《皇帝之公园》,该文作者为俄国人Aleksandr Kuprin,周作人翻译。

19日，周作人在北京大学文科研究所小说组作《日本近三十年小说之发达》的讲演。讲稿载7月15日《新青年》5卷1号。

周作人在演讲中认为，日本文学界"能有诚意地去'模仿'，所以能生出许多独创的著作，造成二十世纪的新文学"。接着，周作人介绍了"日本近三十年来小说变迁的大概"。"日本最早的小说，是一种物语类"，随后经过了武士文学和平民文学的阶段。明治初年，坪内逍遥首先发起新文学运动，"做了一部《小说神髓》指示小说的作法"，又做了一部小说《一读三叹当世书生气质》，"提倡写实主义"，小说的发达从此而起。二叶亭四迷是"人生的艺术派"，尾崎红叶等发起的砚友社与之相对，是"艺术的艺术派"，也"奉写实主义；但是不重在真，只重在美"。幸田露伴与红叶相反，"一个是主观的理想派，一个是客观的写实派；可是他们的思想，都不彻底"。"一样是主观的倾向，却又与露伴不同的，有北村透谷的文学界一派。露伴的主观，是主意的；透谷是主情的。"中日战后，"砚友社派的人，就发起一种观念小说"，观念小说再进一步，"便变了悲惨小说"。

周作人分析道："观念小说以来，文学渐同社会抵触，但终未十分切实。"鲁庵的创作，"是社会小说的发端"，"有一种家庭小说，也在这时候兴起"。"砚友社与写实派，兴了悲惨小说以来，渐同现实生活接近"，只是"渐荒废了"。小栗风叶脱离砚友社转向自然主义，"只将实在人生模写出来，便已满足"，小杉天外"用科学的态度，将人当作一个生物来描写他"，永井荷风又进了一步。国木田独步、岛崎藤村同田山花袋都是自然派小说兴盛的前驱，"到了藤村的《破戒》花袋的《蒲团》出现，可算是极盛时代"。"日本自然派小说，直接从法国Zola与Maupassant一派而来"，"一重客观不重主观，二尚真不尚美，三主平凡不主奇异"。而"这非自然主义的文学中，最有名的，是夏目漱石"。他主张"低徊趣味"，"缓缓的，从从容容的玩赏人生"，又称"有余裕的文学"。森鸥外的遣兴文学与之相类。对自然主义的反对，产生了"新主观主义"，可分为"享乐主义"和"理想主义"，白桦派也因此得到了极大的发展。

周作人从日本近30年来小说发达的情况出发，证明日本文明是模仿支那文明的，但是"创造的模仿"，可以看出它"逐渐发达的径路"，以为中国小说界之借鉴。讲演指出中国小说毫无成绩的原因："现代的中国小说，还是多用旧形式者，就是作者对于文学和人生，还是旧思想，同旧形式，不相抵触的缘故。作者对于小说，不是当他作闲书，便当作教训讽刺的器具，报私怨的家伙。至于对着人生这个问题，大抵毫无意见，或未曾想到。所以做来做去，仍在这旧圈子里转。"又说："中国讲新小说也二十多年了，算起来却毫无成绩，这是什么理由呢？据我来看，就只在中国人不肯模仿不会模仿。因为这个缘故，所以旧派小说，还出几种；新文学的小说就一本也没有。创作一面，姑且不论罢；即如翻译，也是如此。""不肯自己去学人，只愿别人来像我。即使勉强去学，也仍是打定老主意，以'中学为体，西学为用'。学了一点，便古今中外，扯作一团，来作他传奇主义的《聊斋》；自然主义的《子不语》；这是不肯模仿的必然的结果了。""我们想要救这弊病，须得摆脱历史的因袭思想，真心的先去模仿别人，随后自能从模仿中，蜕化出独创的文学来。日本就是个榜样。"文章的结论是："目下切要办法，也便是提倡翻译及研究外国著作"。

25日,《小说月报》9卷4卷发表小说《蔷薇花》,该文作者为英国作家弗朗嚣,天风、无我翻译。

同月

《拉哥比在校记》由上海商务印书馆出版。

五月

俄国十月革命爆发后，引起了帝国主义的武装干涉，日本也参与干涉并趁机扩大在华利益。1918年初，日本参谋次长田中义一和北京政府驻日公使章宗祥商谈中日军事行动问题，不久，日本外务大臣本野和章宗祥交换了关于"共同防敌"的照会。5月16日和19日，中日两国政府代表先后在北京签订了《中日陆军共同防敌军事协定》和《中日海军共同防敌军事协定》。日本签订该协定的目的，一方面是干涉苏俄革命，另一方面也是为了借此进一步控制中国，特别是为巩固其在北满的统治。日本政府的一份内部文件中这样写道："根据日中同盟，帝国将取得绝大利益，即在军事上以协同作战为理由，可在中国领土内之必要方面，自由出动帝国的军队，而且在军事上当然以相互支援之名义，参与编练中国军队；尤为重要的是有利于我控制掌握军火制造的原料。在政治上，基于同盟关系，积极参与其内政，以便于从各方面扶植帝国的政治势力。在经济上，以同盟协作之名，开发其丰富的资源，努力开拓市场，以利于帝国经济的发展。"通过"协定"，日本派出大批军队进入中国东北，日本迅速取代了沙俄在东三省北部的侵略地位。中国面临被日本独占为附属国的危险。留日学生彭湃等在东京游行抗议，继而罢学归国，在各地组织救国团体，进行爱国宣传。北大、北京高师等校学生2000余人赴总统府，要求废约。天津、上海、福州等地学生也起而要求废约。全国各地工人和工商业者，也纷纷谴责段祺瑞政府卖国。

1日，上海英美烟草公司烟厂工人大罢工。

2日，上海英商祥生船厂工人大罢工。

2日，苏曼殊去世，享年35岁。

苏曼殊（1884—1918），近代作家、诗人、翻译家，广东香山（今广东中山）人。原名戬，字子谷，学名元瑛（亦作玄瑛），法名博经，法号曼殊，笔名印禅、苏湜。光绪十年（1884）生于日本横滨，父亲是广东旅日茶商，母亲是日本人。1890年，苏曼殊返乡读书，1897年前往上海学习英文。1898年赴日本，入横滨大同学校。1902年入东京早稻田大学高等预科，参加革命团体青年会。翌年，改入成城学校学陆军，并加入拒俄义勇军及军国民教育会。同年，辍学回国，入苏州吴中公学任教。旋至上海任《国民日日报》翻译，在该报连载半译半作的小说《惨世界》。报纸被封后赴香港，又至惠州削发为僧。1904年，曾欲暗杀康有为，随即南游暹罗、锡兰，习梵文。返国后，先后执教长沙湖南实业学堂、南京陆军小学、长沙明德学堂、芜湖皖江中学。1907年东渡日本，与章炳麟等发起组织"亚洲和亲会"，并与鲁迅等人筹办文艺刊物《新生》未果。1908年，出版《文学因缘》。次年，所译《拜伦诗选》成书。同年南游新加坡诸岛，1912年回国，入南社。发表《断鸿零雁记》。1913年冬，赴日本。1914年刊布《天涯红泪记》（未完），出版编译中英诗歌合集《汉英三昧集》。随后两年，《绛纱记》《焚剑记》《碎簪记》陆续刊发。1917年，《非梦记》发表，为最后之小说作品。1918年卒于上海。诗集有《燕子龛遗诗》（1920），散文集有《岭海幽光录》（1908）、《燕子龛随笔》（1913）等。小说除《惨世界》外俱用文言。遗作辑为《曼殊全集》。

苏曼殊现存诗作约百首，以七绝为主，内容多是感怀之作，这种倾向在辛亥革命后现得尤为明显。在艺术上苏曼殊深受李商隐的影响，诗风幽怨凄恻，弥漫着自伤身世的无奈与感叹，《东居杂诗》、《何处》等皆是这类诗的代表。然而在苏曼殊诗歌创作的早期仍有一部分风格与后期迥异的作品，如《以诗并画留别汤国顿》二首所体现的爱国热情表现方式苍劲悲壮，与一般诗歌有区别。另外，苏曼殊还创作了一部分风景诗，这些诗基调轻松，色彩鲜明，极富形象化，宛如一幅画卷，清新之气扑面而来，具有较高的艺术性，代表作有《过薄田》、《淀江道中口占》等。

除诗歌外，苏曼殊还翻译过《拜伦诗选》和法国著名作家雨果的名著《悲惨世界》，在当时译坛上引起了轰动。此外，苏曼殊自己也从事小说的创作，从1912年起他陆续创作而成的小说有《断鸿零雁记》、《绛纱记》、《焚剑记》、《碎簪记》、《非梦记》等6种，另有《天涯红泪记》仅写成两章，未完。这些作品都以爱情为题材，展示了男女主人公的追求与社会阻挠间的矛盾冲突，作品多以悲剧结尾，有浓重的感伤色彩。苏曼殊注重对主人公心理的矛盾揭示，实际是其内心痛苦挣扎的真实写照。行文清新流畅，文辞婉丽，情节曲折动人，对后来流行的鸳鸯蝴蝶派小说产生了较大影响。

4日，孙中山因受西南桂系和政学系军阀的挟制，愤然辞去护法军政府大元帅职务。孙中山在辞职通电中沉痛地指出，军阀"南与北如一丘之貉"。6月，孙中山回到上海。

5日，《学生杂志》5卷5号发表小说《战争之末日》，该文作者为英国人My Magazine，佚名翻译。

15日，《新青年》4卷5号发表鲁迅作《狂人日记》。这是现代文学史上第一篇白话短篇小说。这篇作品以"表现的深切和格式的特别"——内容与形式上的现代化特征"暴露家族制度和礼教的弊害"（鲁迅《中国新文学大系·小说二集·导言》），揭露封建社会"吃人"的本质。这篇小说是中国现代小说的伟大开端，开辟了中国文学发展的一个新的时代。

小说以日记的格式连缀成篇，作者在文章开头介绍小说人物："某君昆仲，今隐其名，皆余昔日在中学校时良友；分隔多年，消息渐阙。日前偶闻其一大病；适归故乡，迂道往访，则仅晤一人，言病者其弟也。劳君远道来视，然已早愈，赴某地候补矣。因大笑，出示日记二册，谓可见当日病状，不妨献诸旧友。持归阅一过，知所患盖'迫害狂'之类。语颇错杂无伦次，又多荒唐之言；亦不著月日，惟墨色字体不一，知非一时所书。间亦有略具联络者，今撮录一篇，以供医家研究。记中语误，一字不易；惟人名虽皆村人，不为世间所知，无关大体，然亦悉易去。至于书名，则本人愈后所题，不复改也。七年四月二日识。"作者通过十三篇日记塑造了一个具有独特心理状态的狂人形象。狂人在日记中写道：

前几天，狼子村的佃户来告荒，对我大哥说，他们村里的一个大恶人，给大家打死了；几个人便挖出他的心肝来，用油煎炒了吃，可以壮壮胆子。我插了一句嘴，佃户和大哥便都看我几眼。今天才晓得他们的眼光，全同外面的那伙人一模一样。

想起来，我从顶上直冷到脚跟。

他们会吃人，就未必不会吃我。

你看那女人"咬你几口"的话，和一伙青面獠牙人的笑，和前天佃户的话，明明是暗号。我看出他话中全是毒，笑中全是刀。他们的牙齿，全是白厉厉的排着，这就是吃人的家伙。

照我自己想，虽然不是恶人，自从踹了古家的簿子，可就难说了。他们似乎别有心思，我全猜不出。况且他们一翻脸，便说人是恶人。我还记得大哥教我做论，无论怎样好人，翻他几句，他便打上几个圈；原谅坏人几句，他便说"翻天妙手，与众不同"。我那里猜得到他们的心思，究竟怎样；况且是要吃的时候。凡事总须研究，才会明白。古来时常吃人，我也还记得，可是不甚清楚。我翻开历史一查，这历史没有年代，歪歪斜斜的每页上都写着"仁义道德"几个字。我横竖睡不着，仔细看了半夜，才从字缝里看出字来，满本都写着两个字是"吃人"！书上写着这许多字，佃户说了这许多话，却都笑吟吟的睁着怪眼睛看我。

我也是人，他们想要吃我了！

……

最可怜的是我的大哥，他也是人，何以毫不害怕；而且合伙吃我呢？还是历来惯了，不以为非呢？还是丧了良心，明知故犯呢？

……

不能想了。

四千年来时时吃人的地方，今天才明白，我也在其中混了多年；大哥正管着家务，妹子恰恰死了，他未必不和在饭菜里，暗暗给我们吃。

我未必无意之中，不吃了我妹子的几片肉，现在也轮到我自己，……

有了四千年吃人履历的我，当初虽然不知道，现在明白，难见真的人！

没有吃过人的孩子，或者还有？

救救孩子……

鲁迅在《中国新文学大系·小说二集·导言》中曾说：

凡是关心现代中国文学的人，谁都知道《新青年》是提倡"文学改良"，后来更进一步而号召"文学革命"的发难者。但当一九一五年九月中在上海开始出版的时候，却全部是文言的。苏曼殊的创作小说，陈暇和刘半农的翻译小说，都是文言，到第二年，胡适的《改良文学刍议》发表了，作品也只有胡适的诗文和小说是白话。后来白话作者逐渐多了起来，但又因为《新青年》其实是一个论议的刊物，所以创作并不怎样著重，比较旺盛的只有白话诗；至于戏曲和小说，也依然大抵是翻译。在这里发表了创作的短篇小说的，是鲁迅。从一九一八年五月起，《狂人日记》，《孔乙己》，《药》等，陆续的出现了，算是显示了"文学革命"的实绩，又因那时的认为"表现的深切和格式的特别"，颇激动了一部分青年读者的心。……但后起的《狂人日记》意在暴露家族制度和礼教的弊害，却比果戈理的忧愤深广，也不如尼采的超人的渺茫。此后虽然脱离了外国作家的影响，技巧稍为圆熟，刻画也稍加深切，如《肥皂》、《离婚》等，但一面也减少了热情，不为读者们所注意了。从《新青年》上，此外也没有养成什么小说的作家。

鲁迅在《致许寿裳（1918年8月20日）》一文中说："《狂人日记》实为拙作，……偶阅《通鉴》，乃悟中国人尚是食人民族，因成此篇。此种发见，关系亦甚大，而知者尚寥寥也。"①

吴虞后来写了《吃人与礼教》与之响应。说："我觉得他这日记，把吃人的内

---

① 鲁迅：《致许寿裳（1918年8月20日）》，《鲁迅全集》第11卷，人民文学出版社1981年版，第353页。

容和仁义道德的表面看得清清楚楚。那些带着礼教假面具吃人的滑头伎俩，都被他把黑幕揭破了。……到了如今，我们应该觉悟！我们不是为君主而生的！不是为圣贤而生的！也不是为纲常礼教而生的！甚么'文节公'呀，'忠烈公'呀，都是那些吃人的人设的圈套，来诳骗我们的！我们如今应该明白了！吃人的就是讲礼教的！讲礼教的就是吃人的呀！"

孟真（傅斯年）在1919年4月《新潮》第1卷第4号发表《一段疯话》，认为"疯子是我们的老师"，并希望"我们带着孩子，跟着疯子走，——走向光明去"。

凤兮则在《我国现在之创作小说》中对《狂人日记》评价颇高。他说："鲁迅先生《狂人日记》一篇，描写中国礼教好行其吃人之德，发千载之覆，洗生民之冤，此篇殆真为志意创作小说，置之世界诸大小说家中，当无异议，在我国则唯一无二矣。"①

15日，《新青年》4卷5号发表盛兆熊对胡适的致书：《论文学改革的进行程序》。

15日，《新青年》4卷5号发表胡适作品《论短篇小说》。文章对短篇小说下了如下定义：用最经济的文学手段，描写事实中最精彩的一段，或一方面，而能使人充分满意的文章。所谓"最精彩的一段"，是指能代表一人、一国、一社会的"横截面"；所谓"最经济"，是指"须要不可增减，不可涂饰，处处恰到好处"。从这一定义出发，文章进而简述了中国短篇小说发展的历史，并认为短篇小说值得提倡。

15日，《新青年》4卷5号发表李大钊的杂文《新的！旧的！》。

15日，《新青年》4卷5号发表《德意志哲学家尼采的宗教》，介绍尼采思想。

15日，《文艺杂志》364期，《小说月报》9卷5号发表小说《欧战中之名著·绯兰》，该文作者为法国人康儿，延陵翻译。

16日，《中日陆军共同防敌军事协定》正式订立。

19日，《中日海军共同防敌军事协定》订立。

---

① 凤兮：《我国现在之创作小说》，《申报·自由谈》1921年2月27日。

同月

《地学杂志》4、5 期—7、8 期发表散文《南极探险记》，该文作者为挪威探险大家 Reald Amundson，陆光宇翻译。

《鹦鹉缘三遍》由上海商务印书馆出版，该书作者为法国作家小仲马，林纾、王庆通翻译。

《绿光》由上海商务印书馆出版，该书作者为 C. 盖维斯，由张毅汉编纂。

六月

王光祈、李大钊、曾琦等发起成立少年中国会，1919 年 7 月正式成立于北京。

15 日，《新青年》4 卷 6 号出"易卜生号"专辑，发表的文章和译著有：胡适的《易卜生主义》、袁振英的《易卜生传》、罗家伦、胡适译《娜拉》、陶履恭译《国民之敌》、吴弱男译《小爱友夫》。

15 日，《新青年》4 卷 6 号的《易卜生专号》出版。载有胡适的《易卜生主义》（作于 5 月 16 日）。该文介绍了易卜生的个性主义和现实主义的文学思想。

胡适在文章中认为：

> 那不带一毫人世罪恶的少女像，是指理想派的文学。那无数模糊不分明、人身兽面的男男女女，是指写实派的文学。易卜生的文学，易卜生的人生观，只是一个写实主义，一八八二年，他有一封信给一个朋友，信中说道：我做书的目的，要使读者人人心中都觉得他所读的全是实事。
>
> 人生的大病根，在于不肯睁开眼睛来看世间的真实现状。明明是男盗女娼的社会，我们偏说是圣贤礼义之邦；明明是赃官、污官的政治，我们偏要歌功颂德；明明是不可救药的大病，我们偏说一点病都没有！却不知道：若要病好，须先认有病；若要政治好，须先认现今的政治实在不好；若要改良社会，须先知道现今的社会实在是男盗女娼的社会！易卜生的长处，只在他肯说老实话，只在他能把社会种种腐败龌龊的实在情形写出来叫大家仔细看。他并不是爱说社会的坏处，他只是不得不说。一八八〇年，他对一个朋友说：

我无论作什么诗，编什么戏，我的目的只要我自己精神上的舒服清净。因为我们对于社会的罪恶，都脱不了干系的。

因为我们对于社会的罪恶都脱不了干系，故不得不说老实话。

胡适认为，易卜生论社会的三种大势力："那三种大势力一是法律，二是宗教，三是道德。……法律的效能在于除暴去恶，禁民为非。但是法律有好处也有坏处。好处在于法律是无有偏私的，犯了什么法，就该得什么罪。坏处也在于此，法律是死板板的条文，不通人情世故，不知道一样的罪名，却有几等、几样的居心，有几等、几样的境遇情形；同犯一罪的人却有几等、几样的知识程度。法律只说某人犯了某法的某某篇、某某章、某某节，该得某某罪，全不管犯罪的人的知识不同，境遇不同，居心不同。……最可怜的是世上真少这种人情入理的法律！……宗教的本意，是为人而作的。正如耶稣说的：'礼拜是为人造的，不是人为礼拜造的。'不料后世的宗教，处处与人类的天性相反，处处反乎人情，……但是这种机器造的宗教何以居然能这样兴旺呢？原来，现在的宗教虽没有精神上的价值，却极有物质上的用场。宗教是可以利用的，是可以使人发财得意的。……据易卜生看来，社会上所谓'道德'不过是许多陈腐的旧习惯。合于社会习惯的，便是道德；不合于社会习惯的，便是不道德。我且举中国风俗为例：我们中国的老辈人看见少年男女实行自由结婚，便说是'不道德'。为什么呢？因为这事不合于'父母之命，媒妁之言'的社会习惯。但是这班老辈人自己讨许多小老婆，却以为是很平常的事，没有什么不道德。为什么呢？因为习惯如此。又如中国人死了父母，发出讣书，人人都说'泣血稽颡'、'苫块昏迷'。其实他们何尝泣血？又何尝'寝苦枕块'这种自欺欺人的事，人人都以为是'道德'，人人都不以为羞耻？为什么呢？因为社会的习惯如此，所以不道德的也觉得道德了。"

在胡适看来，易卜生"虽开了许多脉案，却不肯轻易开药方。他知道人类社会是极复杂的组织，有种种绝不相同的境地，有种种绝不相同的情形。社会的病，种类纷繁，决不是什么"包医百病"的药方所能治得好的。因此他只好开了脉案，说出病情，让病人各人自己去寻医病的药方"。写实主义的写作方法暴露了社会和家庭的丑恶，批判了法律的不近人情，宗教的伪善，道德的败坏等。

同时，胡适在文中说道：

易卜生的纯粹无政府主义，后来渐渐的改变了。他亲自看见巴黎"市民政府"（Commune）的完全失败，便把他主张无政府主义的热心减了许多。到了一八八四年，他写信给他的朋友说，他在本国若有机会，定要把国中无权的人民联合成一个大政党，主张极力推广选举权，提高妇女的地位，改良国家教育，要使脱除一切中古陋习。这就不是无政府的口气了，但是他终究不曾加入政党。他以为加入政党是很下流的事。他最恨那班政客，他以为"那班政客所力争的，全是表面上的权利，全是胡闹。最要紧的是人心的大革命"。

易卜生从来不主张狭义的国家主义，从来不是狭义的爱国者。……我想易卜生晚年临死的时候（1906）一定已进到世界主义的地步了。……易卜生生平却也有一种完全积极的主张。他主张个人须要充分发达自己的才性，须要充分发展自己的个性。

易卜生认为，"发展个人的个性，须要有两个条件。第一，须使个人有自由意志。第二，须使个人担干系、负责任"。对此，胡适在文中表示了赞赏的态度："社会、国家是时刻变迁的，所以不能指定哪一种方法是救世的良药。十年前用补药，十年后或者须用泄药了；十年前用凉药，十年后或者须用热药了。况且各地的社会、国家都不相同，适用于日本的药，未必完全适用于中国；适用于德国的药，未必适用于美国。只有康有为那种"圣人"，还想用他们的"戊戌政策"来救戊午的中国；只有辜鸿铭那班怪物，还想用2000年前的"尊王大义"来施行于20世纪的中国。易卜生是聪明人，他知道世上没有"包医百病"的仙方，也没有"施诸四海而皆准、推之百世而不悖"的真理。……社会、国家的健康也全靠社会中有许多永不知足、永不满意、时刻与罪恶分子、龌龊分子宣战的白血轮，方才有改良进步的希望。我们若要保卫社会的健康，须要使社会里时时刻刻有斯铎曼医生一般的白血轮分子。但使社会常有这种白血轮精神，社会决没有不改良进步的道理。"

在整篇文章里，胡适宣传和赞许易卜生所提倡的资产阶级个人主义，主张发展个性和个人才能，以此推动社会的进步。

茅盾后来曾谈到过演出和介绍易卜生的作品的巨大影响和意义时说："上海戏剧协社正在公演易卜生的名著《傀儡之家》（又名《娜拉》），易卜生和我国近年来震动全国的'新文化运动'是有一种非同等闲的关系；六七年前，《新青年》出'易卜生专号'，曾把这位伟大的大文豪作为文学革命、妇女解放、反抗传统思想等等新运动的象征。那时候，易卜生这个名儿，萦绕于青年的胸中，传述于青年的口头，不亚于今日之下的马克思和列宁。"

此外，《易卜生专号》还发表了《易卜生传》及易卜生的《娜拉》、《国民之敌》等剧。该专号对发扬易卜生的个性解放思想起到了巨大作用，"易卜生主义"遂逐渐成为"五四"时期一股强大的新思潮。

15日，《新青年》4卷6号发表张厚载致书记者（陈独秀）的文章：《论新文学及中国旧戏》。张厚载说：

> 仆自读《新青年》后，思想上获益甚多。陈、胡、钱、刘诸先生之文学改良说，翻陈出新，尤有研究之趣味。仆以为文学之有变迁，乃因人类社会而转移，决无社会生活变迁，而文学能墨守迹象，守古不变者。……故文学之变迁，乃自然的现象，即无文学家倡言改革，而文学之自身，终觉不能免多少之改革；但倡言改革乃应时代思潮之要求，而益以促进其变化而已。
>
> ……
>
> 且文学改良之后，文学上有三大利益：
>
> （一）绝能窒碍思想之弊 旧文学之所以当然淘汰，即因其窒碍思想：如八股为旧文学中最劣等之文学，明太祖创设此种文学，即所以使人民绝对无思想之自由也。新文学第一利益，即使吾人思想活泼，不致为特种情形所障碍，而常有自由进取之精神。
>
> （二）使文学有明确之意思真正之观念 旧文学之弊，在笼统含糊；黄远生旦以"笼统为国人之公毒，不仅文字一事"。（见《东方》杂志远生所著《国人之公毒》一篇）新文学则绝无此种弊病，一字有一字之意思，一句有一句之意思，一段有一段之意思，一节有一节之意思，文字浅显，而意思明确，多作此种文字，可使吾人头脑清楚，知识明白。
>
> （三）为文言一致之好机会 新文学干净明白，使人易于了解；且杂以普通习用之名词尤为雅俗所共晓：如"结果""改良""脑筋简单""神经过敏"以至"当然""必要""事实""理想"等语，一般社会，几成为一种漂亮之俗语，

尽人皆能言之,而文学上用此等语调,亦仍不失为雅洁,此岂非文言一致之动机乎?

有此三事,故仆对于改良文字,极表赞成。

从表面看,张厚载十分赞同"文学革命",但在全文末尾,其笔锋一转,指出"中国戏曲,其劣点固甚多;然其本来面目,亦确自有其真精神。固欲改良,亦必以近事实而远理想为是。否则理论甚高,最高亦不过如柏拉图之'乌托邦',完全不能成为事实耳。近有刘筱珊先生,颇知中国戏曲固有之优点,其思想亦新,戏剧改良之议,仆以为可与彼一斟酌之也。"实则职责文学革命。

对此,陈独秀答复道:

尊论中国剧,根本谬点,乃在纯然回于方隅,未能旷观域外也。剧之为物,所以见重欧洲者,以其为文学美术科学之结晶耳。吾国之剧,在文学上,美术上,科学上,果有丝毫价值邪?尊论谓刘筱珊先生颇知中国剧曲固有之优点,愚诚不识其优点何在也。

欲以"隐寓褒贬"当之邪?夫褒贬作用,新史家尚鄙弃之,更何论于文学美术?且旧剧如《珍珠衫》、《战宛城》、《杀子报》、《战蒲关》、《九更天》等,其助长淫杀心理于稠人广众之中,诚世界所独有,文明国人观之,不知作何感想。

至于"打脸"、"打把子"二法,尤为完全暴露我国人野蛮暴戾之真相,而与美感的技术立于绝对相反之地位。若谓其打有定法,脸有脸谱,而重视之邪?则作八股文之路闰生等、写馆阁字之黄自元等,又何尝无细密之定法,"从极整齐极规则的工夫中练出来",然其果有文学上美术上之价值乎?

演剧与歌曲,本是二事;适之先生所主张之"废唱而归于说白",及足下所谓"绝对的不可能",皆愿闻其详。

15日,《新青年》4卷6号发表南丰美以美会基督徒悔给陈独秀的致书:《文字改革及宗教信仰》。在这篇文章中,作者将钱玄同划为文字革命的"激烈派",称其主张"骇人听闻"。并在文中大肆攻击恽代英和陈独秀。

陈独秀复信予以驳斥。

15 日,《新青年》4 卷 6 号发表崇拜王敬轩者给陈独秀的致书:《"讨论学理之自由权"》。作者写道:"读《新青年》,见奇怪之言论,每欲通信辩驳,而苦于词不达意,今见王敬轩先生所论,不禁浮一大白。王先生之崇论宏议,鄙人极为佩服,贵志记者对于王君议论,肆口侮骂,自由讨论学理,固应如是乎!此启。不备。"

陈独秀在复信中答复:"本志自发刊以来,对于反对之言论,非不欢迎;而答词之敬慢,略分三等:立论精到,足以正社论之失者,记者理应虚心受教。其次则是非未定者,苟反对者能言之成理,记者虽未敢苟同,亦必尊重讨论学理之自由虚心请益。其不屑与辩者,则为世界学者业已公同辩明之常识,妄人尚复闭眼胡说,则唯有痛骂之一法。讨论学理之自由,乃神圣自由也;倘对于毫无学理毫无常识之妄言,而滥用此神圣自由,致是非不明,真理隐晦,是曰'学愿','学愿'者,真理之贼也。"

15 日,《东方杂志》15 卷 6—12 号发表小说《重臣倾国记》,该文作者为英国人威连格司,赵尊岳翻译。

25 日,《小说月报》9 卷 6 号发表小说《红崖倩影》,该文作者为美国人 Theodore Dreiser,蜷庐翻译。

同月

《南开思潮》2 期发表小说《万金钻》,该文作者为美国人 Scoet Campbell,潘世纶翻译。

《留美学生季报》5 卷 2 期发表散文《美国当以俄为至友说》,该文作者为俄国作家托尔斯泰,陈裕光翻译。

《留美学生季报》5 卷 2 期发表诗作《秋意》,该文作者为美国人胡德佳,王天优翻译。

郭沫若从日本冈山的第六高等学校毕业,入九州帝国大学学习医科。

茅盾开始编著童话《大槐》、《负骨报恩》、《狮螺访猪》、《和平会议》等,署名沈德鸿,后由上海商务印书馆出版。

七月

1日，李大钊在《言治》季刊第3册发表文章《法俄革命之比较观》。这篇文章与稍后发表的《庶民的胜利》、《布尔什维主义的胜利》等文均热情歌颂俄国十月革命，使李大钊成为中国接受与传播马克思主义的先驱。文章首先指出了法俄革命的异同："法兰西之革命是十八世纪末期之革命，是立于国家主义上之革命，是政治的革命而兼含社会的革命之意味者也。俄罗斯之革命是二十世纪初期之革命，是立于社会主义上之革命，是社会的革命而并著世界的革命之采色者也。时代之精神不同，革命之性质自异，故迥非可同日而语者。法人当日，固有法兰西爱国的精神，足以维持其全国之人心；俄人今日，又何尝无俄罗斯人道的精神，内足以唤起其全国之自觉，外足以适应世界之潮流，倘无是者，则赤旗飘飘举国一致之革命不起。且其人道主义之精神，入人之深，世无伦比。数十年来，文豪辈出，各以其人道的社会的文学，与其专擅之宗教政治制度相搏战。迄今西伯利亚荒寒之域，累累者固皆为人道主义牺牲者之坟墓也。此而不谓之俄罗斯人之精神殆不可得。不过法人当日之精神，为爱国的精神，俄人之今日精神，为爱人的精神。前者根于国家主义，后者倾于世界主义；前者恒为战争之泉源，后者足为和平之曙光，此其所异者耳。"作者还认为俄国革命代表了一个新时代的来临。"世界中将来能创造一兼东西文明特质，欧亚民族天才之世界的新文明者，盖舍俄罗斯人莫属。""法兰西之革命，非独法兰西人心变动之表征，实十九世纪全世界人类普遍心理变动之表征。俄罗斯之革命，非独俄罗斯人心变动之显兆，实二十世纪全世界人类普遍心理变动之显兆。……吾人对于俄罗斯今日之事变，惟有翘首以迎其世界的新文明之曙光，倾耳以迎其建于自由、人道上之新俄罗斯之消息，而求所以适应此世界的新潮流，勿徒以其目前一时之乱象遂遽为之抱悲观也。"

剑影的小说《雪地冰天两少年》发表在《言至》（季刊）第3册。

孙宪熙的散文《疯先生墓田记》发表在《言至》（季刊）第3册。

万宗乾的诗歌《重莅津门感旧三首》发表在《言至》（季刊）第3册。

5日，鲁迅致信钱玄同。他对北京大学教授刘师培提倡国粹，计划复刊《国粹学报》和《国粹汇编》用以对抗《新青年》提倡新文化、传播新思想的做法，予以抨击，说："中国国粹虽然等于放屁，而一群坏种要刊丛编，却也毫不足怪。该坏种等不过还想吃人，而竟奉卖过人肉的侦心探龙做祭酒，大有自觉之意。即此一层，已足令敝人刮目相看，而猗欤羞哉，尚在其次也。敝人当袁朝时，曾戴了冕帽出无名氏语录，献爵于至圣先师的老太爷之前，阅历已多，无论如何复古、如何国粹，都已不怕。但该坏种等之创刊屁志，系专对《新青年》而发，则略以为异，初不料《新青年》之于他们，竟如此其难过也。然既将刊之，则听其刊之，且看其刊之，看其如何国法、如何粹法、如何发昏、如何放屁、如何做梦、如何探戈、亦一大快事也。国粹丛编万岁！老小昏虫万岁！"他还说："倘若思想照旧，便仍然换牌不换货，才从'四目仓圣'面前爬起，又向'柴明华先师'脚下跪倒；无非反对人类进步的时候，从前是说 no,现在是说 ne；从前写作'咈哉'，现在写作'不行'罢了。所以我的意见，以为灌输正当的学术文艺，改良思想，是第一事。"直到次年 3 月，当周作人首次把"思想革命"当作一面旗帜高擎起来以后，这封信才由《新青年》编者加上标题，在通信栏内发表。

程淑勋的小说《烈妇救夫记》发表在（商务）《妇女杂志》第 4 卷第 7 号。

佚名的小说《二十世纪后之南极》发表在《学生杂志》第 5 卷第 7 号。

刘培周的诗歌《游白洋淀》发表在《学生杂志》第 5 卷第 7 号。

翻译小说《星》发表在（商务）《妇女杂志》第 4 卷第 7 号。英国狄更斯著，烟桥、傅玉译。

翻译小说《骇浪惊涛录》发表在《小说月报》第 9 卷第 7—9 号。英国汤姆亨利著，笃志译述。

翻译小说《缧绁盟心》发表在《小说月报》第 9 卷第 7—8 号。法国 Victor Huge 著，雪生译。

15 日，《新青年》第 5 卷第 1 号"通信"栏中的主要文章有：

邓萃英致钱玄同《文学革命与青年救济》。邓萃英在文中指出："老先生之罪，不在'不通'，不在'自诩'；实在'戕贼青年'，犯精神的杀人罪"；"我们的目的，不在'与彼为难'，不在'攻其不备'，实在'救济青年'，并'表扬文学'"。钱玄同对其观念表示赞同，认为在一帮大谈"复古"、"考证"的遗老遗少的教育下，青年界正在日益消沉，"暮气甚深，呻吟垂毙"。钱玄同提出的解决之道是"中华民国的一切政治、教育、文艺、科学，都该完全学人家的好样子，断不可回顾七年前'死帝国'不好的样子……虽然行了数十年，也该毅然决然的扑灭他；合理的新法，虽然一天没有行，也该毅然决然的振兴他。"

王懋祖致胡适《读〈新青年〉》。汪懋祖的来信主要批评称中国人论战时喜欢将对方妖魔化，甚至还要"食肉寝皮"，足证其凶暴与偏狭，并指《新青年》文章之"如村妪泼骂"，"文也者，含有无上美感之作用，贵报方事革新而大阐扬之；开卷一读，乃如村妪泼骂，似不容人以讨论者，其何以折服人心？此虽异乎文学之文，而贵报固以提倡新文学自任者，似不宜以'妖孽''恶魔'等名词输入青年之脑筋，以长其暴戾之习也"。胡适在写给这位老同学的回信中表白说："芗潭学兄：来书说，'两党讨论是非，各有其所持之理由。不务以真理争胜，而徒相目以妖，则是滔滔者妖满国中也'。又说本报'如村妪泼骂，似不容人以讨论者，其何以折服人心？'此种诤言，具见足下之爱本报，故肯进此忠言。从前我在美国时，也曾写信与独秀先生，提及此理。那时独秀先生答书说文学革命一事是'天经地义'，不容更有异议。我如今想来，这话似乎太偏执了。我主张欢迎反对的言论，并非我不信文学革命是'天经地义'。我若不信这是'天经地义'，我也不来提倡了。但是人类的见解有个先后迟早的区别。我们深信这是'天经地义'了，旁人还不信这是'天经地义'。我们有我们的'天经地义'，他们有他们的'天经地义'。理论家的手段，全在用明白的文学，充足的理由，诚恳的精神，要使那些反对我们的人不能不取消他们的'天经地义'，来信仰我们的'天经地义'。所以本报将来的政策，主张尽管趋于极端，议论定须平心静气，一切有理由的反对，本报一定欢迎，决不致'不容人以讨论'。"

戴主一致钱玄同《驳王敬轩君信之反动》。戴主一致《新青年》编者的信，直接点名批评刘半农的《答王敬轩书》，更指出"通信"一栏多"胡言乱语"，失去了"辩难学术"的本意："'通信'一门，以为辩难学术，发舒意见之用，更属难得。尚有一事，请为诸君言之：通信既以辩论为宗，则非辩论之言，自当一切吐弃；乃诸君好议论人长短，妄是非正法，胡言乱语，时见于字里行间，其去宗旨远矣。诸君此种行为，已屡屡矣；而以四卷三号半农君覆王敬轩君之言，则尤为狂妄。……足见记者度量之隘。"钱玄同以"记者"名义反驳署名载主一的读者来信的一段话："本志易卜生号之通信栏中，有独秀君答某君之语，请足下看看，便可知道半农君答王敬轩君如此措辞的缘故。来书中如'胡言乱语'、'狂妄'、'肆无忌惮'、'狂徒'、'颜之最矣'诸语，是否不算骂人？……若对于什么'为本朝平法逆之中与名将曾文正公'，便欲自卑而尊之,则本志同人尚有脑筋,尚有良心,尚不敢这样的下作无耻!"

周作人在《新青年》第5卷第1号上发表文章《日本近三十年小说之发达》。文章简述了从1918年上溯30年,也即约1888年至1918年的日本小说发展的状况,并把中国旧小说作了比较。周作人认为西方文学观念对日本小说的真正融入,迟至明治维新后的20年,也就是《小说神髓》(坪内逍遥著)产生的前后。这以后才有高举西方各种流派旗帜的思潮涌现,蕴含各种西方文学观念的名家、名篇迭现的繁华景象,体现出近代日本文学的基本特征。周作人介绍日本近30年文学的目的,是通过中日文学比较,"看出几处异同",以改变国内新小说二十多年来"毫无成绩"的现状。在他看来,新旧小说的区别不仅在于思想,同时也在于形式。中国文学与日本明治维新之初在创作思想与写作形式上有许多相似之处,都应借西方文学的冲击予以改造。但是中国文学对西方文学却"不肯模仿,不会模仿"。周作人还把从《官场现形记》、《二十年目睹之怪现状》、《老残游记》到《广陵潮》、《留东外史》的作品都归在旧小说名下,"因为他总是旧思想、旧形式"。他敏锐地感到建设新文学的急需:"总而言之,中国要新小说发达,须得从头做起,目下所缺第一切要的书,就是一部讲小说史什么东西的《小说神髓》。"周作人认为,要挽救中国小说创作的弊病,"须得摆脱历史的因袭思想,真心的先去模仿别人",向西洋小说学习,之后从模仿中"蜕化出独创的文学来",而日本就是个榜样。

陈独秀在《新青年》第5卷第1号上发表文章《今日中国之政治问题》,提出三点国人彻底觉悟、急谋改革的主张:"排斥武力政治";"抛弃以一党势力统一国家的思想";"决定守旧或革新的国是"。强调改革旧思想旧文化的重要,指出:"国家现象,往往随学说为转移。我们中国已经被历代悖谬的学说败坏得不成样子了。目下政治上社会上种种暗云密布,也都有几种悖谬学说在那里作祟。"猛烈抨击康有为等人既想采用立宪共和政体,又提倡尊君的孔教等守旧改良的思潮。同时发表随感录《韩世昌》、《自由正义与和平》、《科学与神圣》、《学术独立》、《阴阳家》。

蔡元培在《新青年》第5卷第1号上发表《新教育与旧教育之歧点》,宣传新教育思想。文章认为:"夫新教育所以异于旧教育者,有一要点焉,即教育者非以吾人教育儿童,而吾人受教于儿童之谓也。"新教育须"深知儿童身心发达之程序,而择种种适当之方法以助之"。并指出:"吾国教育界,乃尚牢守几本教科书,以强迫全班之学生,其实与往日之《三字经》、《四书》、《五经》等,不过五十步与百步之相差。欲救其弊,第一,须设实验教育之研究所。第二,教员须有充分之知识,足以应儿童之请益与模范而不匮。第三,则供应教育品者,亦当有种种参考之图画与仪器,以供教员之取资。如此,则始足以语于新教育矣。"

刘半农的文章《通俗小说之积极教训与消极教训》发表于《太平洋》第1卷第10号,对"黑幕小说"进行批判。文章从传统通俗小说"劝善惩恶"的特征出发,指出:"'popular story'是上中下三等社会共有的小说,并不是哲学家科学家交流思想意志的小说(《水浒》《红楼》),更不是文人学士发牢骚卖本领的小说。""题中'教训'二字,是说此项小说出版后,对于世道人心的影响如何。所谓'积极教训',便是记述善事,描摹善人,使世人生羡慕心,摹仿心;'消极教训',便是记述恶事,描摹恶人,使世人生痛恨心,革除之。"受时代责任感的驱使,刘半农在《通俗小说积极教训与消极教训》一文的结尾处说:"我今天所说的话,自己也知道意思很肤浅,且大有老学究气息;然为目前时势之所需要,不得不如此说。"

欧阳予倩在上海组织民众戏剧社。其主要成员有沈雁冰、欧阳予倩、郑振铎、陈大悲、徐半梅、熊佛西、张聿光、沈冰血等13人。剧社"以非营业的性质,提倡艺术的新剧为宗旨",并创办了中国较早的戏剧刊物《戏剧》,共出6期,集中阐述了该社的戏剧主张。在"五四"运动影响下诞生的民众戏剧社,继承和发扬了"五四"新文学的革命精神,并在戏剧领域内进行了开创性的理论建设。它的主要贡献在于:1. 重视戏剧的社会作用。成员在"民众戏剧社宣言"中声称:"'当看戏是消闲'的时代,现在已经过去了。戏剧在现代社会中,确是占着重要的地位,是推动社会使之前进的一个轮子,又是搜寻社会病根的X光镜……",并明确提出:"我们的责任有两重:一重是改造戏剧,一重是改造社会。"2. 提出"民众戏剧"的口号,倡导建立"民众戏剧院"。他们以法国的R.罗兰为榜样,要求戏剧为"劳工们"服务,认为"民众戏剧院"的主要目的是娱乐、能力、知识。3. 以鲜明的立场,批判旧剧和文明戏的弊端。他们认为,中国旧戏思想上已与"时代精神相背驰",而文明戏由于受到"旧社会恶毒势力"的控制,已经堕落到"没有立足在现代戏剧界中的价值"。4. 他们提倡组织"爱美的"剧团("爱美的"是英语 amateur 的译音,意为非职业的、业余的),认为这是创造戏剧的"光明运动",是改变文明戏商业化、庸俗化的倾向,提高戏剧的艺术质量和教育作用的关键。民众戏剧社的这些主张具有很大的进步意义,它对当时出现的话剧团体,如戏剧协社、辛酉剧社、南国社等，都产生了积极的影响，为中国现代话剧的兴起制造了舆论。

鲁迅（署名唐俟）的白话诗《他们的花园》、《人与时》在《新青年》第5卷第1号上发表，后收入1935年5月上海群众图书公司出版的《集外集》。

沈尹默的白话诗《月》、《公园里的"二月兰"》、《耕牛》在《新青年》第5卷第1号上发表。

刘半农的白话诗《窗纸》、《无聊》在《新青年》第5卷第1号上发表。

胡适的白话诗《四月廿五夜》、《戏孟和》在《新青年》第5卷第1号上发表。

陈独秀的《随感录（十至十四）》在《新青年》第5卷第1号上发表。

刘半农的《随感录（十五）》在《新青年》第5卷第1号上发表。

钱玄同的《随感录（十六至十八）》在《新青年》第5卷第1号上发表。

20日，错石的小说《苦力儿学记》在《绍兴教育杂志》第24期发表。

哈劳的小说《战场小黑幕》在《劳动杂志》第1卷第5号发表。

冯葆祺的诗歌《述感〈并序〉》在《商学杂志》第3卷第4、5期发表。

25日，延陵的小说《此恨绵绵》在《小说月报》第9卷第7号发表。

周瘦鹃的小说《邂逅》在《小说月报》第9卷第7号发表。

周瘦鹃的戏剧《外交术》在《小说月报》第9卷第7号发表。

吴梅填词的戏剧《无价宝传奇》在《小说月报》第9卷第7号发表，未完。

王闿运的散文《游华山记（并序）》在《小说月报》第9卷第7号发表。

玄伯的诗歌《戒毒歌》在《华工杂志》第24期发表。

望屺的诗歌《苏州婚嫁风俗诗》在《小说月报》第9卷第7号发表。

蕁农的词《雪梅香·春感》在《小说月报》第9卷第7号发表。

本月

邵飘萍创办新闻编译社。

陆思安的小说《爱梅传》在《复旦》第6期发表。

无畏的小说《小木工》在《浙江兵事杂志》第51期发表。

朱纪璜的散文《游天平山记（并序）》在《复旦》第6期发表。

刘脾深的散文《春日偕海印游岳麓》在《复旦》第6期发表。

罗家伦的诗歌《登景山望清宫有感成二绝》在《复旦》第6期发表。

何寿嵩的诗歌《爱国歌》在《复旦》第6期发表。

刑志明的词《离情·调寄桃源忆故人》在《复旦》第6期发表。

刑志明的词《戍妇秋思·调寄如梦令》在《复旦》第6期发表。

翻译小说《储蓄》发表在《沪江月》第4期。[法]邰尔毛霜著，梦苏译。

翻译小说《当炉女》出版。王卓民编纂。上海商务印书馆初版，1920年3月再版。3册。收入说部丛书第3集第49编。

翻译小说《妒妇遗毒》出版。黄静英编纂，冷风校订。上海商务印书馆初版，1920年8月再版。收入说部丛书第3集第40编。本书原名《妻乎财乎》。

翻译小说《孝女有福》出版。施米德著，P.Ch.Ming译。河北献县张家庄天主堂出版。

翻译小说《孤露佳人》出版。[英]亨利·瓦特夫人著，范彦矧编译。上海商务印书馆初版，1920年7月再版，1922年7月3版。收入说部丛书第3集第47编。

翻译散文《青年锐志索影》发表在《沪江月》第4—5期。[美]彭司吉拉著，芝轩译。

郭沫若免试升入九州帝国大学医学部学习。

郁达夫入东京帝国大学经济科学习。

八月

1日，卓呆的小说《逸乎劳乎》发表在《小说季报》第1集。

徐枕亚的小说《让婿记》发表在《小说季报》第1集。

阮南君的戏剧《大幸福》发表在《中国实业杂志》第8年第8期。

翻译小说《孤岛哀鹈记》发表在《小说季报》第1集。[英]C.C.Andrews著，周瘦鹃译。

5日，王剑三的小说《纪念》发表在（商务）《妇女杂志》第4卷第8号。

洑宿贞的散文《金陵游记》发表在（商务）《妇女杂志》第4卷第8号。

郑庸的诗歌《飞行机歌》发表在《学生杂志》第5卷第8号。

前人的诗歌《望月歌》发表在《学生杂志》第5卷第8号。

10日，少芹的小说《贤妇狱》发表在《小说季报》第2集。

徐枕亚的小说《蝶花梦》发表在《小说季报》第2集。

12日，"安福国会"在北京开会。

13日，上海日商日华纺织公司女工千余人举行罢工。

15日，《新青年》第5卷第2号的"通信"栏目发表朱经、胡适和任鸿隽、胡适、钱玄同的《新文学问题之讨论》。主要文章有：

朱经致胡适：《新文学问题之讨论》。附钱玄同跋朱君信语。朱经读到《新青年》第四卷第四号后，于1918年6月5日从美国写给胡适的信。朱经针对白话诗越来越"自由"（诗体自由、语言自由及写作自由）的现状，提出白话诗应该立几条作诗规则："今天我没有工夫多写信了。还有一句简单的话，就是'白话诗'应该立几条规则。我们学过Rhetorio，都知道'诗'与'文'之别，用不着我详加说明。总之，足下的'白话诗'是很好的，念起来有音、有韵，也有神味，也有新意思，我决不敢妄加反对。不过《新青年》中所登他人的'白话诗'，就有些看不下去了。……想想'白话诗'发达，规律是不可不有的。此不特汉文为然，西文何尝不是一样？如果诗无规律，不如把诗废了，专做'白话文'的为是。"朱经还主张"文字的国语"，"对于'文言'、'白话'，应该并采兼收而不偏废……另成一种'雅俗共赏'的'活文学'"，即"最普通的白话"，反对废文言白话而采用罗马字母。已回国的胡适在1918年7月14日回信断然否定了这一有利于新诗建设，特别是诗体建设的高见："只有白话的文学是雅俗共赏的……来书又说，'白话诗应该立几条规则'，这是我们极不赞成的。……我们做白话诗的大宗旨，在于提倡'诗体的解放'。有什么材料，做什么诗；有什么话，说什么话；把从前一切束缚诗神的枷锁镣铐，拢统推翻；这便是'诗体的解放'。因为如此，我们极不赞成诗的规则。凡文的规则和诗的规则，都是那些做《古文笔法》、《文章规范》、《诗学入门》、《学诗初步》的人所定的，从没有一个文学家自己定下做诗做文的规则。我们做的白话诗，现在不过在尝试的时代，我们自己也还不知什么叫做白话诗的规则，且让后来做《白话诗规范》的人去规定白话诗的规则罢！"钱玄同的回答比较偏激："汉文的规则很难，且现代新学上的术语，非中国所固有"，"汉文在今后世界，无独立及永久存在的价值"。

任鸿隽致胡适：《新文学问题之讨论》。附钱玄同跋任君信语。任鸿隽不同意胡适"白话可做活文字,也可做死文字;文话只能做死文字,不能做活文字"的观点,而且"用白话可做好诗,文话又何尝不可做好诗呢"?他认为改良文学"当在实质上用工夫","白话不白话,倒是不关紧要的",《新青年》诸君"废灭汉文"的建议不可取。任鸿隽还表示:"公等做新体诗,一面要诗意好,一面要诗调好,一个人的精神分作两用,恐怕有顾此失彼之虑。若用旧体旧调,便可把全副精神用在诗意一方面,岂不于创造一方面更有希望呢?"胡适在回信中表示新诗创作应该重诗意,轻诗调,否则"人的精神分作两用……会顾此失彼"。钱玄同在回信中说:"汉文一日未废灭,即一日不可不改良。"

在同一期的通信栏中,另有孙国璋、区声白、陶孟和、钱玄同、陈独秀之间标题为《论世界语》的通信,主要文章有:

区声白致陶孟和:《论Esperanto》。附钱玄同、陈独秀跋语。陶孟和坚持认为,"各民族之国语不是一天造成的,必然过千百年之淘汰乃成现存之语言,世界语成于一旦,与人民之真生命相隔阂,不能成为一种应用言语。"区声白批评陶孟和的思想落伍,他认为"世界语之在各国,业已通行与各界。而先生不之知;只因中国一隅未甚通行,便谓世界语为无用"。钱玄同在附言中说:"我们对于Esperanto,也该用做白话文章的精神去提倡。"陈独秀也表示"余确信其(Esperanto)为利器之一"。

孙国璋致陈独秀:《论Esperanto》。附胡适、陈独秀跋语。孙国璋在其信中对陶孟和、钱玄同、陈独秀三人都作了评判,指出了他们各自存在的问题。不过,孙国璋在对双方争论进行总评时,还是特别批评了陶孟和的观点。他引用1905年国际世界语大会的《宣言》来说明:"国际语之当采用中立的人造语,世界学者已早公认之矣。"他还举例英国文坛巨匠莎士比亚之名著《哈姆莱特》的世界语译本是所有外语译本中"最佳的一种",而且战时法、意两国的蓝皮书、白皮书以及红十字会的指南书等均采用世界语,以此来说明世界语的功用"昭彰不可疑惑"。他进一步指出,世界语就是"国际普通话",是"中国人研究西学的利器"。陈独秀认为孙国璋的文章只是"说闲话"、"闹闲气",而没有对Esperanto的价值内容予以判断。胡适表示中立态度。

在同一期的通信栏中,另有刘半农与钱玄同的以《今之所谓"评剧家"》为标题的来往通信。此信所作的缘由来自《新青年》1918年6月的"易卜生号"上登载了北大学生张厚载的来信。张厚载在赞成文学改良的同时,指出胡适、刘半农、钱玄同诸人在旧剧评议上的一些失误。《新青年》同人一一回应了张氏的指摘,除胡适以外,语气都很强硬。此事尚未完结,《新青年》第5卷第2号上又刊发了刘半农与钱玄同8月间的通信。刘半农去信借阅《时事新报》,因为听闻上面有位马二先生起来为张厚载抗辩,预备撰文还击。钱玄同回信说,自己向来不看《时事新报》,上面的文章用胡适的话说"不值得一驳",什么"黑幕"、"剧评"不过是上海一班"脑筋组织不甚复杂"的"鹦鹉派读书人"发明的玩意儿。他看不惯胡适笼络张厚载这样介于新旧之间的人物,称《新青年》的文章"是给纯洁的青年看的,决不求此辈'赞成'"。钱玄同针对北大学生张厚载的相关言论表示说:"我记得十年前上海某旬报中有一篇文章,题目叫做《尊屁篇》,文章的内容,我是忘记了。但就这题目断章取义,实在可以概括一班'鹦鹉派读书人'的大见识大学问。"

在同一期的通信栏中,另有朱我农与胡适的以《革新文学及改良文字》为标题的来往通信。附钱玄同跋语。朱我农称"欲建新文学,文法是不可少的",并且认为五四的白话为"笔写的白话"、"其实依旧是文言"。作者认为,应该使用罗马拼音,此法"不但无碍,且可以借此统一中国的语音"。胡适借读者朱我农给他来信的机会,公开表示了对世界语的反对意见,并支持罗马拼音文字,还表示"将讨论拼音文字的进行细则"。

鲁迅的文章《我之节烈观》在《新青年》第5卷第2号发表。文章抨击国民以"表彰节烈"作为挽救"人心日下"的方法,"却是专指女子,并无男子在内"。但"不节烈的女子,如何害了国家?""何以救世的责任,全在女子?""只有自己不顾别人的民情,又是女应守节男子却可多妻的社会,造出如此畸形道德,而且日见精密苛酷,本也毫不足怪。但主张的是男子,上当的是女子"。社会的种种黑暗,和男子有关,和不讲新道德新学问、没有新智识有关,男子应负起应有的责任。对节烈的表彰,不会产生效果。因此,鲁迅认为,"所谓节烈","决不能认为道德,当作法式";"多妻主义的男子",也没有"表彰节烈的资格"。节烈是受儒学影响的社会历史发展出来的畸形道德,是"极难,极苦,不愿身受,然而不利自他,无益社会国家,于人生将来又毫无意义的行为,现在已经失了存在的生命和价值"。要哀悼"做了无主名的牺牲"的节烈的女人,必须"要除去世上害己害人的昏迷和强暴……要除去于人生毫无意义的苦痛。要除去制造并赏玩别人苦痛的昏迷和强暴",使"人类都受正当的幸福"。

陈独秀的文章《偶像破坏论》在《新青年》第 5 卷第 2 号发表。文章指出,"偶像何以应该破坏,这几句话可算说得淋漓尽致了……凡是无用而受人尊重的,都是废物,都算是偶像,都应该破坏",认为:"偶像这种用处,不过是迷信的人自己骗自己,非是偶像自身真有什么能力。这种偶像倘不破坏,人间永远只有自己骗自己的迷信,没有真实合理的信仰,岂不可怜!""一切宗教"、"君主"、"国家"、"世界上男子所受的一切勋位荣典,和我们中国女子的节孝牌坊"、"自古相传的虚荣,欺人不合理的信仰",都是一种骗人的虚伪的偶像,不仅骗人,而且害人,都应该予以破坏。故陈独秀主张"以真实的合理的为标准",反对"宗教上政治上道德上自古相传的虚荣欺人不合理的信仰",以达到真理和信仰的合一。

陈独秀的文章《随想录(十九—二十三)》发表在《新青年》第 5 卷第 2 号。

沈尹默的诗《三弦》发表在《新青年》第 5 卷第 2 号。署名尹默。

刘半农的诗《晓》发表在《新青年》第 5 卷第 2 号。署名半农。

常惠的诗《游丝》发表在《新青年》第 5 卷第 2 号。

翻译小说《不自然淘汰》和《改革》发表在《新青年》第 5 卷第 2 号。瑞典 August Strindberg 著,周作人译。

翻译诗歌《著作资格》《恶邮差》发表在《新青年》第 5 卷第 2 号。印度泰戈尔著,刘半农译。

25 日,梅梦的小说《水底潜行艇》(附图)发表在《小说月报》第 9 卷第 8 号。

张讷盦的小说《海陵冤狱》发表在《小说月报》第 9 卷第 8 号。

王乃征的诗《嵩阳观汉柏》发表在《小说月报》第 9 卷第 8 号。

彦通的词《南浦·湖上》发表在《小说月报》第 9 卷第 8 号。

翻译小说《为祖国故》发表在《小说月报》第 9 卷第 8 号。未署著者名,瘦鹃译。

本月,《小说季报》创刊。鸳鸯蝴蝶派作家徐枕亚脱离《小说丛报》,独资创办上海清华书局,发行《小说季报》。不久因经营不善停刊。以发表鸳鸯蝴蝶派作家的长篇小说为主。刊载短篇、长篇小说、报余丛载、补白等。1920 年 7 月出至第四集后停刊。

上海《时事新报》副刊主编郭虞裳受张东荪委托,聘宗白华协助编辑《学灯》,并辟"新文艺"栏,由宗负责。同年 11 月,郭赴英留学,宗继任《学灯》主编,至 1920 年 5 月。

《世界画报》创刊。孙雪泥编辑，许一鸥助理，上海生生美术公司发行。1927 年 10 月停刊。这本鸳鸯蝴蝶派之刊物图文并重。刊行数十期。绘画方面有张聿光、丁慕琴、谢之光、丁讷、汪亚尘、但杜宇、刘海粟、王济远等。文字方面有周瘦鹃、刘豁公、杨尘因等。

徐志摩从上海启程，乘船横渡太平洋。9 月，进入美国卡拉卡大学历史系学习。

翻译小说《勿雷岛君小传》出版。James Francis Duyer 著，胡宪生译。上海商务印书馆出版，收入英汉合璧小说丛刊。

翻译小说《孝友镜》出版。[比] 恩海贡斯翁士著，林纾、王庆通译。上海商务印书馆出版，1920 年 10 月再版，1921 年 9 月 3 版。2 册，收入说部丛书第 3 集第 48 编。又收入林译小说丛书第 2 集第 30 编，卷首有林纾的《译余小识》。

翻译小说《金台春梦录》出版。法国丹迷安、俄国华伊尔合著，林纾、王庆通译。上海商务印书馆出版，收入说部丛书第 3 集第 50 编。又收入林译小说丛书第 2 集第 31 编。

翻译童话《千匹绢》编入商务印书馆通话第 1 集第 70 编，本月初版发行。

翻译童话《负骨报恩》编入商务印书馆通话第 1 集第 71 编，本月初版发行。

翻译童话《狮骡访猪》出版。沈德鸿（茅盾）编。包括《狮骡访猪》、《狮受蚊欺》、《傲狐辱蟹》、《学由瓜得》、《风云雨》五篇。上海商务印书馆出版。收入童话丛书第 1 集。

沈泽民考入南京河海工程学校，茅盾偕其母为之送行。

郭沫若在福冈市东头的风景区"千代松原"遇见张资平，议及出一种纯粹的文学杂志，以提倡新文学。这是"创造社"的"受胎期"。

夏

老舍从北京师范学校毕业，被委任京师公立第十七高等小学兼国民学校校长。

郁达夫考入东京帝国大学经济部学习，1922 年夏季毕业。

九月

1日，北京国会选徐世昌为大总统。10月10日，徐世昌就任总统。

5日，陈剑锋的诗歌《天津灾民待赈歌》发表在《学生杂志》第5卷第9号。

徐珂的诗歌《绍兴陈烈女挽诗》发表在（商务）《妇女杂志》第4卷第9号。

蕁农的诗歌《绍兴陈烈女挽词》发表在（商务）《妇女杂志》第4卷第9号。

翻译小说《慈母泪》发表在（商务）《妇女杂志》第4卷第9号。［美］Licutenant Milutin Krunich 著，高君珊译。

15日，陈独秀在《新青年》第5卷第3号上发表《质问〈东方杂志〉记者——〈东方杂志〉与复辟问题》，斥诘并批驳辜鸿铭（北大教授、前清遗老，长辫至死未剪）等人维护中国旧文化，抵制"西洋文明"的谬论。

鲁迅在《新青年》第5卷第3号上发表《随感录二十五》，署名唐俟。文章告诉人们："中国的孩子，只要生，不管他好不好，只要多，不管他才不才。生他的人，不负教他的责任。"我们应该"生了孩子，还要怎样教育，才能使这生下来的孩子，将来成一个完全的人"。从1918年9月15日到1919年11月1日，鲁迅在《新青年》上发表27篇《随感录》，收入《热风》。鲁迅在《热风〈题记〉》中曾说：这些"短评"，"除几条理论之外，有的是对于扶乩、静坐、打拳而发的；有的是对于所谓'保存国粹'而发的；有的是对于那时旧官僚的以经验自豪而发的；有的是对于上海《时报》的讽刺画而发的。记得当时的《新青年》是正在四面受敌之中，我所对付的不过一部分。"

周作人的《随感录二十四》在《新青年》第5卷第3号上发表。

陶履恭的《随感录二十七》在《新青年》第5卷第3号上发表。

钱玄同的《随感录（二十八—三十二）》在《新青年》第5卷第3号上发表。

同期《新青年》中的"通信栏"刊登慕楼致胡适的信《论句读符号》与胡适的回信《论句读符号（答"慕楼"书）》。附《答黄觉僧君〈折衷的文学革新论〉》。慕楼指出："文字的第一个作用便是达意。种种符号都是帮助文字达意的。意越答得出越好，文字越明白越好，符号越完备越好。"胡适重申了《新青年》对古文在学校教育中的几点主张："（一）现在的中国人应该用现在的中国话做文学，不该用已死了的文言做文学。（二）现在的一切教科书，自国民学校到大学，都该用国语编成。(三)国民学校全习国语,不用'古文'。(四)高等小学除国语读本之外,另加一两点钟的'古文'。(五)中学堂'古文'与'国语'平等。但除'古文'一科外,别的教科书都用国语的。(六)大学中,'古文的文学'成为专科,与欧美大学的'拉丁文学'、'希腊文学'占同等地位。(七)古文文学的研究,是专门学者的事业。但须认定'古文文学'不过是中国文学的一个小部分,不是文学正宗,也不该阻碍国语文学的发展。"

同期"通信栏"中还有 Y.Z. 致《新青年》诸君的信《对于新青年之意见种种》。

李大钊的诗《山中即景》在《新青年》第5卷第3号上发表。

胡适的诗《你莫忘记》在《新青年》第5卷第3号上发表。

沈兼士的诗《真》在《新青年》第5卷第3号上发表。

陈衡哲的诗《人家说我发了痴》在《新青年》第5卷第3号上发表。

翻译小说《扬拉奴媼复仇的故事》、《扬尼思老爹和他驴子的故事》在《新青年》第5卷第3号上发表。[新希腊] Argyris Ephealiotis 著,周作人译。

翻译诗歌《海滨》(五首)在《新青年》第5卷第3号上发表。印度泰戈尔著,刘半农译。

翻译诗歌《村歌二首》、《海德辣跋市五首》、《倚楼三首》在《新青年》第5卷第3号上发表。印度 S.Naldu 著,刘半农译。

翻译诗歌《狗一首》、《访员一首》在《新青年》第5卷第3号上发表。俄国 L.Turgenev 著,刘半农译。

24日,《北京新闻》、《晨钟报》、《亚陆日报》、《经世报》、《中华新报》、《国民公报》、《大中华日报》、《北京民强报》、《大中日报》等报刊因转载反映中国向日本大借款的《呜呼三大借款》一文而遭京师警察厅查封。

25日,梅梦的小说《月世界》发表在《小说月报》第9卷第9号。

醰园的小说《新木兰》发表在《小说月报》第9卷第9号。

清士的诗《耐寂种菊诗十首》发表在《小说月报》第9卷第9号。

蕁农的词《绿意·荷花生日》发表在《小说月报》第9卷第9号。

翻译小说《面包》发表在《小说月报》第9卷第9号。法国毛柏霜著,瘦鹃译。

28日,中日订立满蒙、山东铁路借款各二千万元合同。北京陆军部与日本银行团订立二千万元参战借款合同。

本月,《东方杂志》第 15 卷第 9 号刊载《教育部通俗教育研究会劝告小说家勿再编黑幕一类小说函稿》。原文如下:"敬启者:小说家言,能使初知文字者,无不乐于观览,于通俗教育最有关系。在小说之良者,提倡道德,辅助文艺,悉属有益于教育。即或援主文谲谏主义,成嬉笑怒骂之词,言者无罪,闻者足戒,有识之士,亦所不饥。若乃意指不正,体例未纯,暴扬社会之劣点,诱导国民之恶性,流弊所至,殊难测想。夫吾国教育尚未普及,不乏程度幼稚之人。故良小说劝导社会之力,常不敌不良小说之诱惑社会之力。……近时黑幕一类之小说,此行彼效,日盛月增。核其内容,无非造作暧昧之事实,揭橥欺诈之行为。……用敢敬告今日之小说家,尊重作者一己之名誉,保存吾国文学之价值,勿逞一时之兴会,勿贪微薄之盈利。将此日力,多著有益之小说,庶于风俗人心,不无裨益。敢布悃忱,诸希采纳是幸。"同年 10 月,宋云彬致函《新青年》编辑钱玄同,痛斥黑幕小说。此后《新青年》、《小说月报》等刊物纷纷刊文批判黑幕派小说。

《梨影杂志》月刊创刊于香港,刘大进编,梨影杂志社印行。共出 5 期。

穉兰的小说《尺素书》发表在《浙江兵事杂志》第 53 期。

陈福恒的散文《留美杂笔》发表在《留美学生季报》第 5 卷第 3 期。

瘿公的诗《钱江观潮口占》发表在《浙江兵事杂志》第 5 卷第 3 期。

吴宓的诗《太平洋中杂诗》发表在《留美学生季报》第 5 卷第 3 期。

翻译小说《缝工传》(署雁冰)发表于《学生杂志》第 5 卷第 9、10 号。这是根据国外出版的《我的杂志》和《儿童百科全书》两书中若干裁缝出身的成功者的传记和逸事写成的。文前有《绪言》。

长篇小说《爱的牺牲》出版。王志之著。北平文化学社出版。

翻译小说《平和会议》出版。沈德鸿编。上海商务印书馆出版。编入上海商务印书馆童话第 1 集第 75 编。包括《平和会议》、《蜂蜗之争》、《鸡鹜之争》、《金盏花与松树》、《以镜为鉴》5 篇。

翻译小说《假币案》出版。美国尼格拉斯著,留氓、仪邹译述。上海小说丛报社第 3 版。

翻译散文《高丽亡国泪》发表在《留美学生季报》第 5 卷第 3 期。高丽 Henry Chung 著,张贻祖、陈端译。

十月

3日，承的小说《不如归去》在《清华周刊》第144—145、147期连载。

翻译小说《蛛智》发表在《清华周刊》第144期。英国戈尔斯密著，详译。

5日，梅梦的小说《中秋月》发表在（商务）《妇女杂志》第4卷第10号。

延陵的小说《畹儿》发表在（商务）《妇女杂志》第4卷第10号。

黄毅的散文《拟林琴南畏庐记》发表在《学生杂志》第5卷第10号。

司毓骏的诗《淑芳园秋色》发表在《学生杂志》第5卷第10号。

雁冰的戏剧《求幸福》发表在《学生杂志》第5卷第10—11号。

6日，以沈恩孚、刘海粟为正副会长的"江苏教育美术研究会"成立。

14日，北京大学成立新闻学研究会。

15日，《新青年》第5卷第4号出"戏剧改良专号"，讨论戏剧改良诸问题。他们倡导戏剧改良，反对封建传统戏剧，提倡效法西洋戏剧，是辛亥革命时期新剧运动的继承和发展。发表的文章有：

胡适作《文学进化观念与戏剧改良》。强调"文学进化的观念"，认为"文学乃是人类生活状态的一种记载，人类生活随时代变迁，故文学也随时代变迁，故一代有一代的文学"；"一种文学的进化，每经过一个时代，往往带着前一个时代留下的许多无用的纪念品"；"一种文学优势进化到一个地位，便停住不进步了；直到他与别种文学相接触，有了比较，无形之中受了影响，或是有意的吸收人的长处，方才再继续有进步。"因此胡适认为，中国戏剧须从西洋戏剧中吸取益处，"要改良中国旧剧，当注意吸收西洋戏剧的悲剧的观念和文学经济的原则"。"文学经济"就是在表现手法上追求最高的效果。

傅斯年作《戏剧改良各面观》。文章针对中国旧戏，指出"真正的戏剧纯是人生动作和精神的表象"，"不是各种把戏的集合品"。"中国戏剧里的观念，是和现代生活，根本矛盾的。""它宣扬皇帝、鬼神，最是助长人的淫杀心理。"所以他认为中国旧戏"是非人类精神的表现"，缺乏"美学的价值"，"颇难当得起文学两字"，"文章里头的哲学史没有的"，因此必须改革旧戏，创造新剧启发国人的觉悟。在旧戏改良方面，傅斯年提倡"改演'过渡戏'"，旧戏要"改变体式"，"退到歌曲的地步"。而新剧在新剧创造的预备时代，要参考西洋剧本，发展中国的编剧，进行新剧主义的鼓吹。需要改良中国戏评界"不批评"、"不在大处批评"、"评伶和评妓一样"以及"党见"之争等弊病。

欧阳予倩作《予之戏剧改良观》一文,认为在世界艺术界,"中国无戏剧,故不得其位置"。"须组织关于戏剧之文字","须养成演剧之人才"。"剧本文学为中国从来所无,故须为根本的创设","正当之剧评者,必根据剧本,根据人情事理以立论",并应倡导正确之剧论。

张厚载作《我的中国旧剧观》。文章指出:"中国旧戏,是中国历史社会的产物,也是中国文学艺术的结晶。可以完全保存。……拿现在的社会情形看来,恐怕旧戏的精神,终究是不能破坏或消灭的了。"

傅斯年作《再论戏剧改良》。傅斯年以历史学家的眼光,站在时代潮流的前端大声疾呼:"今虽无人提倡文学革命,而时势要求,终不能自已。""我们固不能说凡是遗传的都要不得,但是与其说历史的产品,所以可贵,毋宁说历史的产品,所以要改造,进化的作用,全靠着新陈代谢……一时代有一时代之产品,前一时代的出产品必然和后一时代的不能合拍。中国旧戏……是宋元朝代的产品,如果要适用于二十世纪,总当把这体裁拆散了。"因此,傅斯年主张"剧本的材料,应当在现在社会里取出,断断不可再做历史剧"。又说:"剧本里的事迹,总要是我们每日的生活,……剧本里的人物总要平常,……平常人的行事,好的却真可作教训,坏的却可作鉴戒。""最好的戏剧是没结果,其次是不快的结果,这样不特动人感想,还可以引人批评的兴味。"

宋春舫作《近世名戏百种目》,介绍13个国家58位剧作家的100个剧作,其中包括契诃夫等一流剧作家。

同日,《新青年》第5卷第4号"通信"栏发表文章讨论语言文学等问题,主要文章有:

朱有昀致胡适:《反对注音字母》。

朱有昀致胡适:《反对 Esperanto》。附胡适答语。

钱玄同致胡适:《对于朱我农君两信的意见》。

张厚载致记者(陈独秀):《"脸谱——打靶子"》。

易宗夔致胡适、陈独秀:《论〈新青年〉之主张》。

鲁迅在《新青年》第5卷第4号上发表《随感录三十三》。文中,鲁迅把批判的矛头不点名地指向自己的上司、教育部参事蒋维乔:"现在有一班好讲鬼话的人,最恨科学,因为科学能教道理明白,能教人思路清楚,不许鬼混,所以自然而然的成了讲鬼话的人的对头。于是讲鬼话的人,便须想一个方法排除他。其中最巧妙的是捣乱。先把科学东扯西拉,羼进鬼话,弄得是非不明,连科学也带了妖气。"

翻译小说《酋长》在《新青年》第5卷第4号上发表。波兰显克微支著,周作人译。

陈衡哲的小说《老夫妻》在《新青年》第5卷第4号上发表。这篇文章是中国新文学运动最早的白话小说之一。

高一涵的散文《皖江见闻记》在《新青年》第5卷第4号上发表。

胡适的诗《三溪路上大雪里一个红叶》在《新青年》第5卷第4号上发表。

沈兼士的诗《香山早起》在《新青年》第5卷第4号上发表。

李剑农的诗《湖南小儿的话》在《新青年》第5卷第4号上发表。

邵飘萍在北京创办《京报》并兼任社长。《京报》是中国北洋政府时期在北京出版的进步报纸。日出对开4版。该报注重对政局、战局的报道和评述,讲求新闻时间性,反帝反军阀的旗帜鲜明。1919年,曾因载文反对曹汝霖亲日卖国行为被查封。1920年9月7日复刊后,支持冯玉祥建立国民军,支持中苏建交,支持孙中山领导的国民革命,称赞国共合作的南方革命政府"治绩为全国第一"。此外,还出过"列宁专刊"和"马克思纪念特刊",并介绍社会主义理论。1925年"五卅"运动期间,持论激烈,曾刊出"'打倒外国强盗'帝国主义"的口号。所出副刊曾发表鲁迅的《可惨与可笑》、《如此讨赤》、《大衍发微》等文,对制造"三一八"惨案的皖系军阀进行猛烈抨击。《京报》还为中国共产党北方区党委做了许多工作,积极支持《工人周刊》和《京汉工人流血记》等小册子的出版发行工作。此报所办《莽原》(鲁迅主编)、《京报》副刊(孙伏园主编)等23种副刊,深受读者欢迎,在社会上有较大影响。1926年4月,该报被奉系军阀以"宣传赤化"为罪名封闭。邵飘萍被奉系军阀枪杀。1928年6月,在邵夫人汤修慧主持下该报恢复出版。1937年7月终刊。

20日,国民杂志社成立于北京大学。其宗旨为"增进国民人格,灌输国民常识,研究学术,提倡国货"。"五四"运动后,因骨干分子相继离去遂日趋涣散而解体。曾出版《国民》杂志,1921年5月停刊。

24 日，杨荫溥的小说《中秋回忆》开始在《清华周刊》第 144—146、149、153、155 期连载。

25 日，尤祝君的小说《山茶花》发表在《小说月报》第 9 卷第 10 号。

蜷庐的小说《功瓷》发表在《小说月报》第 9 卷第 10—11 号。

胡韫玉的散文《云中游记》发表在《小说月报》第 9 卷第 10—12 号。

樊山的诗《试茶二绝句》发表在《小说月报》第 9 卷第 10 号。

相圊的散文《中华卖国贼之可恨》发表在《华工杂志》第 27 期。

遏云的散文《全国避暑胜地记》发表在《地学杂志》第 9 年第 9、10 期。

31 日，汪鸾翔的诗《画松歌》发表在《清华周刊》第 147 期。

本月，上海商务印书馆开始出版"北京大学丛书"。至 1948 年 5 月共出版胡适著《中国哲学史大纲》、周作人著《欧洲文学史》、高一涵著《欧洲政治思想史》等十余种学术著作。

林纾在桐城派古文家姚鼐选评古文集《古文辞类纂》的基础上，"慎择其优，加以详评"，编成《〈古文辞类纂〉选本》前 5 卷，由上海商务印书馆出版。

浩生的小说《再生生》发表在《浙江兵事杂志》第 54—57 期。

胡凤起的散文《游西山后记》发表在《青年进步》第 16 册。

高圭介子的诗《哀俄皇》发表在《国学丛选》第 10 集。

蒋万里的诗《题潘兰史出关图》发表在《国学丛选》第 10 集。

斯良的词《金缕曲·四十自述》发表在《浙江兵事杂志》第 54 期。

翻译戏剧《傀儡家庭》出版，挪威易卜生著，陈嘏编译。上海商务印书馆出版，1920 年 10 月再版。收入说部丛书第 3 集第 51 编。

翻译小说《尼哥拉二世之梦》在《青年进步》第 16 册出版。俄国托尔斯泰著，吴蛰庵译。

翻译小说《痴郎幻影》出版。英国赖其镗著，林纾、陈嚣译。上海商务印书馆出版，1921 年 10 月 3 版。上、中、下三册。收入说部丛书第 3 集第 52 编。又收入林译小说丛书第 2 集第 32 编。

翻译小说《牝贼情丝记》出版。英国陈施利著，林纾、陈家麟译，上海商务印书馆出版，1920 年 10 月再版，1921 年 10 月 3 版。收入说部丛书第 3 集第 55 编。又收入林译小说丛书第 2 集第 35 编。

郭沫若创作其第一篇小说《骷髅》，投寄《东方杂志》遭退稿，郭将之付之一炬。

十一月

3日，任鸿隽致书胡适。说胡适的"白话诗（无体无韵）绝不能称之为诗"。对胡适、钱玄同等人将八股、专制、发辫、小脚，等等都扯进来用作比喻，驳斥反对新文学诸君的言论，以及钱氏文中常做骂人语等，颇为不满。指出："第一，要洗涤此种黑脑筋，预先灌输外国的文学思想，从事谩骂是无益的。第二，谩骂是文人一种最坏的习惯，应当阻遏，不应当提倡。"

5日，禹文的小说《贪丐》发表在（商务）《妇女杂志》第4卷第11号。

芝轩的小说《镜中月》发表在（商务）《妇女杂志》第4卷第11号。

翻译散文《心灵研究之价值》发表在《学生杂志》第5卷第11号。日本福来友吉著，天民译。

11日，德国投降，第一次世界大战结束。

翻译散文《西伯利亚之观察》发表在《华铎》第1卷第14号。俄国克鲁泡特金著，师复译。

15日，鲁迅（署名唐俟）在《新青年》第5卷第5号上发表文章《随感录三十七》。批驳"保存国粹"的谬论。说：国粹"照字面看来，必是一国独有，他国所无的了"。"便是特别的东西，但特别为必定是好，何以应当保存？"譬如某人的脸上瘤、额上疮，可算是"特别"，是一种"粹"了。但"还不如将这'粹'割去，同别人一样的好"。"要我们保存国粹，也须国粹能保存我们。""保存我们，的确是第一义，只要问他有无保存我们的力量，不管他是否国粹。"

鲁迅（署名唐俟）在《新青年》第5卷第5号上发表文章《随感录三十八》。进一步批判保存国粹的危害，"想在现今的世界上，协同生长，挣一地位，即须有相当的进步的智识，道德，品格，思想，才能够站得住脚：这事极需劳力费心。而'国粹'多的国民，尤为劳力费心，因为他的'粹'太多。粹太多，便太特别。太特别，便难与种种人协同生长，挣得地位"。

鲁迅（署名唐俟）在《新青年》第5卷第5号上发表文章《渡河与引路》。这是一篇与钱玄同的通信。《新青年》自2卷3号（1916年11月1日）起，曾陆续发表讨论世界语的通信,当时孙国璋、区声白、钱玄同等主张全力提倡,陶孟和等坚决反对,胡适主张停止讨论。钱玄同在本年 8 月 15 日第 5 卷第 2 号"通信"栏里说:"刘半农、唐俟、周启明、沈尹默诸先生,我平日听他们的言论,对于 Esperanto,都不反对,吾亦愿其腾出工夫来讨论 Esperanto 究竟是否可行。"鲁迅认为"人类将来总当有一种共同的言语;所以赞成 Esperanto"。"要问赞成的理由,便只是依我看来,人类将来总当有一种共同的语言;所以赞成世界语。至于将来通用的是否世界语,却无从断定。大约或者便从世界语改良,更加圆满;或者别有一种更好的出现;都未可知。但现在既是只有这世界语,便只能先学这世界语。现在不过草创时代,正如未有汽船,便只好先坐独木小舟;倘使因为预料将来当有汽船,便不造独木小舟,或不坐独木小舟,那便连汽船也不能发明,人类也不能渡水了。"虽然赞成世界语和世界语精神,鲁迅却反对《新青年》杂志进行悬空的争论。说到这里,鲁迅强调指出,"但我还有一个意见,以为学世界语是一件事,学世界语的精神,又是一件事"。他认为"灌输正当的学术文艺,改良思想,是第一事;讨论世界语,尚在其次",所以他认为应当把那些"辩证驳诘一笔勾销",投入到世界语的学习和推广中去。大约两个月后,周作人在《每周评论》第 11 号上发表《思想革命》一文,正式提出"思想革命"的口号,内容大致重复鲁迅《渡河与引路》文章中的观点。周作人在文中说:"我想文学这事务,本合文字与思想两者而成。表现思想的文字不良,固然足以阻碍文学的发达。若思想本质不良,徒有文字,也有什么用处呢?……这单变文字不变思想的改革,也怎能算是文学革命的完全胜利呢?"因此,他主张"文学革命上,文字改革是第一步,思想改革是第二步,却比第一步更为重要。我们不可对于文字一方面过于乐观了,闲却了这一面的重大问题。"钱玄同在回信中表示:"世界万事万物,都是进化的,断没有永久不变的,文字亦何独不然。"

周作人(署名唐俟)《新青年》第 5 卷第 5 号发表《随感录三十五》、《随感录三十六》。《随感录三十七》中周作人讽刺了一班教育家的不识时务、自欺欺人。他们"在那里竭力提倡打拳……叫青年去练习","中国人会打拳,外国人不会打拳:有一天见面对打,中国人得胜,是不消说的了",可是"现在打仗,总用枪炮",会打拳也无法抵御枪炮,终究也还是"名誉的完全失败"。《随感录三十八》一中周作人指出:"中国人向来有点自大。——只可惜没有'个人的自大',都是'合群的爱国的自大'，是党同伐异，是对少数的天才宣战……胜了，我是一群中的人，自然也胜了；若败了时，一群中有许多人，未必是我受亏：大凡聚众滋事时，多具这种心理，也就是他们的心理。他们举动，看似猛烈，其实却很卑怯……这便是文化竞争失败之后，不能再见振拔改进的原因。"

刘半农在《新青年》第5卷第5号上发表文章《作揖主义》。刘半农的"作揖主义"自称来自于黄老之学的"听其自然"和Tolstoj的"不抵抗主义"，认为"我们要办事有成效，假使不实行这主义，就不免了消费精神于无用之地。我们要保存精神，在正当的地方用，就不得不在刻意不必的地方节省些。这就是以消极为积极；不有消极，就没有积极"。作揖之后，"我仍旧做我的我；要办事，还是办我的事，要有主张，还仍旧是我的主张"。

陶履恭在《新青年》第5卷第5号上发表文章《欧战以后的政治》。陶履恭将矛头对准国内军阀，总结了欧战结束后对中国的四点政治教训，包括："秘密的外交"、"背弃法律"、"军人干政"和"独裁政治"。文章还发出警告："倘使一个国家不听这个教训，在国内要扰乱宇内治安、在国外要酿起世界的纷争。"

同期《新青年》第5卷第5号的"通信"栏中讨论中国旧戏之应废问题。主要文章包括：

周作人致钱玄同：《论中国旧戏不应废》。文章声称："中国旧戏没有存在的价值"。这是因为"第一，我们从世界戏曲发达上看来，不能不说中国戏是野蛮"，文化程度尚低，"在现今时代，已不甚相宜"。"第二理由，是有害于'世道人心'"，"内中有害分子，可分作下列四类：淫、杀、皇帝、鬼神"。"至于建设一面，也只有兴行欧洲式的新戏一法"了，"既然拿到本国，便是我的东西，没有什么欧化不欧化了"。

张效敏致钱玄同：《文学上之疑问三则》。吴敬恒、钱玄同、胡适答。张效敏提出了他对《新青年》诸君的三个问题：一是吴稚晖先生在《旅欧伦学之情形及移家就学之生活》一文中的"古文家"之议论是否可以与《新青年》诸君所倡的"白话为文学之正宗"之论相容并存。二是胡适先生主张行文不用典、不用对仗，而英文中之Metonymy和Antithesis是否以不用为佳耳。三是指出韩柳文复古的价值，为何本此复古观念而来的"桐城"派就是谬种了呢？钱玄同没有回答前两个问题，针对第三个问题，他认为韩柳虽有心复古，但并非有心做那近于语言之自然的文章,"后人应学其有近于语言之自然的优点,慢慢回复到白话路上来"。

张月镰致《新青年》诸君:《汉文改革之讨论》。张月镰对于改良文字之观念,完全就功效一方面着想。他在信中指出:"用白话体裁,混入寻常谈话中用惯之文言;有时需用学术上术语,即混入外国原名,亦无不可。"他还论及汉文改革的具体方法。钱玄同赞成张月镰的想法,并认为:"若说外来语侵入足以破坏国粹,则惟有厉行闭关政策不与世界交通,学内山苗蛮之办法而已。"

姚寄人致《新青年》记者:《中国文字与 Esperanto》。姚寄人在信中指出:"中国即无论如何倾向进步,而其文字,殊足为被前途之大障碍。何则?……彼国文字,因号艰深,故学子之所研究,文学居其大半……欲速求进步,又乌可得哉?""文字之拙劣繁重,遂致科学上实际上等等进步非常迟滞。……显知其文字不能适用于今世界矣。""欧美文明,发达已数十年。中国则至今尚落人后,考其原因,实由文字之野蛮。故当辈而欲急起直追,非废弃中国旧文字而采用万国新语不为功!"他的解决之道就是:"中国文字无须另造,只有废弃他,迳用 Esperanto。"钱玄同在回信中说:"有人说国语是国魂国粹,废国语是消灭国魂国粹,国将不国……依我看来,要想立国于二十世纪,还是少保存些国魂国粹的好。"

胡天月致钱玄同:《中国文字与 Esperanto》。胡天月一方面鼓吹废弃汉文,一方面则提倡采用世界语,"不必用他种文字来做过渡品"。钱玄同表示:"现在 Esperanto 文之书籍,尚嫌太少,不足供用。所以中国现在就使 Esperanto 即日通行,亦不能不取一种外国文以为辅助……Esperanto 语根精良,文法简赅,发音严正,是人类文字而非民族文字。"

翻译小说《返老还童》发表在《小说月报》第9卷第11号。美国霍桑著,旋华译。

翻译童话《寻快乐》出版。沈德鸿(雁冰)编译。上海商务印书馆出版。收入童话丛书第1册。

翻译童话《驴大哥》出版。沈德鸿(雁冰)编译。上海商务印书馆出版。收入童话丛书第1集。

16日,李大钊在天安门庆祝协约国胜利讲演会上,他以《庶民的胜利》为题发表演讲。同月,李大钊又撰写《bolshevism 的胜利》。两文同时发表于本月15日的《新青年》第5卷第5号。《庶民的胜利》指出第一次世界大战是"全世界的庶民"的胜利。大战的政治结果,是代表专制、用强力欺压他人的失败,是民主主义的胜利。大战的社会结果，"是资本主义失败，劳工主义战胜"。这两者都是庶民的胜利。"我们对于这等世界的新潮流，应该有几个觉悟。第一，须知一个新命的诞生，必经一番苦痛，必冒许多危险。……第二，须知这种潮流，是只能迎，不可拒的。……第三，须知此次平和会议中，断不许阴谋政治家在那里发言。……第四，须知今后的世界，变成劳工的世界。"《bolshevism 的胜利》则指出，"这次战局终结的真因"，"乃是德国的社会主义战胜德国的军国主义"，"是民主主义的胜利"，"是社会主义的胜利"，"是世界劳工阶级的胜利"，"是廿世纪新潮流的胜利"。"Bolshevism 就是俄国的 Bolsheviki 所抱的主义"，"是革命的社会主义"，……"要联合世界的无产庶民，拿他们最大最强的抵抗力，创作一自由乡土"。李大钊指出，在俄国革命的引导下，世界各国人民怀着热烈的感情，形成强大的群众运动，形成 20 世纪世界革命的潮流。文章高呼："试看将来的环球，必是赤旗的世界！""Bolshevism 的胜利，就是廿世纪世界人类人人心中共同觉悟的新精神的胜利！"

蔡元培在天安门前庆祝协约国取得世界大战胜利的讲演大会上，提出了"劳工神圣"的口号。该讲演刊载于《新青年》第5卷第5号。同期，蔡元培还发表了另外两篇著名的文章《欧战与哲学》、《德国分科中学之说明》。蔡元培还在1920年5月《新青年》七卷六号的"劳动节纪念专号"上题写了"劳工神圣"的题词。

16日，徐世昌发布停战令。22日，西南军政府亦下令停战。

19日，北京大学新潮社成立。这是"五四"前夕北京大学著名的社团之一。由北京大学学生罗家伦、傅斯年、徐彦之等人发起，1918年秋开始酝酿，同年10月15日开第一次预备会，11月19日正式成立。成员多为该校学生，也有少数教员及校外人士，主要成员有有毛子水、汪敬熙、高元、俞平伯、康白情、杨振声、谭鸣谦、张崧年、潘家洵、顾颉刚、叶绍钧、王星汉、王钟麒、陈达材、江绍原、刘光颐、何思源、朱自清、郭希汾（郭绍虞）、孙福源（孙伏园）、孙福熙、冯友兰、周作人等41人。该社请胡适任顾问。最初以出版《新潮》杂志为主要活动，1920年8月改为学会，除杂志外，还发行《新潮丛书》和《新潮社文艺丛书》多种。《新潮》杂志以"介绍西洋近代思潮，批评中国现代学术上、社会上各问题"为宗旨，宣传白话文和新文学运动，提倡"伦理革命"，与《新青年》相呼应，传播现代资产阶级的社会政治学说和哲学思潮，在新文化运动初期产生过较大影响，对中国封建伦理道德和封建文学进行了猛烈的攻击。1920年后，主要骨干大多出国留学。1921年后自行解体。

20日，孟龛的小说《鬼门关忆语》发表在《商学杂志》第3卷第6、7、8期。

邓映华的散文《游中央公园》发表在《商学杂志》第3卷第6、7、8期。

21日，珪的散文《随感录》三篇发表在《清华周刊》第150期。

25日，延陵的小说《秋娘奇遇》发表在《小说月报》第9卷第11期。

陈尚士的小说《情波双鲤》发表在《小说月报》第9卷第11期。

尤祝君的小说《自由真谛》发表在《小说月报》第9卷第11期。

朴安的诗《灵隐寺访弘一和尚》发表在《小说月报》第9卷第11期。

次公的词《洞仙歌·阿靖亡十日词以哀之》发表在《小说月报》第9卷第11期。

李国柱的散文《游藏纪程》发表在《地学杂志》第9年第11—12期，未完。

潜伏的散文《延边杂记》发表在《地学杂志》第9年第11期。

本月，教育部公布语音字母表，设国语统一筹备会。

长篇小说《隔墙红杏记》出版。虬道人著，湘社出版。

蛰庵的小说《怪塔》发表在《青年进步》第17册。

大至的诗《沈涛图挽诗》发表在《浙江兵事杂志》第55期。

翻译小说《现身说法》出版。俄国托尔斯泰著，林纾、陈家麟译。上海商务印书馆出版。上、中、下3卷。收入说部丛书第3集。此书为托尔斯泰的一部自然体小说，原为三部曲《童年》、《少年》、《青年》。书中主人公童年时的生活平静、幸福，但随着年龄的增长，他慢慢地确信普通百姓在道德上远远胜过贵族。

翻译小说《孤露佳人续编》出版。英国亨利·瓦特夫人著，范彦矧编译。上海商务印书馆出版，1921年1月再版。收入说部丛书第3集第56编。

翻译小说《桃大王因果录》出版。英国参恩著，林纾、陈家麟译。上海商务印书馆出版，1920年11月再版。2册。收入说部丛书第3集57编。又收入林译小说丛书第2集第56编。

翻译小说《玫瑰花》出版。英国巴克雷著，林纾、陈家麟译。上海商务印书馆出版，1921年9月3版。2册。收入说部丛书第3集第59编。又收入林译小说丛书第2集第37编。

翻译小说《国手》出版。法国大仲马著，张祝龄、何德荣译。上海广文书局出版。

3 册。

翻译散文《雪岭猎羊记》发表在《青年进步》第 17 册。美国爱特罗斯著，袖海译。

十二月

1 日，王笑侬的戏剧《哭祖庙》发表在《春柳》第 1 期。

梁巨川的戏剧《女子爱国》发表在《春柳》第 1—2 期。

5 日，君珊的小说《母心》发表在（商务）《妇女杂志》第 4 卷第 12 号。

李吟秋的散文《映雪庐漫钞：知人卮言》发表在《清华周刊》第 152—155 期。

15 日，周作人在《新青年》第 5 卷第 6 号发表文章《人的文学》。作者站在反封建的立场上，提出"人的文学"："我们现在应该提倡的新文学，简单的说一句，是'人的文学'，即是以合乎人性的人的灵肉一致的生活为是的文学。应该排斥的，便是反对的非人的文学。"意思是从文学上起首，提倡一点"人道主义思想"。"我所说的人道主义，并非世间所谓'悲天悯人'或'博施济众'的慈善主义，乃是一种个人主义的人间本位主义。""我说的人道主义，是从个人做起。要讲人道，爱人类，便须先使自己有人的资格，占得人的位置。""用这人道主义为本，对于人生诸问题，加以记录研究的文字，便谓之人的文学。"这样的文学，可以"写人的平常生活，或非人的生活"。"写非人的生活的文学，世间每每误会，与非人的文学相混，其实却大有分别。……这区别就在著作的态度不同。一个严肃，一个游戏。一个希望人的生活，所以对于非人的生活，怀着悲哀或愤怒。一个安于非人的生活，所以对于非人的时候，感着满足，又多带着玩弄与挑拨的行迹。简明说一句，人的文学与非人的文学的区别，便在著作的态度，是以人的生活为是呢？非人的生活为是呢？"作者反对不把人当作人的封建思想和吃人的礼教，反对以游戏的态度，无批判地描写封建社会的糜烂生活，主张以正确的思想和态度去写人。对于中外文学的问题，周作人说明了中国文学与世界文学接轨的必要性。"因为人类的运命是同一的，所以我要顾虑我的运命，便同时顾虑人类共同的运命。所以我们只能说时代，不能分中外。我们偶有创作，自然偏于见闻较确的中国一方面，其余大多数都还须介绍译述外国的著作，扩大读者的精神，眼里看见了世界的人类，养成人的道德，实现人的生活。"作者后来在《新文学的要求》的讲演中，曾这样表述过本文的"大旨"："是从生物学的观点上，认定人类是进化的动物，所以人的文学也应该是人间本位主义的。因为原来是动物，故所有共通的生活本能，都是正当的，美的善的；凡是人情以外人力以上的，神的属性不是我们的要求，但又因为是进化的，故所有已经淘汰，或不适于人的生活的，兽的属性，也不愿他复活或保留，妨害人类向上的路程。总之是要还他一个适如其分的人间性，也不要多，也不要少就是了。"《人的文学》一文对新文学初期的理论建设和创作都产生了重大的影响。胡适在《新文学的理论建设》中说：新文学运动的"中心理论只有两个：一个是我们要建立一种'活的文学'，一个是我们要建立一种'人的文学'，"前一个理论是文字工具的革新，后一个是文学内容的革新"。

同日，《新青年》第5卷第6号的"通信"栏发表通信，讨论文学改良与孔教问题。主要文章有：

张寿朋致记者（陈独秀）：《文字改良与孔教》。周作人、刘权雅、陈独秀答。张寿朋认为："时势所趋，文学当然要改良，……诸君又何必要大惊小怪的竖起一块'文字革命'的招牌呢？……只说个'改良文学'便够了。"他还认为："孔子之道，便是天道"，反对《新青年》诸君"恶康（有为）而并且低及孔子"。陈独秀在回信中说：张寿朋不应"以成败论人"，"骂他（康有为）出乖露丑"，至于"孔子不好，却确有证据"。

孙少荆致钱玄同：《罗马字与〈新青年〉》。孙少荆认为中文应该被罗马字拼音代替。钱玄同"不甚主张罗马字拼音"，认为"与其改华文为拼音，不如老实提倡一种外国文为第二国语"。钱玄同还表示："对于世界上的各种语言文字，无论习惯的、人造的……（只要）可以看得到做'人'的好书，可以表示二十世纪人类的思想事物……我们便该学这一种，采用这一种。因为我们想做'人'，我们也是二十世纪人类的一部分。"

同日，刘半农在《新青年》第5卷第6号上发表文章《答Y，Z君》和诗《悼曼殊》。

沈兼士在《新青年》第5卷第6号上发表诗《山中杂诗二首》。

尹默在《新青年》第5卷第6号上发表诗《刘三来矣，子谷死矣》。

翻译小说《小小的一个人》在《新青年》第5卷第6号上发表。日本江马修著，周作人译。

翻译小说《遗扇记》发表于《新青年》第 5 卷第 6 号。法国王尔德著，沈性仁译。

《托斯妥夫斯基之文学与俄国革命之心理》发表在《东方杂志》第 15 卷第 12 号。英国 George W.Thorn 著，罗罗译。

20 日，孟龛的小说《河山梦》发表在《商学杂志》第 3 卷第 9、10 期。

少俊的诗《时事有感咏》发表在《商学杂志》第 3 卷第 9、10 期。

22 日，李大钊、陈独秀、胡适等主编的《每周评论》在北京创刊。该刊为五四时期著名进步刊物。1919 年 8 月 30 日被北洋军阀查封。共出 37 期。《每周评论》第一号的《发刊词》由陈独秀撰写。他宣称："凡合乎平等自由的，就是公理。依仗自家强力、侵害他人平等自由的，就是强权。"前 25 期以"主张公理，反对强权"为宗旨，为国、为民争取自由平等的权利，坚持反对军阀和反对日本帝国主义，宣传反封建的文化思想，初步介绍了社会主义思想。胡适担任主编后，篡改了刊物的方向，取消了革命的政治内容，开始刊载反对马克思主义和宣传实用主义的文章。胡适在第 31 期发表的《多研究些问题、少谈些"主义"》，曾引起"问题与主义"之争。该刊登载过的重要文章还有：蔡元培的《劳工神圣》，陈独秀的《尊孔与复辟》以及他用"只眼"作笔名发表的许多文章，李大钊的《新旧思潮之激战》以及他用"守常"、"常"署名的许多文章，还有署名"舍"摘译的《共产党宣言》。该刊设有国外大事评述、国内大事评述、社论、文艺时评、随感录、新文艺、读者言论、新刊批评、选论、名著等专栏，轮流刊出，讨论战争、和平、法律、道德等重要政治、思想问题。主要撰稿人除编者外，有高一涵（涵庐）、周作人（仲密）、王光祈（若愚）、张申府（赤）等，并刊登过李大钊、陈独秀的许多"随感录"。

陈独秀在《每周评论》第 2 号发表随感录四则：《两团政治》、《义和拳征服了洋人》、《战争的责任者》、《公仆变了家长》。

王先谦的散文《永慕庐记》发表在《戊午周报》戊午 32 期。

25 日，延陵的小说《奇士马波》发表在《小说月报》第 9 卷第 12 号。

华工的小说《人道主义》发表在《小说月报》第 9 卷第 12 号。

无悔的小说《扬城迎贼记》发表在《小说月报》第 9 卷第 12 号。

太岳的诗《大白渡》发表在《小说月报》第 9 卷第 12 号。

梁慕鸿的散文《清江流域旅行记》发表在《地学杂志》第 9 年第 12 期。

翻译小说《偷曲记》发表在《小说月报》第 9 卷第 12 号。英国 Philip Beanrpy 著，雄昌译。

26 日，翻译散文《夜怀》发表在《清华周刊》第 155 期。英国 Mathew Arnold 著，周慈绪译意。

29 日，北京图书馆协会在北京大学召开成立大会。

吴敬恒的散文《革命党与立宪党之笔战》发表在《戊午周报》戊午 33 期。

鲁迅在《每周评论》第 2 号"新刊批评"栏里发表评论《〈美术〉杂志第一期》，署名唐俟。文中鲁迅指出当时美术界"只是说的多，实做的却少"，"翻印点旧画……都算了美术界人物了"。文章还对上海图画美术学校出版的《美术》杂志第一期作了具体分析，热情肯定其成绩与特色，也批评了其中维护国粹，对西洋美术缺乏了解等错误。他"希望从此能够引出许多创造的天才，结得极好的果实"。

30 日，孙中山完成《孙文学说》（又名《知难行易的学说》），并作该书序言。后是书编入《建国方略》。

本月，《晨报副刊》改组为《晨报》。《晨报副刊》系北京《晨报》文艺副刊，系"五四"时期"四大副刊"之一。其前身为《晨钟报》，是以梁启超、汤化龙为首的进步党（后改为宪法研究会，即研究系）的机关报。1916 年 8 月 15 日创刊。1918 年 12 月改组为《晨报》。该报创刊之日起，即有副刊性的第 7 版刊载小说、诗歌、小品文和学术讲演录等，称《晨报副刊》。1920 年 7 月第 7 版由孙伏园主编。1921 年 10 月 12 日改为 4 开 4 版单张，定名为《晨报副镌》，着重宣传新文学，按月出版合订本。1925 年"新月派"诗人徐志摩接任主编。1928 年 6 月终刊。从出合订本算起，历时 81 个月。主要撰稿人有周作人、鲁迅、胡适、刘半农、杨振声、冰心、许钦文、蹇先艾、叶绍钧等。鲁迅的《阿 Q 正传》于 1921 年 12 月 4 日开始在该刊连载，署名"巴人"。

《春柳》戏剧月刊创刊于天津，署春柳杂志事务所编辑发行，实际由李涛痕编辑。出至翌年 12 月第 10 期停刊。主要刊载新剧评论及剧本。

《民铎》杂志改在上海出版。1920 年 8 月改为月刊，后又改为双月刊。1929 年出至第 10 卷第 5 号停刊，共出 52 期。

杨祚璋的小说《好男儿》发表在《复旦》第 7 期。

洪嘉言的小说《志士红颜》发表在《复旦》第 7 期。

代英的小说《真男儿》发表在《端风》。

李得温的散文《游九华山记》发表在《南开思潮》第3期。

程学愉的散文《游明孝陵记》发表在《复旦》第7期。

李安的诗《闻校长李夫子南阳募款回沪率成五首》发表在《复旦》第7期。

柯骅威的诗《雁宕放歌》发表在《宗圣学报》第21号。

刘慎德的词《金凤钩·暮登卜忌利山望旧金山全景有作》发表在《复旦》第7期。

洪嘉言的词《惜分钗·送春》发表在《复旦》第7期。

林纾的小说集《畏庐短篇小说》出版，上海普通图书局出版。

本年

李大钊在北京大学组织马克思学说研究会。

北京孔德学校始用注音字母编印国语课本。

鲁迅等抵制胡适企图垄断《新青年》的编辑权。

林焕庭负责的国民通讯社创办。

江苏省教育会、北京大学、南京高等师范学校、暨南学校、中华职业教育社联合组织"中华教育共进会"。

郑觐秋在上海发起组织"大同乐会"，以提倡国乐、崇雅黜俗为宗旨。

国立北京艺术学校创立。该校于1928年并入北平大学艺术学院。

孙中山著《孙文学说》完成。这是孙中山唯一的哲学专著，主要总结中国长期民主革命的丰富经验和失败的教训，探讨继续前进的道路和方法，寻找救国救民的真理。《孙文学说》奠定了三民主义的哲学理论基础，建立了中国资产阶级民主派的进化论的唯物主义世界观和认识论。由于时代的限制，孙中山当时所论证的仍然没有超出旧三民主义的范畴，但他的进化论的唯物主义思想，是新三民主义的哲学思想基础。孙中山也是中国哲学史上第一个出于革命需要而探讨知行问题的思想家。他为革命力辟传统的"知易行难"说之非，主张"知难行易"，要人们敢于行，积极投身革命实践，这对鼓舞革命党人的斗志起了一定的积极作用。"知难行易"的知行观的提出，展开了中国近代认识论上的革命，把中国唯物主义的知行观推进到一个新阶段。同时也应指出，从纯粹的理论角度看，知和行的关系不是用难易所能衡量和说明的，因而用"知难行易"来解释知行关系并不是很科学的。

李大钊写成《俄罗斯文学与革命》，评论了从19世纪起到十月革命胜利期间俄国诗人与社会革命的关系，赞扬普希金、涅克拉索夫、赫尔岑、车尔尼雪夫斯基、杜波罗留波夫等诗人、作家现身社会革命运动的自我牺牲精神。该文1979年开始发表于《人民文学》第5月号。

周作人《欧洲文学史》出版，上海商务印书馆出版。

林纾作《论古文白话之相消长》，《文艺丛刊》。

陈映璜的《人类学》一书刊行。

王文珪的42篇散文《听莺仙馆随笔》发表在《文艺杂志》第13期。

丁传靖的诗《黄鹤云中曲》发表在《文艺杂志》第13期。

郭沫若作诗《咏博多湾》和七绝《无题》二首，见《自然之追怀》一文，载1934年4月10日《现代》月刊第4卷第6期。

钱玄同参加吴稚晖编写的《国音词典》审查会，翌年，兼任教育部国语统一筹备会常驻干事。

阿英在芜湖省立第五中学加入同年上半年由蒋光慈等发起成立的无政府主义团体"安社"。

朱光潜中学毕业，入武昌高等师范学校学习国文，翌年，进香港大学，转学英文，开始对西方文学发生兴趣。

陈大悲赴日本学习戏剧，翌年即回国到北京参加新文化运动。

穆木天赴日留学，1920年开始诗歌创作。

宗白华毕业于上海同济德国语言学校，参加少年中国学会，编辑《少年中国》月刊。

李劼人任《川报》社社长兼主编。《川报》系四川省商会会长樊孔周所办，该报在成都地区宣传，介绍了新文化、新思潮。

陈衡哲在美国瓦沙女子大学获文学学士学位后，进芝加哥大学学习。翌年任叔永第二次到美国，陈为其三万里求婚的诚意感动，遂抛弃其奉行的不婚主义，与之订婚。

汪笑侬逝世，享年60岁。汪笑侬（1858—1918），又名孝农，本名德克金，字仰天，号竹天农人。中国京剧作家，表演艺术家。满族。北京人。出身官宦家庭，自幼聪明，1879年（光绪五年）中举，但他无意追求功名。其父给他捐一河南太康知县，因性情刚直，被劾罢职。转而投身戏曲界。汪是当时誉满京城的京剧名家，汪派的创始人。以擅长演唱表达悲愤慷慨情感的《战长沙》、《文昭关》、《取成都》而著称。汪笑侬曾在政治上深受康有为、梁启超资产阶级改良主义的思想影响，对清末的腐败朝政深恶痛绝。他先后创作了许多出借古讽今、具有鲜明进步倾向的剧作。《骂王朗》、《骂安禄山》、《骂毛延寿》、《骂阎罗》等"骂戏"，在他的创作中是很有名的，这些剧作充分体现了对冥顽昏聩的封建统治者的强烈不满。而《喜封侯》、《将相和》等剧目，则集中地表达了作者对开明政治的渴望和憧憬。汪笑侬在艺术领域的创造性表现在多方面。他一生写出过十几个话剧剧本，其中较为有名的包括《不平鸣》、《恨海》、《千古恨》、《人道贼》、《新茶花》、《采花奇案》、《问天》等。可以说，在中国话剧事业奠基的过程中，汪笑侬也做出了自己的一份贡献。汪笑侬又是一位诗人、书法家和画家。他的诗歌作品，尚有二百余首传世；而书、画作品，则失传了很多。

清末四大词人之一的郑文焯去世。郑文焯（1856—1918），晚号大鹤山人，汉军（一作广东南海）人。生于清文宗咸丰六年，卒于民国七年，年63岁。郑文焯工诗词，通音律，擅书画，懂医道，而以词人著称于世，人称晚清四大词人之一。俞樾曾对其词给予颇高评价。著有《大鹤山人诗集》及词集《瘦碧词》、《冷红词》、《比竹余音》、《苕雅余集》和词论《词源斠律》等。其大部分著作曾合刊为《大鹤山人全书》。

陈大悲、章克标赴日留学。

1919年

一月

1月1日,《国民》与《新潮》杂志在北京创刊。

《国民》是全国性的学生救国会刊物。初为月刊,后为不定期刊物。其成员多大180多人,思想较为复杂。在"五四运动"后期,在李大钊等人的帮助下,开始逐渐发表一些介绍苏联和马克思主义的文章。1921年5月停刊。

《新潮》英文名为"The Renaissance"(即文艺复兴之意),初由北京大学学生傅斯年、罗家伦先后担任主编。它为北京大学新潮社创办,并在创办过程中曾得到了陈独秀、李大钊、胡适等人的多方帮助。1920年10月,《新潮》改组,选举周作人为主编,毛子水、顾颉刚、陈达材、孙伏园为编辑。《新潮》杂志作为《新青年》的后继者,是"五四"时期传播新思潮的重要的综合性刊物,其主要撰稿人多为文学革命初期的主力军,他们之中有著名作家、翻译家等。鲁迅亦对新起的《新潮》给予支持,称其"颇强人意"。

《新潮》杂志在创刊号《〈新潮〉发刊旨趣》一文中,即表明了刊物的宗旨:"一则以吾校之真精神喻于国人。二则为将来之真学者鼓动兴趣。"《〈新潮〉发刊旨趣》还指出了刊物所负的四大责任,即渐渐导引"中国同浴于世界文化之流"、"为不平之鸣,兼谈所以改革之方"、"鼓动学术上之兴趣"以及尽力研求"修学立身之方法与途径"。

同期刊载志希(罗家伦)一篇题为《今日中国之小说界》的文章,作者对中国小说现状进行了深入的分析,批评了三种"新出的小说"。《新潮》杂志于1922

年3月停刊。《新潮》杂志的成员们以文艺复兴为号召，认真探讨中国新文学，发表了多部有影响的新文学作品,直接推动了中国新文学的发展进程。虽时有"任性"与"偏至"发生，但终遮掩不了其在中国文化发展中继往开来的作用。

1月5日，李大钊在《每周评论》上发表《新纪元》，开篇即说："人生最有趣味的事情，就是送旧迎新，因为人类最高的欲求，是在时时创造新生活。"在先后发表了《庶民的胜利》、《Bolshevism的胜利》等文后，李大钊面对着刚刚到来的1919年，充满了新的希望，对于世界革命以及中国革命的前景充满期待。

陈独秀发表《国防军问题》（告四国银行团）一文，随感录五则：《又要制造民意了》、《军民分治》、《到底是那一团利害》、《得众养民》、《谁是匪》。

1月12日，陈独秀发表随感录五则：《国防军》、《军人与官僚》、《武治与文治》、《尊孔与复辟》、《安徽小鬼》。

1月15日，《新青年》出版第6卷1号。从本期起，李大钊、陈独秀、胡适、沈尹默、高一涵轮流负责一期的编务。鲁迅以"唐俟"以及"鲁迅"为笔名在本期发表《随感录·三十九》、《随感录·四十》、《随感录·四十一》、《随感录·四十二》等杂文，后收入《热风》。

陈独秀在《新青年》6卷1号上发表《本志罪案之答辩书》（实际出版时间在1919年3月）、《对于梁巨川先生自杀之感想》。《本志罪案之答辩书》是陈独秀为了还击社会上对《新青年》种种非难甚至谩骂而作的一篇檄文。他明确提出"民主与科学"，即所谓的"德先生与赛先生"，同时也借此总结了《新青年》前期的思想。"本志同人本来无罪，只因为拥护那些德莫克拉西和赛因斯两位先生，才犯了这几条滔天的大罪，要拥护那德先生，便不能不反对孔教、礼法、贞节、旧伦理、旧政治；要拥护那赛先生，便不得不反对旧艺术、旧宗教。要拥护德先生又要拥护赛先生，便不得不反对国粹和旧文学。大家平心细想，本志除了拥护德、赛两先生之外，还有别项罪案没有呢？若是没有，请你们不用专门非难本志，要有气力、有胆量来反对德、赛两先生，才算是好汉，才算是根本的办法。"在陈独秀看来，必须倡导与宣扬民主与科学。"西洋人因为拥护德、赛两先生，闹了多少事，流了多少血，德、赛两先生才渐渐从黑暗中把他们救出，引到光明世界。我们现在认定，只有这两位先生可以救治中国政治上、道德上、学术上、思想上一切的黑暗。若因为拥护这两位先生，一切政府的压迫，社会的攻击笑骂，就是断头流血，都不推辞。此时正是我们中国用德先生的意思废了君主第八年的开始,所以我要写出本志得罪社会的缘由,布告天下。"这既是对新文化运动的坚持,亦是对《新青年》同人的鼓舞。

《新青年》上发表《"黑幕"书》一文。该文其实是宋云彬于 1918 年 10 月 25 日致钱玄同的信。宋云彬在信中说,"近来黑幕小说日出不穷,每天报纸上黑幕出版的广告,总有三四起之多。有一位书业中人对我说,黑幕书销路之广,出人意外。那些正当杂志,如《科学》等,购者反寥寥无几。唉!先生!我国人看书的程度低到这样,真可令人痛苦!这些黑幕小说所叙的事实,颇与现在之恶社会相吻合,一般青年到了无聊的时候,便要去实行摹仿,所以黑幕小说,简直可称作杀人放火奸淫拐骗的讲义。先生对于《灵学业志》曾经大加指斥:对于这种流毒无穷的黑幕,何以尚无反对的表示呢?"

周作人(署名仲密)在《每周评论》发表《论"黑幕"》。周作人称:"记得从前流行的,有讲'左文襄''彭刚直'的笔记小说,同说'某生''某女'的艳情小说,据我想,这两种便是'黑幕'的根蒂。原来中国人到现在,还不明白什么是小说,只晓得天下有一种'闲书',看的人可以拿它消闲,做的人可以发挥自己的意见,讲大话,报私仇,叹今不如古,胡说一番。"做这类书的人"思想本来简单,只晓得饮食男女、富贵鬼神这几件事,头脑又不清晰,夸张而且散乱,所以做成的书,若不是长张大页的说大话,自命不凡的说什么才子佳人,造成万言肉麻书,便枝枝节节记些不相干的小事,说是讲'国朝'或先朝的掌故。这两种人原只是一而二,二而一,合起来便成了一部艳情掌故的黑幕闲书。"

在周作人看来,"这种风气,并非近时才有,却是'古已有之'"。"欧洲文学的小说与中国闲书的小说,根本全部相同,译了进来,原希望可以纠正若干旧来的缪想,岂知反被旧思想同化了去,所以译了迦茵小传,当泰西飞烟川红楼梦看,译了鬼山狼侠传,当泰西虬髯客传七侠五义看……这种情形虽然可笑,却还该颂扬他大度。因为满肚子圣经贤传的人,居然肯拿点外国东西来附会,在中国还算稀罕。""到了洪宪时代,上下都讲复古。外国的东西,便又不值钱了。大家卷起袖子,来做国粹的小说。"于是,"艳情小说、笔记小说"又"大大的流行",再加上"讲清朝真正掌故的书","将这两三种的分子合成一体",便成了"艳情的掌故,换一句话说便是笔记体的淫书"。"同这一样淫书,本来分不出什么好,但这种实录的东西（这单说所指的实有其人，描写的事也是虚构），比虚构的更为恶劣，因为中国人好谈人家闺阃的这个坏脾气，十足发露了。"而"不但单喜讲下流话，并且喜说人家坏话，这正是一种堕落的国民性"。

1月16日，鲁迅致许寿裳信，指出："中国古书，叶叶害人，而新出诸书亦多妄人所为，毫无是处。""少年可读之书，中国绝少。"教育青少年，应以"养成适应时代之思想为第一谊"。"思想能自由，则将来无论大潮如何，必能与为沉瀣矣。"信中还谈到了五四运动前夜文化领域新旧斗争的情况："主张用白话者，近来似亦日多，但敌亦群起，四面八方攻击者众而应援者则甚少。"对于新出版的《新潮》杂志，鲁迅认为"颇强人意。"

1月18日，巴黎和会开幕，第一次世界大战结束后，英、美、法、日、意等27个国家在巴黎召开和平会议，表面是拟定对德条约，建立世界和平。实则是英、美、法、日、意帝国主义分配战争赃物，重新瓜分世界。中国作为战胜国于1月21日派北京外交总长陆征祥、驻美公使顾维钧、驻英公使施肇基、驻比公使魏宸组、王正廷等5人作为全权代表参加巴黎和会。在28日的五国会议上中国代表提出取消列强在华特权，取消中日"二十一条"不平等条约、归还大战期间日本从德国手中夺去的德国在山东占有的各项权利等要求。但会议被英、美、法等国所操纵，不在乎中国的合理要求，最终德国在山东侵占的全部权益"让与日本"，消息传至中国，遭到中国人民的坚决反对，最终引发闻名中外的五四运动。

1月19日，陈独秀发表《除三害》，以当时军人、官僚、政客为三害，因为有此三害政治永无清宁，主张"社会中坚分子应该挺身出头，组织有政见的有良心的依赖国民为后援的政党，来扫荡政见的无良心的依赖特殊势力为后援的狗党"。同日发表随感录《国民大会》、《鸦片与纸票》。

周作人在《每周评论》第5号上发表《平民文学》（署名"仲密"）。文章指出，"平民的文学正与贵族的文学相反"，平民文学"乃是研究平民生活——人的生活——的文学"，"应以普通的文体，写普通的思想与事实"，"以真挚的文体，记真挚的思想与事实"。而平民文学的目的，"乃是想将平民的生活提高，得到一个适当的地位。凡是先知或引路的人的话，本非全数的人尽能懂得，所以平民的文学，现在也不必个个'田夫野老'都可领会"。周作人还指出，"平民文学决不是慈善主义的文学。在现在平民时代，所有的人都只应守着自立与互助两种道德，没有什么叫慈善……伪善的慈善主义，根本里全藏着傲慢与私利，与平民文学的精神，绝对不能相容，所以也排除不可"。

毛泽东后来曾在《新民主主义的文化》中说，"这个文化运动（指五四新文化运动——编者注）……提出了'平民文学'的口号，但是当时的所谓'平民'，实际上还只能限于城市小资产阶级知识分子，即所谓市民阶级的知识分子"。

1月20日，无政府主义团体进化社出版《进化》月刊。1919年1月，中国各地的无政府主义小团体民声社、实社、平社、群社等合并组成进化社，并在上海出版《进化》月刊，成为"五四"时期众多思潮的重要一支。

1月25日，马叙伦、陈大齐、胡适、杨昌济及北大学生陈钟凡等人发起成立北京大学哲学研究会，毛泽东参加该研究会。该会以倡导"研究东西方诸家哲学、瀹启新知"为宗旨。该会规定会员"皆有调查东西哲学，出版图籍，介绍新说之责"。成立后会员以极大的热情投入研究东西哲学，成果极为显著。他们的活动一方面丰富了中国的哲学宝库，促进了该领域的新陈代谢。另一方面为社会变革提供了多种理论架构，为最终探寻出一条适合中国国情的理论开辟了道路。

1月26日，北京大学国故社成立（3月20日创刊《国故》）。

陈独秀发表《烧烟土》、《请问蒋观云先生》。

二月

2月1日，李大钊在《国民》杂志第1卷第2号上发表《大亚细亚主义与新亚细亚主义》。

该文尖锐地指出日本所谓的"大亚细亚主义"，是大日本主义的变名，就是"在亚细亚的民族，都听日本人指挥，亚细亚的问题，都由日本人解决，日本作亚细亚的盟主，亚细亚是日本人的舞台。到那时亚细亚不是欧、美人的亚细亚，也不是亚细亚人的亚细亚，简直就是日本人的亚细亚"。"大亚细亚主义"其实质就是"侵略的主义"，"是吞并弱小民族的帝国主义"，"是日本的军国主义"，"是破坏世界组织的一个种子"。李大钊认为亚细亚人"应该共倡一种新亚细亚主义以代日本一部分人所倡的'大亚细亚主义'"。这种新亚细亚主义"主张拿民族解放作基础，根本改造。凡是亚细亚的民族，被人吞并的都该解放，实行民族自决主义，然后结成一个大联合,与欧、美的联合鼎足而立,共同完成世界的联邦,益进人类的幸福"。

2月5日,山东旅京人士组织外交后援会,力争收回青岛。

2月7日,北京《晨报》副刊改组,由李大钊负责编辑。增设介绍"新修养、新知识、新思想"的"自由论坛"和"译丛"栏目,有利地促进了新文化运动,推动了社会主义宣传。

2月8日,上海日商日华纺织公司工人罢工。

2月9日,北京高师学生组织《同言社》(5月3日又改成立工学会)。

2月15日,李大钊在《新青年》6卷2号上发表《战后之妇人问题》。(实际出版时间在1919年4月中旬)鲁迅在《新青年》发表《随感录·四十六》、《随感录·四十七》。

《新青年》编辑部发表启示:"近来外面的人往往把《新青年》和北京大学混为一谈,因此发生种种无谓的谣言。现在我们特别声明:《新青年》编辑和做文章的人虽然有几个在大学做教员,但是这个杂志完全是私人的组织;我们的议论完全归我们自己负责,和北京大学毫不相干。"

2月15日,周作人的新诗《小河》发表,刊载于《新青年》第6卷第2号。周作人在诗前小引中写道:"有人问我诗是什么体,连自己也回答不出。法国波特莱尔提倡起来的散文诗,略略相像,不过他是用散文格式,现在却一行一行的分写了。内容大致仿那欧洲的俗歌;俗歌本来要叶韵,现在却无韵。或者不算是诗也未可知;但这是没有什么关系。"

《小河》中写道:"一条小河,稳稳的向前流动。经过的地方,两面全是乌黑的土,生满了红的花,碧绿的叶,黄的果实。一个农夫背了锄来,在小河中间筑起一道堰。下流干了,上流的水被堰拦着,下来不得,不得前进,又不能退回,水只在堰前乱转。水要保她的生命,总须流动,便只在堰前乱转。堰下的土,逐渐淘水,成了深潭。水也不怨这堰,——便只是想流动,想同从前一样,稳稳的向前流动……"

胡适对《小河》曾予以高度评价:"五七言八句的律诗决不能容丰富的材料,二十八句的绝句决不能写精密的观察,长短一定的七言五言决不能委婉达出高深的理想与复杂的情感。最明显的例就是周作人君的《小河》长诗(新青年6卷2号)。这首诗是新诗中的第一首杰作,那样细密的观察,那样曲折的理想,决不是那旧式的诗体词调所能达出的。"

朱自清在谈到新诗时也以《小河》作为新诗发展中的杰出代表，"自然音节和诗可无韵的说法，似乎也是外国'自由诗'的影响。但给诗找一种新语言，决非容易，况且旧势力也太大。多数作者急切里无法甩掉旧诗词的调子……只有鲁迅氏兄弟全然摆脱了旧镣铐，周启明氏简直不大用韵。他们另走上欧化一路。走欧化一路的后来越来越多。——这里说的欧化，是在文法上。'具体的做法'不过用比喻说理，可还是缺少余香兴味的多。能够浑融些精悍的便好。像周启明的《小河》长诗，便融景入情，融情入理"。

阿英在谈到《小河》时也说："《小河》一篇，尤为当时文坛推重，盖完全反映五四期间新力量向旧社会冲决之精神也。"

2月16日，中国国民外交协会在北京成立。

2月17日，林纾在《新申报》上发表《荆生》小说，连载至18日，3月19—20日，又在该报发表《妖梦》。恶意诋毁新文化运动，并对新文化运动的倡导者们进行人身攻击，在小说中痴心妄想依靠军阀等势力将新文化运动的领袖们一网打尽。在《荆生》中，林纾以田其美、金心异、狄莫三个人分别影射陈独秀、钱玄同和胡适。书中，田其美、金心异、狄莫等攻击孔子，欲"以白话行之，俾天下通晓，亦可使人人窥深奥之学术，不为艰深文字所梗"。当"三人大欢，坚约为兄弟，力掊孔子。忽闻有巨声，板壁倾矣，扑其食案，杯碗皆碎"之时，"一伟丈夫趋足，超过破壁，指三人曰：'汝适何言？中国四千余年，以伦纪立国，汝何为坏之！孔子何以为时之圣？时乎春秋，即重俎豆；时乎今日，亦重科学。譬叔梁纥病笃于山东，孔子适在江南，闻耗，将以电报问疾，火车视疾耶？或仍以书附邮者，按站而行，抵山东且经月，俾不与死父相见，孔子肯如是耶？子之需父母，少乳哺，长教育耳。乳汝而成人，教汝而识字，汝今能噪吠，非二亲之力胡及此！譬如受人之财，或已命为人所拯，有心者尚且谢恩，汝非二亲不举，今乃为伤天害理之言。余四海无家，二亲见背，思之痛绝。尔乃敢以禽兽之言，乱吾清听'"！

2月20日，南北和平会议在上海开幕。北京政府派朱启钤为总代表；广东政府以唐绍仪为总代表。3月3日，因北军继续进攻陕西于右任之靖国军，和议遂告停顿。

2月20日至23日，李大钊在《晨报》上发表《青年与农村》。

俄国今日的情形，纵然纷乱到什么地步，他们这回革命，总算是一个彻底的改革，总算是为新世纪开一新纪元。我们要晓得，这种新机的酝酿，不是一时半刻的工夫，也不是一手一足的力量。他们有许多文人志士，把自己家庭的幸福全抛弃了，不惮跋涉艰难的辛苦，都跑到乡下的农村里去，宣传人道主义、社会主义的道理。有时乘着他们休息的时间和他们谈话，有时和他们在一处工作，一滴血一滴汗的作他们同情的伴侣。有时在农村里聚集老幼妇孺，和他们灯前话语，说出他们的苦痛，增进他们的知识。一经政府侦知他们，或者逃走天涯，或者陷入罗网。在那阴霾障天的俄罗斯，居然有他们青年志士活动的新天地，那是什么？就是俄罗斯的农村。

我们中国今日的情况，虽然与当年的俄罗斯大不相同，可是我们青年应该到农村里去，拿出当年俄罗斯青年在俄罗斯农村宣传运动的精神，来作些开发农村的事，是万不容缓的。我们中国是一个农国，大多数的劳工阶级就是那些农民。他们若是不解放，就是我们国民全体不解放；他们的苦痛，就是我们国民全体的苦痛；他们的愚暗，就是我们国民全体的愚暗；他们生活的利病，就是我们政治全体的利病。去开发他们，使他们知道要求解放、陈说苦痛、脱去愚暗、自己打算自己生活的利病的人，除去我们几个青年，举国昏昏，还有哪个？

三月

1日，傅斯年作《汉语改用拼音文字的初步谈》发表于《新潮》1卷3号。文章指出：将"死人的话给活人用"，"笨重的文字保持在现代生活的社会里"，这两条妨害了知识普及，阻止了文化的进取，因而使得中国文化不能同现代西洋文化在一个水平线上。所以必须废汉字，改用拼音。文章讨论了改用拼音的可能与方案。

叶绍钧的小说《"这也是一个人？"》发表于《新潮》第1卷第3号。后收入小说集《隔膜》时改题为《一生》。在后来谈到这部作品时，叶绍钧说："'五四'前后，反帝反封建的思想正在广为传播，人们提出了很多问题，其中也包括妇女解放的问题。《一生》也可以说是在这种思想影响之下写成的。由于神权、君权、父权、夫权长期的统治，她们甚至很愚昧。我了解她们，我不能不同情她们。"①

化鲁（胡愈之）则认为，叶绍钧"对于小说的肉体—结构—灵魂—思想感情—是双方兼顾的。像《一生》、《一个朋友》、《苦菜》、《隔膜》这几篇结构的完密，很可同近代名家短篇小说比拟。《一生》不过是二千字的短篇，却把一个可怜的农家妇女的非人的生活都描写尽了。"②

顾颉刚也说："《一生》、《一个朋友》、《隔膜》——是从骨子里看出人与人之冥漠无情的。"③

2日，周作人（署名仲密）作《思想革命》发表于《每周评论》第11号，又载《新青年》6卷4号。周作人提出："文学革命上，文字改革是第一步，思想改革是第二步，却比第一步更为重要。我们不可对于文字一方面过于乐观了，闲却了这一面的重大问题。"因为"文学这事物本合文字与思想两者而成，表现思想的文字不良，固然足以阻碍文学的发达，若思想本质不良，徒有文字，也有什么用处呢？我们反对古文，大半原为他晦涩难解，养成国民笼统的心思，使得表现力与理解力都不发达，但另一方面，实又因为他内心的思想荒谬，于人有害的缘故"，几千年来，"这荒谬的思想与晦涩的古文，几乎已融合为一，不能分离"。"所以如白话通行，而荒谬思想不去，仍然未可乐观。因为他们用从前做过《圣谕广训直解》的办法，也可以用了支离的白话来讲古怪的纲常名教。""中国人如不真是'洗心革面'的悔改，将旧有的荒谬思想弃去，无论用古文或白话文，都说不出好东西来。"

4日，李大钊的《新旧思想之激战》发表于《晨报》第7版"自由论坛"栏，连载至5日。文章对林纾以文言小说《荆生》攻击新文化运动进行了批驳。

李大钊说："宇宙的进化，全仗新旧二种思潮，互相蜕进，互相推演。""我确信这二种思潮，都是人群进化所必要的，缺一不可。"但在李大钊看来，今日中国的思想界却陷入了"死气沉沉"的境地。而造成这种现象的原因，"全在惰性太深，奴性太深，总是不肯用自己的理性，维持自己的生存，总想用个巧法，走个捷径。靠他人的力量，催除对面的存立，这种靠人不靠己、信力不信理的民族，真是可耻！

---

① 吕剑：《在叶圣陶家里》，《新文学史料》第1期，1981年2月22日。
② 化鲁：《最近的出产：〈隔膜〉》，《文学旬刊》第38期，1922年5月21日。
③ 顾颉刚：《〈隔膜〉序》，《隔膜》，商务印书馆1922年3月版。

真是可羞"！

李大钊在文中义正词严地指出："我正告那些顽固鬼祟，抱着腐败思想的人：你们应该本着你们所信的道理，光明磊落的出来同这新派思想家辩驳讨论。"让公众来判断谁是谁非，"总是隐在人家的背后，想抱着那位伟丈夫的大腿，拿强暴的势力压倒你们所反对的人，替你们出出气，或是作鬼话妄想的小说快快口，造段谣言宽宽心，那真是极无聊的举动。须知中国今日如果有真正觉悟的青年，断不怕你们那伟丈夫的摧残。你们的伟丈夫，也断不能摧残这些青年的精神"。由此出发，李大钊在文末期盼："这样滔滔滚滚的新潮，一决不可复遏，不知道那些当年摧残青年、压制思想的伟丈夫那里去了。我很盼望我们中国真正的新思想家或就思想家，对于这种事实，都有一种觉悟。"

2日，陈独秀发表随感录四则：《旧党的罪恶》、《中日亲善》、《亡国与卖国》、《铁道管理问题》。

9日，陈独秀发表《人种差别待遇问题》一文；随感录七则：《亡国与亲善》、《欢迎英美舰队》、《陕西问题》、《不忘日本的大恩》、《日本人的信用》、《日本人与曹汝霖》、《国际管理与日本管理》，一面谴责日本帝国主义侵华阴谋，一面对英美帝国主义怀抱幻想，宣称英美舰队来东洋，"是东洋一线光明的希望。因为我们东洋各国的国民，都被本国的军阀压迫得无路可走，不得不希望有别的救星"。联系到此前他主张"请外国干涉"来救中国的主张，说明他用优胜劣败进化论的观点来观察社会政治，作了极端荒谬的结论。

《每周评论》第十二号，以"杂录"的方式转载林纾的小说《荆生》，并发表记者按语《想用强权压倒公理的表示》。"请大家赏鉴赏鉴这位大古文家的论调"，揭露林纾作《荆生》的险恶用心。

10日，胡适致函《北大日刊》辟谣："这两个星期以来，外面发一种谣言，说文科陈学长及胡适等四人，被政府干涉，驱逐出校，并有逮捕的话，并说陈学长已逃至天津。这个谣言愈传愈远，竟由北京电传到上海各报，惹起了许多人的注意。这事乃是全无根据的谣言。"

15日，《新青年》6卷3号发表通信：

俞平伯致记者：谈《白话诗的三大条件》。

张来云致胡适：谈《改良文学与更换文学》。

陈独秀发表随感录三则：《更加肉麻》、《林纾的留声机器》、《日本人可以在中国随便拿人吗？》。

《新青年》第6卷第3号刊发了周作人的《两个扫雪的人》、《微明》、《路上所见》、《北风》等诗。

胡适的独幕剧《终身大事》在第6卷第3号刊出。《终身大事》又名《游戏的喜剧》，系胡适为几位美国留学的朋友参加一个宴会而写，英文名为Farce，后译成中文。该剧在中国现代话剧的形成时期产生了很大影响，以胡适的《终身大事》为滥觞，易卜生的"社会问题剧乃跟着'新潮'而流行一时"，成为整个20世纪20年代话剧创作的主流。①

30年代，洪深在编选《中国新文学大系·戏剧集》时将《终身大事》作为第一篇选入，并认为在当时"理论非常丰富，创作却十分贫乏。只有胡适底《终身大事》一部剧本，是值得称道的。""因为这戏里的田女士跟人跑了"，所以"竟没有人敢扮演田女士"，"在封建势力仍然强盛的中国，是没有女子敢'做'娜拉的！但这正说明了这出戏的意义。"②

40年代，欧阳予倩等主持全国戏剧界在桂林举办的"西南剧展"中，在精选的中国戏剧运动前期代表作里，胡适的《终身大事》也是名列榜首。

同期《新青年》读者论坛发表彭啸姝的《古迷》，揭露守旧派是"古迷病患者的代表，他们的文章就是他们的病状报告书"，其论调则是"世道不古"、"人心不古"、"风土不古"、"斯文不古"、"斯学不古"，他们公开提倡国粹，以对抗新文化运动和文学革命。

16日，陈独秀发表《关于北京大学的谣言》，指出国政党因为反对《新青年》，便对北京大学造谣，因为《新青年》反对孔教和旧文学，抨击林琴南及《神州日报》通讯记者张厚载，"决不拿出自己的知识本领来正正堂堂的争辩，总喜欢用'倚靠权势''暗地造谣'两种武器"。同时发表随感录四则：《东局千零十三号》、《参战军》、《亚洲的德意志》、《爱尔兰与朝鲜》。

---

① 参见罗芳洲：《现代中国戏剧选·序》，上海亚细亚书局1933年版。
② 洪深：《中国新文学大系·戏剧集·导言》，赵家璧主编、洪深编选：《中国新文学大系·第九集·戏剧集》，第23页，上海良友图书印刷公司1935年版。

陈独秀参加北京大学学余俱乐部成立大会,并成为会员。

18日,北京《公言报》发表《请看北京学界思潮变迁之近状》的社论,批评北大思想的"五花八门"。文章开篇即指出:"北京近日教育虽不甚发达,而大学教师各人所鼓吹之各式学说,则五花八门,颇有足纪者。""国立北京大学自蔡子民氏任校长后,气象为之一变,尤以文科为甚。文科学长陈独秀氏以新派首领自居,平昔主张新文学甚力,教员中与陈氏沆瀣一气者,有胡适、钱玄同、刘半农、沈尹默等,学生闻风兴起,服膺师说,张大其辞者亦不乏人。"

文章接着批评了陈独秀的打倒"贵族文学"、"古典文学"、"山林文学",而代之以"平民的抒情的国民文学,新鲜的立诚的写实文学,明了的通俗的社会文学"的"文学革命之主旨",并特别批评了新文学的阵地《新青年》、《新潮》、《每周评论》:"顾同时与之对峙者,有旧文学一派,旧派中以刘师培氏为首,其他如黄侃马叙伦等则与刘氏结合互相得声援者也,加以国史馆之耆先生如屠敬山张相文之流,亦复而深表同情于刘黄。""在姚叔茚林琴南目击刘黄诸后生之皋比坐拥,已不免有文艺衰微之感……然若视新文学派之所主张,更当认为怪诞不经,似为其祸及于人群,直无异于洪水猛兽。转顾太炎新派,反若涂轨之犹能接近矣。"为和新派对抗,刘黄诸氏组织了《国故》,"组织之名义出于学生,而主笔政之健将,教员实居多数。盖学生中固亦分旧新两派,而各主其师说者也。"面对此状,特刊林琴南致蔡子民的"于学界前途深致悲悯"的信,此即《致蔡鹤卿书》。

同日,北京《公言报》发表林琴南的《致蔡鹤卿书》。文章写道:"大学为全国师表,五常之所系属。近者,外间谣诼纷集,我公必有所闻,即弟亦不无疑信,或者且有恶乎龙茸之徒,因生过激之论,不知救世之道,必度人所能行;补偏之言,必使人以可信。若尽反常轨,侈为不经之谈,则毒粥既陈,旁有烂肠之鼠;明燎宵举,下有聚死之虫。"林琴南在信中指责新文化运动:"必覆孔孟、铲伦常为快。"在他看来,新文化运动的反对文言,提倡白话之举尤为荒谬。他说:"若尽废古书,行用土语为文字,则都下引车卖浆之徒,所操之语,按之皆有文法,不类闽广人为五无法之啁啾,据此则凡京津之稗贩,均可用为教授矣。"总之,在林琴南看来,"非读破万卷,不能为古文,亦并不能为白话……近来尤有所谓新道德者,斥父母为自感情欲,于己无恩,此语曾一见之随园文中,仆方以为拟于不伦,斥袁枚为狂谬。不图竟有用为讲学者!人头畜鸣,辩不屑辩,置之可也……若凭位分势力,而施趋怪走奇之教育,则惟穆默德左执刀右传教,始可如其愿望。金全国父老,以子弟托公,愿公留意以守常为是,况天下溺矣,藩镇之祸迫在眉睫,而又成为南北美之争,我公为南士所推,宜痛哭流涕,助成和局,使民生有所苏息。乃以清风亮节之躬,而使议者纷纷集,甚为我公惜之"。

19日,蔡元培发表《致神州日报函》,为陈独秀"辞职"等事辟谣:"陈学长并无辞职之事";"文理合并不设学长,而设一教务长以统辖教务,皆由学长及教授主任会议定(陈学长亦在座),经评议会通过,定于暑假后实行",非"下学期之说"。

21日,杨振声的小说《渔家》和罗家伦的小说《是爱情还是苦痛》发表于《新潮》第1卷第5号。鲁迅在评价《新潮》上所发表的部分小说时说道:"《新潮》里的……《是爱情还是苦痛》(起首有点小毛病),都是好的。上海的小说家梦里也没有想到过。这样下去,创作很有点希望。"① 但鲁迅同时也指出了这些年轻作家创作上的不足,比如说罗家伦:"稍嫌浅露,但正是当时许多智识青年们的好意。"②

蔡元培发表《复张醪子君函》。张系北大学生,来信述及林琴南为其中学时教师,林攻击北大稿件,均由其转寄报刊发布。复函问:林毁坏本校名誉,兄"发布之,于兄爱护母校之心,安乎,否乎? 往者不可追,望此后注意"。(本日《北京大学日刊》)

18—22日,林纾又作文言小说《妖梦》发表于《新申报·蠡叟丛谈》。小说杜撰阳间的"白话学堂",校长元绪(影射蔡元培)、教务长田恒(影射陈独秀)、副教务长秦二世(影射胡适),因批孔丘,坏伦常,倡言白话,遭到阴府的鬼神罗睺罗王的捕食:"金光浓处,见王身长十余丈,张口圆径可八尺,齿巉如林,直扑白话学堂,攫人而食。食已大下,积粪如丘,臭不可近。"蠡叟附论:倡言白话。"所患者后生小子,小学堂既无名师,而中学堂又寡书籍,闻以白话提倡,乌能不喜。此风一扇,人人目不知书。"以梦境影射现实,表面复古派仇视新文化运动的心情。

23日,陈独秀发表《朝鲜独立运动之感想》和《为什么要南北分立》两文,又发表随感录七则:《你护的什么法》、《和平的根本障碍》、《中国的李完用宋秉峻是谁》、《希望各国干涉》、《莫做傀儡》、《何人的命令》、《停止纳税》。

28日,刘师培、黄侃等编的《国故》月刊第1卷第1期出版。出版之前曾在

---

① 鲁迅:《对于〈新潮〉的一部分意见》,《新潮》第1卷第5号,1919年5月。
② 鲁迅:《中国新文学大系·小说二集·导言》,上海良友图书印刷公司1935年,第2页。

1月28日的《北京大学日刊》上刊登了《国故月刊社成立会纪事》，称"国故月刊社于二十六号（星期日）下午一时在刘申叔先生宅内开成立大会。教员到者六人，同学数十人"。据《国故》月刊第一期介绍，成立该社是因为新文化运动使得"功利昌而廉耻丧，科学尊而礼仪亡，以放荡为自由，以攘夺为责任，斥道德为虚伪，低圣贤为国愿"，因而"慨然于国学沦遗"，以"昌明中国固有之学术"为宗旨，"欲发起学报，以图挽救"。创办的提议起自国文系的学生俞士镇、薛祥绥等人。月刊的总编辑为刘师培、黄侃，教员编辑在《北京大学日报》上列名的是陈汉章、朱希祖、马叙伦等。等到3月20日《国故》第一期出版，特别编辑中去掉了朱希祖、梁漱溟，增补了吴梅、黄节、林损。学生编辑为《北京大学日报》上列出的俞士镇、薛祥绥等9人，《国故》出版后增补了胡文豹一人。该刊第一期的本社投稿简章表明："本月刊以研究学术推求真理为主旨。既不肆击他人，亦不妄涉诽骂。凡我社员暨投稿诸君当共守此旨。"文章全为文言，不用新式标点。《题辞》希望"有志之士"起来，"振颓细以诏前载，鼓芳风以扇游尘"，继承和发扬"文武之道"、"六艺之传"，宣扬古代旧制度和旧伦理思想，抵制新文化运动，是复古派的刊物。本年10月停刊。

30日，《每周评论》第十五号发表通信《林纾致大主笔先生》。

本月，蔡元培被聘为教育调查会委员，并被推为副会长。（《教育杂志》第11卷第4期）

世界各国共产党第一次代表大会在莫斯科召开，列宁主持了这次大会，并作了论资产阶级民主与无产阶级专政的报告。大会通过了列宁的报告和《共产国际宣言》、《共产国际行动纲领》等文件，选出了共产国际执行委员会，作为第三国际，即共产国际的执行机关。

《书呆子》（署编纂者沈德鸿），系商务印书馆童话第1集第83编，本月初版发行。

三、四月间

郭沫若作诗《春愁》。诗系文言，五言十句。收入《女神》。

四月

1日，蔡元培在北京《公言报》发表《答林君琴南函》，回答林纾对新文化运动的非难，为新文化运动辩护。他指出："原公之所责备，不外两点：一曰，'覆孔孟，铲伦常。'二曰，'尽废古书文字，行用土语为文字。'请分别论之。"在驳斥林琴南的观点时，蔡元培说："对于第一点，当先为两种考察：（甲）北京大学教员曾有以'覆孔孟铲伦常'教授学生者乎？（乙）北京大学教授，曾有于学校以外，发表其'覆孔孟铲伦常'之言论者乎？"蔡元培特别指出："若大学教员，于学校之外，自由发表意见，于学校无涉，本可置之不论。当如进一步考察之，则惟有新青年杂志中，偶有对于孔子学说之批评，然亦对于孔教会等托孔子学说以攻击新学说而发，初非直接与孔子为敌也。""对于第二点"，蔡元培指出：北京大学并没有"尽废古书而专用白话"，白话可以"达古书之义"，在讲授古书时，有时使用白话也是必需的。况且"大学少数教员所提倡之白话的文字"，并不与"引车卖浆者所操之语相等"，"白话与文言，形式不同而已，内容一也。"接着他阐明了自己的两点主张："（一）对于学说，仿世界各大学通例，循'思想自由'原则，取兼容并包主义……无论为何种学派，苟其言之成理，持之有故，尚不达自然淘汰之运命者，虽彼此相反，而悉听其自由发展。此义已于《月刊》发刊词言之，抄奉一览。""（二）对于教员，以学校为主。在校讲授，以无背于第一种主张为界限。其在校外之言动，悉听自由，本校从不过问，亦不能代负责任。"

5日，翻译小说《托尔斯泰与今日之俄罗斯》（署名雁冰），发表于《学生杂志》第6卷第4116号。

翻译小说《树中饿》（署编纂者沈德鸿），系商务印书馆童话第1集第85编，本月出版发行。

翻译小说《牧羊郎官》（署编纂者沈德鸿），系商务印书馆童话第1集第86编，本月出版发行。

6日，陈独秀发表随感录八则：《冤哉洪述祖》、《南北一致》、《纲常名教》、《中国和平的障碍》、《太监与缠足》、《安徽省议会的笑话》、《婢学夫人》、《倪嗣冲的儿子》。在《纲常名教》短文中，陈独秀声称："欧洲各国社会主义的学说，已经大大流行了，俄、德和匈牙利，并且成了共产党的世界，这种风气，恐怕马上就要来到东方。"

7日，汪孟邹致函胡适："仲甫去职，已得他来讯。旧党当然以为得势，务望兄等继续进行，奋身苦战，不胜盼念之至。""《新青年》四月起决就北京印订，与子沛函亦已阅悉，子沛今日已函复矣。"

13日，陈独秀发表随感录十一则：《衍圣公与张天师同声一哭》、《不可思议的新旧思潮》、《林琴南很可佩服》、《关门会议》、《国民参预政治外交的资格》、《文治主义原来如此》、《美国也有军械借款吗？》、《形式的教育》、《议长串通卖矿》、《怪哉插径班！》、《预定的计画》。

涵庐作《"是可忍"——孰不可忍》载《每周评论》第十七号。

15日，鲁迅的小说《孔乙己》发表于《新青年》第6卷第4号。鲁迅在篇末的"附记"中特别指出："这是篇很拙的小说，还是去年冬天做成的。那时的意思，单在描写社会上的或一种生活，请读者看看，并没有别的深意。"但在发表时，"便是忽然有人用了小说盛行人身攻击的时候"。所以，鲁迅"在此声明，免得发生猜度，害了读者的人格"。

据孙伏园在《孔乙己》一文中回忆，他曾询问鲁迅在自作的短篇小说中最喜欢的一篇，鲁迅回答是《孔乙己》。主要原因在于，《孔乙己》"是在描写一般社会对于苦人的凉薄"。①

巴金也极为推崇鲁迅的这篇小说，称赞说："他那篇《孔乙己》写得多么好！不过两千几百字！还有《故乡》和《祝福》，都是第一人称写的。"②

沈雁冰则在《读〈呐喊〉》一文中说道："继《狂人日记》来的，是笑中含泪的短篇讽刺《孔乙己》；于此，我们第一次遇到了鲁迅君爱用的背景——鲁镇和咸亨酒店。这和《药》、《明天》、《风波》、《阿Q正传》等篇，都是旧中国的灰色人生的写照。"③

张定璜评论《孔乙己》时说："读《呐喊》，读那篇里面最可爱的小东西《孔乙己》，我们看不见调色板上的糊涂和广告单上的丑陋，我们只感到一个干

---

① 孙伏园：《孔乙己》，《鲁迅先生二三事》，湖南人民出版社1980年版，第16、17页。
② 巴金：《谈我的短篇小说》，《巴金全集》第20卷，人民文学出版社1993年版，第524页。
③ 沈雁冰：《读〈呐喊〉》，《文学周报》第91期，1923年10月8日。

净。"①

朱希祖作《非"折衷派的文学"》载《新青年》第6卷第4号。1918年4月，胡适发表《建设的文学革命论》。胡适的留美同学朱经农和任鸿隽对这篇文章表示不同意见。同年8月，朱经农致信胡适，反对钱玄同将文言与白话一概废除而采用罗马字作为国语的主张，也不完全赞同胡适以白话取代文言的主张。他主张对文言和白话应该采取兼收而不偏废的折中态度。任鸿隽在致胡适的信中，虽赞成胡适《建设的文学革命论》的某些观点，但他不同意立即将白话作为新文学的利器。他们所取的折中意见，遭到胡适和钱玄同的驳斥。

同年8月，黄觉僧在上海《时事新报》上发表《折衷的新文学革新论》。主张"通俗的美术文与中国旧美术"并行，即"美文的（文学作品）用旧——即文言"，"通俗的说理的（应用文）用新——即白话""并行"。胡适、沈雁冰都对这种折中的"并行说"作了批判。

朱希祖的文章用进化论的发展观对折中派作了分析，认为：文学只有新旧两派，无所谓折中派。新旧文学都各有自己的思想系统，这是断断不能调和的。文学的新旧不能只在文字上看而要在思想主义上考察，若从文字上看以为做了白话就是新文学，那么宋元以来的白话文难道就是新文学吗？所谓折中二字是新旧杂糅的代名词，就是把旧材料用新法制组织的代名词，或者旧材料新材料并用的代名词，这是中国社会上最流行的思想和主义。按照进化的公例总是新的胜于旧的，一味的折中调和，得过且过，社会是不会进步的。一代的文学家须要做一代的新细胞新生命，才是对社会有用，若做那半新半旧的细胞，半死半生的病人，所谓维持现状的办法是断断靠不住的。因而"新文学的思想，对于旧文学的思想，本来已经进一步，断断不能退转来，与旧文学折衷调和"。

朱希祖作《白话文的价值》发表于《新青年》第6卷第4号。针对"白话的文与文言的文，皆是不可灭的"折中派论调，从正面论述白话文的价值。文章说，白话文的价值分功用上的价值和本质上的价值两个层次。功用上的价值，一是白话的文不必用功于作文，只要用功于说话，思想可表达的笔也可以表达，说话与作文成为一件事的两面。二是文言作文须一二十年成功，学白话作文四五年即可成功，

---

① 张定璜：《鲁迅先生（下）》，《现代评论》第1卷第8期，1925年1月31日。

学白话文的知识超出于学文言文约数十百倍。三是作白话的文照他的口气写出来，句句是真话，它是不妆点的真美人，自然秀美，文言的是妆点的假美人，全无生气。白话文本质上的价值有二：一是白话的文学，能容纳一国的全社会，又能容纳外国的各社会，能传神毕肖地表现社会全体的真相，文言的文只能伪饰贵族文人，与现代社会现代人生不相应，竟与死一样。二是文言的文远不及白话的文消化容易。因为文言文以古为质，读的人往往食古不化，不仅无补于人生，反使社会毫无活力。唯有白话文的营养料才能为读者所吸收，于人生社会有所裨益。正由于白话文具有如此重要的价值，所以不能将文言与白话并存，必须以白话取代文言的正宗地位。

15日，胡适的论文《实验主义》发表于《新青年》第6卷第4号。

15日，陈独秀发表《我们应该怎样？》（录少年中国学会会务报告）。

19日，蔡元培在天津青年会所讲《欧战后之教育问题》一稿发表。（本日《北京大学日刊》）

20日，陈独秀发表随感录八则：《二十世纪俄罗斯的革命》、《多谢倪嗣冲张作霖》、《伤寒病与杨梅毒》、《土匪世界》、《却没有了自己》、《四大金刚》、《世界第一恶人》、《毕竟南方军人有良心》。在本年1月份，陈独秀曾反对十月革命"用平民压制中等社会，残杀贵族及反对者"。在《二十世纪俄罗斯的革命》一文中，开始改变对十月革命的看法，认为它"是人类社会变动和进化的大关键"。又在《各国农劳界的势力》一文中说："自俄国布尔什维克主义战胜后，欧洲劳农两界，忽生最大的觉悟，人人出力与资本家决斗，他们的势力已经征服了好几国。""这种革命，在政治史上算得顶有价值的事体"。

23日，蔡元培的《贫儿院与贫儿教育的关系》演说词开始刊载。他希望：贫儿院试办胎教院及乳儿院，由专门卫生家管理；贫儿院试行即工即学之教育，使"学校生活与社会生活密接"；贫儿院试行男女共同操作之习惯，以"破除界限"。（《北京大学日刊》4月23日至26日）

24日，蔡元培在北京高等师范学校修养会所讲《科学之修养》一稿发表。（本日《北京大学日刊》）

27日，陈独秀发表《贫民的哭声》一文，说自己充满感情地听到了那受压迫和饥饿煎熬的《贫民的哭声》，并且坚定预见现在哭着的贫民，有一天会起来，叫那些让他受压迫和贫困的统治者"发出同样的哭声"。同期《每周评论》又发表随感录九则：

《苦了章宗祥的夫人》、《怎么商团又要"骂曹"？》、《陆宗舆到底是那国人？》、《再看江庸的戏》、《法律是什么东西？》、《干政的军人反对军人干政》、《破坏约法的人拥护约法》、《克伦斯基与列宁》、《南北代表有什么用处？》。

30日，在中国代表缺席的情况下，巴黎和会议定了《凡尔赛和约》关于山东问题的条款，规定德国在山东的全部权益由日本承袭。由于中国人民的强烈反对，中国专使团未在和约上签字。

李大钊致信胡适，强调《新青年》同人团结的重要性，他说："适之吾兄先生：听说《新青年》同人中，也不愿我们办《新中国》；既是国人不很赞成，外面人有种种传说，不办也好。我的意思，你与《新青年》有不可分的关系，以后我们就决心把《新青年》、《新潮》和《每周评论》的人结合起来，为文学革新的奋斗。在这团体中，固然也有许多主张，不尽相同，可是要再想找一个团结像这样颜色相同的，恐怕不太容易了。从这回谣言看起来，《新青年》在社会上实在是占了胜利。不然，何以大家都为我们来抱不平呢？平素尽可不赞成《新青年》，而听说他那里边的人被了摧残，就大为愤慨，这真是公理的援助。所以我们应该结合起来向前猛进，我们大可以仿照日本的'黎明会'；他们会里的人，主张不必相同，可是都要向光明一方面走，是相同的。我们《新青年》的团体，何妨如此呢？刚才有人来谈此事，我觉得外面人讲什么，尚可不管，《新青年》的团结，千万不可不顾。"①

俞平伯的小说《花匠》发表于《新潮》第1卷第4号。鲁迅说："俞平伯的《花匠》以为人们应该屏绝矫揉造作，任其自然，罗家伦之作则在诉说婚姻不自由的苦痛，虽然稍显浅露，但正是当时许多智识青年的公意。"②

本月，胡适发表《实验主义》，宣扬杜威的资产阶级实用主义。

美国实用主义哲学家杜威应胡适之邀来华讲学。

《每周评论》刊载《共产党宣言》的节译。

郭沫若译小说《蜜柑》（日本芥川龙之介），收《日本短篇小说集》，署名高汝鸿。

---

① 李大钊：《李大钊文集》下册，人民文学出版社1984年版，第936页。
② 鲁迅：《中国新文学大系·小说二集·导言》，上海良友图书公司1935年版，第2页。

五月

1日，毛子水在《新潮》1卷5号上发表《国故和科学的精神》。毛子水在这篇文章中对近来提倡国故的人进行批驳，这些人"说他们的目的是'发扬国光'。但这些人"多不知道国故的性质，亦没有科学的精神。他们的研究国故，就是'抱残守缺'"。但在毛子水看来，研究国故"能够'发扬国光'。亦能够'发扬国丑'"。所以在研究国故时"必须具有'科学的精神'"。这就是"用科学的精神去换取材料"，并惊醒精确的、公平的解析，不盲从他人的说话，不固守自己的意见，择善而从。只有这样，"我们就可以知道中国从前的学术思想和中国民族所以不很发达的缘故；我们亦可以知道用什么法子去救济他。"否则，"非特没有益处，自己恐怕还要受着传染病而死"。

罗家伦在《新潮》1卷5号发表《驳胡先啸君的中国文学改良论——解答集中对于白话文学的疑难》。罗家伦在文中表示，文学与文字的区别除去结构、照应、点缀之外，最重要的是"感情"、"体性"、"普遍"、"思想"等特质。罗家伦在文章中指出，文言文必将被白话文所取代，"中国这次文学革命，乃是中国与世界文学接触的结果，文学进化史上不可避免的阶段"。

傅斯年在《新潮》1卷5号上发表《白话文学与心理的改革》。傅斯年在文中说道："白话文学的内心是人生的深切而又著明的表现，是向上生活的兴奋剂……把白话文学分做内外两面，也是不通的办法。所谓真白话文学，必须包含三种质素：第一，用白话做材料；第二，有精工的技术；第三，有公正的主义；三者缺一不可。"同时，傅斯年谈道："文学革命，当然不专就艺术一方面而论，——若是就艺术一方面而论，原不必费此神力，——当然更要注重主义一方面。"在傅斯年看来，白话文的发展按照当时的发展形势，必然成为"'骈文主义的白话'、'八股主义的白话'，白话的墓志铭，神道碑。我们需得认清楚白话文学的材料和主义不能相离，去创造内外相称，林混合体壳一贯的真白话文学！我们现在为文学革命的缘故，最要注意的是思想的改变。……有价值的新文学发生，自必发挥我们大家的人的感情。受一件不良社会的刺激，便把这刺激保持住，来扩大起来，研究起来，表现出来，解决了来，——于是乎，有正义的文学。以为未来的真正中华民国，还须借看文学革命的力量造成。"

潘家洵在《每周评论》1卷5号和《新潮》1卷5号上同时发表其翻译的挪威

著名剧作家易卜生的戏剧《群鬼》。该剧讲述了一个只知尽义务、守本分，没有反抗精神的女人海伦的故事，海伦的丈夫放荡不羁，贪于酒色，但海伦为保全家庭名誉，忍辱负重，悲痛不堪，当海伦觉悟时，她已经陷入儿子将亡，家庭已毁的悲惨境地。

余裴山致书《新潮》杂志的文章《汉语改用拼音文字办法的商榷》发表在《新潮》1卷5号，对该篇文章，傅斯年发文作答。

陆次云在《春柳》第6期发表小说《费工人传》。

叶绍钧在《新潮》1卷5号发表小说《春游》。

程裕清在《新潮》1卷5号上发表诗《秋千歌》。

骆启荣在《新潮》1卷5号上发表诗《爱情》。

傅斯年在《新潮》1卷5号上发表诗《前倨后恭》、《咱们一伙儿》。

亚子在《春柳》第6期上发表诗《海上观剧赠春郎》。

天津南开学校新剧团在《春柳》6—8期上发表该剧团编的戏剧《新村正》。

程生在《每周评论》23号上发表小说《白旗子》。

3日，北京高等师范学校部分学生和毕业生组成的工学会正式成立。其前身为同年2月9日成立的"同言社"。存在时间约4年。曾创办《工学》杂志，宣传工学主义。

4日，北京5000学生举行集会，呼吁"外争国权、内惩国贼"、"取消二十一条"、"拒绝合约签字"等口号，并进行示威游行。该事件的起因是1914年11月7日，日本在对德战争中取得胜利，占领德国在中国的租借地胶州湾。1918年初，日本向段祺瑞控制下的北京政府提供了大量贷款，并协助组建和装备一支中国参战军参加第一次世界大战。同年9月，北京政府与日本交换了关于向日本借款的公文，作为借款的交换条件之一，北京政府同日本达成以下协定：1.胶济铁路沿线之日本国军队，除济南留一部队外，全部均调集于青岛。2.关于胶济铁路沿线的警备：日军撤走，由日本人指挥的巡警队代替。3.胶济铁路将由中日两国合办经营。第一次世界大战结束之后，中国与日本同为战胜国，但中国在作为战胜国没有收回在山东，相反，日本在山东的势力却扩大。1919年，协约国和同盟国成员在巴黎召开和会议，商讨战后合约，在这次会议上，日本以同北京政府签订的公文为据，要求自己在山东的权益合法化，而中国政府代表收回山东的合理要求被操控会议的帝国主义拒绝，由此引发国内民众的强烈不满，爆发声势浩大的示威游行，游行学生涌入赵家楼胡同曹汝霖宅邸门前，北京高师学生匡互生进去曹宅打开大门，一拥而入的学生将曹宅点燃。面对学生游行，军阀政府采取强硬的镇压手段，逮捕学生30多人，此举引发社会各界的不满，"五四"运动爆发。5日，北京学生实行总罢课，全国各地学生纷纷响应。11日，民众爱国组织救国十人团在上海成立。该团体发表宣言称，该组织的目的在于持久地开展反日爱国运动，入团者不买日货、不用日币、不乘日船、不被日人雇用。该举掀起各省风潮，并在上海组成中华救国十人团联合会。6月3、4日，军阀政府逮捕学生近千人，激起全国人民的愤慨。5日，上海日商内外棉第三、四、五厂等纱厂6000余工人首先罢工，支援学生的反帝爱国斗争。7日，3万余人参加了在济南召开的国耻日纪念大会，大会上有30多人发表演讲，民众纷纷表示誓争青岛。至11日，参加罢工的工人达15万人，商人纷纷罢工、罢市。在民众的压力下，军阀政府被迫释放被捕学生，撤掉了曹汝霖、陆宗舆、章宗祥的职务，宣布拒绝在合约上签字，恢复南北和会等。次日，徐世昌出见，被迫电令中国参加巴黎和会的中国代表拒绝签字。6月28日，中国代表拒绝在巴黎和会上签字。"五四运动"获得了阶段性的胜利。

郑振铎出席"北京市中等以上学校学生联合会"，积极参加营救"五四运动"中被捕学生。

《晨报·副刊》在李大钊帮助下开辟"马克思研究"专栏。该专栏从5日持续到该年11月11日，陆续刊载了马克思的《劳动与资本》和一些关于马克思主义的译文。

6日，瞿秋白作为俄专学生会的代表参加北京学联，成为"五四"运动领导人之一。

10日，叶圣陶加入苏州学界联合会。

傅斯年在《新潮》1卷5期上发表《白话文学与心理的改革》。

李大钊在《新青年》6卷5号的《马克思研究》专栏上发表《我的马克思主义观》（上）。

李大钊在文中谈到写作这篇文章的缘由时说道："'马克思主义'既然随着这世界的大变动，若动了世人的注意，自然也招了很多误解。我们对于'马克思主义'的研究，虽然极其贫弱，而自一九一八年马克思诞生百年纪念以来，各国学者研究他的兴味复活，批评介绍他的很多。我们把这些零碎的资料，稍加整理，乘本志出'马克思研究号'的机会，把他转介绍于读者，使这为世界改造原动的学说，在我们的思辨中，有点正确的解释，吾信这也不是绝无裨益的事。"而后，李大钊介绍了马克思主义在经济思想史上的地位："从前的经济学，是以资本为本位，以资本家为本位。以后的经济学，要以劳动为本位，以劳动者为本位了。这正是个人主义向社会主义、人道主义过渡的时代。马克思是社会主义经济学的鼻祖，现在正是社会主义经济学改造世界的新纪元，'马克思主义'在经济思想史上的地位如何重要，也就可以知道了……至于马氏才用科学的论式，把社会主义的经济组织的可能性与必然性，证明与从来的个人主义经济学截然分立，而别树一帜，社会主义经济学才成一个独立的系统，故社会主义经济学的鼻祖不能不推马克思。"同时，李大钊不忘向读者介绍马克思主义的内容："马氏社会主义的理论，可大别为三部：一为关于过去的理论，就是他的历史论，也称社会组织进化论；二为关于现在的理论，就是他的经济论，也称资本主义的经济论；三为关于将来的理论，就是他的政策论，也称社会主义运动论，就是社会民主主义。"在介绍马克思主义之后，李大钊详细地论述了"唯物史观"："唯物史观也称历史的唯物主义。……历史的唯物论者观察社会现象，以经济现象为最重要，因为历史上物质的要件中，变化发达最甚的，算是经济现象。故经济的要件是历史上唯一的物质的要件……唯物史观的要领，在认经济的构造对于其他社会学上的现象，是最重要的；更认经济现象的进路，是有不可抗性的。……经济机构是社会的基础构造，全社会的表面构造，都依着他迁移变化。但这经济构造的本身，又按他每个进化的程级，为他那最高动因的连续体式决定。"在介绍了马克思主义的内容和唯物史观之后，李大钊综合之前的论述阐释了马克思独特的历史观："马克思的唯物史观有二要点：其一是关于人类文化的经验的说明；其二即社会组织进化论。其一是说人类社会生产关系的总和，构成社会经济的构造。这是社会的基础构造。一切社会上政治的、法制的、伦理的、哲学的，简单说，凡是精神上的构造，都是随着经济的构造变化而变化。我们可以称这些精神的构造为表面构造。……其二是说生产力与社会组织有密切的关系。生产力一有变动，社会组织必须随着他变动；社会组织即生产关系，也是与布帛菽粟一样，是人类依生产力产出的产物。……生产力在那里发展的社会组织，当初虽然助长生产力的发展,后来发展的力量到那社会组织不能适应的程度，那社会组织不但不能助他，反倒束缚他、妨碍他了。而这生产力虽在那束缚他、妨碍他的社会组织中，仍是向前发展不已。发展的力量愈大，与那不能适应他的组织间冲突愈迫，结局这旧社会组织非至崩坏不可。这就是社会革命。新的继起,将来到了不能与生产力相应的时候，他的崩坏亦复如是。"随即，李大钊介绍了另一种学说——"阶级竞争说"，李大钊认为，阶级的需求促使了阶级的竞争。在整篇文章的最后，李大钊向读者展示了马克思学说得到的评价："马氏学说受人非难的地方很多，这唯物史观与阶级竞争说的矛盾冲突，算是一个最重要的点。"

李大钊在《新青年》6卷6号发表《我的马克思主义观（下）》。

文章分为四个部分，李大钊首先在文中谈到马克思的经济论："马氏的'经济论'有二要点：一'余工余值说'，二'资本集中说'。前说的基础，在交易价值的特别概念。后说的基础，在经济进化的特别学理。用孔德的术语说，就是一属于经济静学，一属于经济动学。"李大钊指出"马氏的论旨,不在诉说资本家的贪婪，而在揭破资本主义的不公"；其次，李大钊论述了马克思的平均利润论，通过对利润率（P'）、常比余值率（m'）、可变资本（v）、全资本（C）推论，李大钊叙述了余值转化为利润的过程；再次，李大钊介绍了马克思的资本论："马氏分资本为不变与可变两种。原来资本有二个作用：一是自存，一是增殖。"李大钊阐释了资本说中可变资本和不变资本的概念，指出"不变可变资本说是支撑马氏余值论的柱子，余值论又是他的全经济学说的根本观念"；最后，李大钊在文中论述了马克思的资本集中论："近代的国家。于是添了许多新的交通手段，辟了许多新的市场。这种增大的生产力，得了适应他的社会组织，得了适应他的新市场……从前的些小工业都渐渐的被大产业压倒，也就渐渐的被大产业吸收了……这 Trusts 与 Cartels 的组织，不止吸收小独立产主，并且把中级产主都吸收来，把资本都集中于一处，聚集在少数人的手中。于是产业界的权威，遂为少数资本家所垄断。"在这种情况下，工人"因受这种新经济势力的压迫，不能不和他们从前的财产断绝关系，不能不出卖他自己的劳力，不能不敲资本家的大门卖他自己的人身。"在文章最后，李大钊指出："这无产阶级本来是资本主义下的产物，到后来灭资本主义的也就是他。现今各国经济的形势，大概都向这一方面走。"

胡适在《新青年》6卷5号发表《我们为什么要做白话诗》。

鲁迅在《新青年》6卷5号发表短篇小说《药》。

鲁迅化名唐俟，在《新青年》6卷5号上发表《随感录·五十七·现在的屠杀者》。鲁迅在文中对复古派讥讽白话文的做法进行了批判，在他看来，"明明是现代人，吸着现在的空气，却偏要勒派腐朽的名教，僵死的语言，侮蔑尽现在，这都是'现在的屠杀者。'杀了'现在'，也便杀死了'将来'——将来是子孙的时代"。

鲁迅化名唐俟，在《新青年》6卷5号上发表《随感录·五十八·人心很古》。针对"阻抑革新"的人，感叹"人心不古，国粹将亡"。鲁迅认为，当今复古派和反革命的行径没有任何差别。

鲁迅化名唐俟，在《新青年》6卷5号上发表《随感录·五十九·"圣武"》。

顾兆熊在《新青年》6卷5号上发表《马克思学说》。

凌霜在《新青年》6卷5号上发表《马克思学说批评》。

《每周评论》22号"特别附录"栏目刊出"对于北京学生运动的舆论"。

19日，蒋光慈为禁止日货与芜湖商会董事会谈判，在学生们施加的巨大压力下，商会在保证书上签下"禁止日货进口"。

23、24日，郭梦良在《晨报·副刊》发表《评新中国杂志："新旧文学之冲突"》。

27日，郭梦良在《晨报·副刊》发表《论白话诗之必要》。

31日，叶圣陶加入苏州教职员联合会。

同月

周熺在《浙江兵事杂志》61期发表小说《复仇削发记》。

上澜在《浙江兵事杂志》61—64、66、70期发表小说《麦秀余言》。

高祖同在《清华学报》4卷6期发表词《满江红·吊罂粟花》。

上海商务印书馆出版沈德鸿编的小说《一段麻》。

六月

1日，庐隐与北京女子高等师范的学生组织的"文艺研究会"出版了《文艺会季刊》第一期。这是中国现代文学史上由女学界编辑出版的第一本文学刊物。

4日，闻一多随同清华大学同学到警察局，抗议当局无理逮捕学生。同月中旬，闻一多代表清华大学前往上海参加全国学联的成立大会。

8日，戴季陶、沈玄庐主编的《星期评论》（周刊）在上海创刊。该刊的出版源自孙中山及其政党的指导与支持，主办方为中华革命党；1919年10月，中华革命党改组为中国国民党，《星期评论》则由中国国民党主办。《星期评论》每期四开一张，除每期单独销行1000份以外，同时随《民国日报》免费附送，后销行量激增至数千份。《星期评论》设有评论、记事、创作、世界思潮、世界大势、创作、杂录、随便谈、主张、研究资料、书报介绍等栏目，主要撰稿人是孙中山、廖仲恺、胡汉民、朱执信、李大钊、陈独秀、李汉俊、沈仲九、胡适、刘大白等。《星期评论》创刊号发表了"欢迎投稿"的声明，在该声明中，编者表明了《星期评论》的基本倾向："我们一面是用自己观察，批评世界上的事事物物，一面并且希望诸君要批评我们的批评"，同时欢迎读者能够送来记录"工场工人的生活状态，各处农夫的生存状态，各学校的学生对于他们学校的观察感想，和在校内校外的生活状态"的文章。1924年4月11日，该刊全文刊登了《俄罗斯劳农政府给我们中国人民的通告》，指出此为世界历史上空前的消息。5月1日，《民国日报》将该刊增刊《星期评论劳动纪念号》作为增刊送予读者。5月16号，李汉俊在《星期评论》发表文章《浑朴的社会主义底特别的劳动意见》，他在文中批驳了张东荪的社会主义论调。该刊邀请早期共产主义者陈望道翻译《共产党宣言》，甚至邀请共产国际代表魏金斯基到杂志社访问。同时，《星期评论》还发表诸如刘大白的《卖布谣》、胡适的《乐观》等一系列新文学中的重要作品。1920年6月6日，杂志社在第53期上发表《星期评论刊行中止的宣言》，宣布"本社言论受无形禁止……中止刊行，暂时以刊行本志同样的努力，致力于学术的研究"。从1919年到1920年一年过程中，前后共出版54期（其中第18、19期之间插入1919年双十节纪念号）。《星期评论》发扬"五四"精神，支持学生运动，深入探索社会改造，提倡妇女解放，宣传新思潮，译介马克思主义和世界范围内的劳工运动，反对北洋军阀统治，在当时的知识界产生了极大影响。

仲密（即周作人）在《每周评论》25号上发表诗歌《偶成》。

12日，陈独秀在北京南城"新世界"娱乐场所散发反政府传单《北京市民宣言》，警察赶来将其拘捕入狱。8月间，在安徽同乡和朋友的帮助下，陈独秀被保释出狱。

15日，在胡适的主持下，《每周评论》26、27号分别发表《杜威演讲录》

(一)、(二),宣传杜威思想。

16日,上海《民国日报》副刊《觉悟》创刊。其与《晨报副刊》《京报副刊》《时事新报·学灯》并称为"五四"时期著名的四大副刊。《觉悟》由1919年6月创刊至1931年12月31日停刊,前后历经5年时间。该刊主编为邵力子,创刊时有不同栏目,1920年扩版后设评论、讲演、通信、选录、译著、文艺批评、诗、小说、剧本、随感录、社会研究、劳动问题、妇女问题、平民血泪、哲学科学等内容,在这之中,文艺评论和文艺作品占了《觉悟》很大的篇幅。《觉悟》每期多刊登表现改造社会愿望和对劳动人民表示同情的诗歌和小说,同时也刊登译作。1924年,《觉悟》改版,内容由原来的以文艺作品为主变为以论文为主。此时,文艺方面主要撰稿人为沈玄庐、徐蔚南、叶楚伧、张静庐、邵力子、叶圣陶、刘大白、陈望道、夏丏尊、孙俍工、孙伏园、周作人、沈雁冰、胡适、鲁迅、冯雪峰等。1924年11月,该刊创办过两期"文学专号",这是由蒋光赤、沈泽民创办的春雷社所组织的,在这两期的"文学专号"上,蒋光赤发表论文《现代中国的文学界》和诗歌《哀中国》等。《觉悟》在创刊之初倾向社会主义,表现了比较彻底的民主主义思想,宣传新文化运动,配合马克思主义者批判无政府主义和其他反社会主义思潮,1925年,《民国日报》由国民党右派把持,《觉悟》改版,刊物从内容到指导思想都发生变化,失去进步作用。

郭沫若在日本福冈发起组织社团夏社,据郭沫若自己回忆:"这夏社是我所提议的名字,因为我们都是中国人。结社是在夏天,第一次的集会是在一位姓夏(编者按:夏禹鼎)的同学家里。"该社团为反日团体,旨在进行爱国反日宣传,成员包括夏禹鼎、钱潮、许诵明、刘先登、陈中、余霖等人。夏社议决组织义务通信社,负责搜集、翻译日本侵略者文字,油印之后投寄国内学校和报馆。由于资金缺乏,夏社成员自己出款购买油印机、纸张、油墨等。夏社成员除郭沫若外多为学医出身,因此郭沫若一人承担翻译和撰述任务。后上海《黑潮》杂志刊登夏社《同文同种辩》、《抵制日货之究竟》等文章,在当时反帝爱国运动中起了一定作用。

23日,般若在《南开思潮》第4期上发表小说《一个可怜的短工》。

28日,守常在《每周评论》28号上发表散文《随感录:新华门前的血泪等六则》。

29日,胡适在《每周评论》28号发表诗歌《威权》。

仲密(即周作人)在《每周评论》28号上发表其翻译的南非作家须莱纳夫人

所著的小说《欢乐的花园》。

同月

叶圣陶至甪直第一、第二国民学校串联，共同拟定《甪直高小国民学校宣言》，抗议北洋军阀政府对"五四运动"的镇压。

小卒在《浙江兵事杂志》第 62 期发表诗歌《秋兴八首》。

小卒在《浙江兵事杂志》第 62 期发表诗歌《苦雨联句四首》。

商务印书馆出版由陈家麟口译，林纾翻译的，英国作家约翰魁迭的小说《西楼鬼语》2 卷 2 册。

商务印书馆出版由陈家麟口译，林纾翻译的，英国作家武英尼的小说《鬼窟藏娇》2 卷 2 册。

七月

1 日，李大钊、王光祈、张尚龄等人在北京成立了少年中国学会，这是"五四"时期众多的青年社团中历史最长、会员最多、分布最广、影响较为长远的一个团体。少年中国学会的酝酿来源于王光祈等一批有志青年，以"少年意大利"、"少年德意志"为榜样，提出了"少年中国"的奋斗目标。1918 年 5 月，张尚龄、曾琦等留日学生为抗议北洋军阀与日本签订《中日军事协定》罢学回国。6 月 30 日，王学圻邀请李大钊、陈愚生、张尚龄、曾琦、周太玄等人在北京宣武门外的岳云别墅召开会议，筹备成立少年中国学会的事宜，王光祈为筹备处主任，李大钊为编辑部主任，与会者推举王光祈起草拟定学会规约。经过长达一年的筹备期，1919 年 7 月 1 日，李大钊、王光祈、张尚龄等人在北京陈愚生的住处正式举行了少年中国学会的成立大会，王光祈担任了大会的主席，学会总会设在北京，在成都、南京、日本东京、法国巴黎等地都设置了分会组织。

少年中国学会以"本科学的精神，为社会的活动，以创造少年中国"为宗旨，以"奋斗、实践、坚忍、俭朴"为会员的信条，要求会员必须恪守以下规约：(一) 纯洁，"凡思想龌龊、行为卑鄙之人，不适于本会所谓纯洁标准"；(二) 奋斗，"奋斗有二义，学术上之奋斗；事业上之奋斗，本会认为凡能奋斗之人，无论其为学术或为事业，将来皆必有成就"；（三）"对本会表示充分同情"。① 成为会员需要有五个会员介绍并通过一段时间考察才行，凡是有宗教信仰、纳妾、做官的人都不能入会。少年中国学会的会员人数迅速发展到了108人，中国共产党早期的领导人李大钊、邓中夏、恽代英、高君宇、毛泽东、沈泽民等人都曾加入少年中国学会，此外，田汉、宗白华、朱自清、舒新城、方东美、许德珩等学术界、教育界名人也是学会会员。学会成立后，王光祈被推举为执行部主任，陈愚生为副主任，曾琦为评议部主任，李大钊为月刊编辑部主任，康白情为副主任，学会创办出版了《少年中国》《少年世界》《星期日》等刊物，其中以《少年中国》月刊影响最大。

由于学会自身成员构成的复杂性，少年中国学会内部一直存在着思想的分歧，并且逐步扩大。特别是以邓中夏、恽代英、张闻天为代表的共产主义者与曾琦、李璜、左舜生为代表的国家主义派之间的矛盾日益显现，王光祈为代表的无政府主义则主张走学术研究的道路。1924年，曾琦、李璜、左舜生、陈启天等人在上海创办《醒狮》周刊，公然与学会决裂，少年中国学会在存在6年之久后，于1925年的南京年会上宣布改组，实际上停止了活动。

5日，小说《三问题》发表于《太平洋》第1卷12号，俄国Tolstoy著，张三眼译。

6日，小说《一封未寄的信》发表于《每周评论》29—30日，意大利Enrico Castolnuovo著，天风译。

10日，北京各界联合会成立，工、农、学、商各界13个团体参加，孙及伊为评议部主任，何尚平为干事会主任。

13日，《每周评论》（第30号）发表了李辛白的诗作《怀陈独秀》："依他们的主张，我们小老百姓痛苦／依你的主张，他们痛苦／他们不愿意痛苦，所以你痛苦／你痛苦，是替我们痛苦。"

同期《每周评论》还发表了李大钊署名守常的文章《是谁夺了我们的光明》，文中提到："有一位爱读本报的人来信说：我们对于世界的新生活，都是瞎子。亏了贵报的'只眼'，常常给我们点光明。我们实在感谢。现在好久不见'只眼'了。

---

① 《少年中国学会周年纪念册》（1920年）。

是谁夺了我们的光明？"

14日，毛泽东主办的《湘江评论》（周刊）在湖南长沙创刊，创刊号的《本报启事》里申明本报"以宣传最新思潮"为主旨。毛泽东在《创刊宣言》中说："自'世界革命'的呼声大倡，'人类解放'的运动猛进，从前吾人所不置疑的问题，所不遽取的方法，多所畏缩的说话，于今都要一改旧观，不疑者疑，不取者取，多畏缩者不畏缩了。这种潮流，任是什么力量，不能阻住，任是什么人物，不能不受它的软化。世界什么问题最大？吃饭问题最大。什么力量最强？民众联合的力量最强。什么不要怕？天不要怕、鬼不要怕、死人不要怕、官僚不要怕、军阀不要怕、资本家不要怕。自文艺复兴，思想解放，'人类应如何生活'成了一个绝大的问题。从这个问题，加以研究，就得了'应该那样生活'、'不应该这样生活'的结论。一些学者倡之，大多民众和之，就成功或将要成功许多方面的改革。……各种改革，一言蔽之，'由强权得自由'而已。各种对抗强权的根本主义，为'平民主义'（德莫克拉希，一作民本主义、民主主义、庶民主义）。宗教的强权、文学的强权、政治的强权、社会的强权、教育的强权、经济的强权、思想的强权、国际的强权，丝毫没有存在的余地，都要借平民主义的高呼，将它打倒。……时机到了！世界的大潮卷的更急了！洞庭湖的闸门动了，且开了！浩浩荡荡的新思潮业已奔腾澎湃于湘江两岸了！顺它的生，逆它的死。如何承受它？如何传播它？如何研究它？如何施行它？这是我们全体湘人最切最要的大问题，即是《湘江》出世最切最要的大任务。"毛泽东在《创刊宣言》中还明确提出了文学革命的目标："由贵族的文学、古典的文学、死形的文学，变为平民的文学、现代的文学、有生命的文学。"

《湘江评论》每周出一期，每期为四开四版，设有湘江大事述评、东方大事述评、西方大事述评、世界杂评、湘江杂评、新文艺等栏目。《湘江评论》创刊号印刷2000份，发行当天全部售出，在群众中引起了极大的反响，《每周评论》、《晨报》都曾先后向读者予以介绍。1919年8月上旬，《湘江评论》被军阀张敬尧派军警查封。

15日，《少年中国》在北京创刊，为月刊，由少年中国学会主办，其刊载内容大致可以分为两部分：第一部分是学会会员关于自然科学、文学、社会学、哲学的论著和文章，并出有《诗学研究号》、《宗教问题号》、《妇女号》等专号，其中两期《诗学研究专号》发表了田汉、康白情、宗白华等人的诗论以及他们创作的新诗；一部分是诸如"会务报告"、"会员通讯"、"少年中国学会消息"一类的文章，专门阐发学会的方针以及会务信息和会员通讯。《少年中国》最初由李大钊任编辑主任，康白情任副主任，但前七期实际均由王光祈负责编辑，1920年初，王光祈赴德留学，少年中国学会重组编辑部，由李大钊、康白情、张申府、孟寿椿、黄日葵5人担任编辑。1921年，《少年中国》迁往上海编印，由左舜生负责编辑工作。1924年5月《少年中国》停刊，共出4卷48期。

15日，田汉的文章《平民诗人惠特曼的百年祭》发表在《少年中国》1卷1期。

18日，老舍被委任京师公立第十七高等小学兼国民学校校长。

20日，胡适在《每周评论》第31号上发表了文章《多研究些问题，少谈些"主义"》。胡适于开篇提到自己之前在《每周评论》第28号已经说过："现在舆论界大危险，就是偏向纸上的学说，不去实地考察中国今日的社会需要究竟是什么东西。"而"要知道舆论家的第一天职，就是细心考察社会的实在情形。一切学理，一切'主义'，都是这种考察的工具。有了学理作参考材料、便可使我们容易懂得所考察的情形，容易明白某神情形有什么意义。应该用什么救济的方法"。胡适总结出三条："第一，空谈好听的'主义'，是极容易的事，是阿猫阿狗都能做到的事，是鹦鹉和留声机器都能做的事。第二，空谈外来进口的'主义'，是没有什么用处的。一切主义都是某时某地的有心人，对于那时那地的社会需要的救济方法。我们不去实地研究我们现在的社会需要，单会高谈某某主义，好比医生单记得许多汤头歌诀、不去研究病人的症侯，如何能有用呢？第三，偏向纸上的'主义'，是很危险的。这种口头禅很容易；被无耻政客利用来做种种害人的事。欧洲政客和资本家利用国家主义的流毒，都是人所共知的。现在中国的政客，又要利用某种某主义来欺人。罗兰夫人说，'自由自由，天下多少罪恶，都是借你的名做出的！'一切好听的主义，都有这种危险。"胡适由此提出："这三条合起来看，可以看出'主义'的性质。凡'主义'都是应时势而起的。某种社会，到了某时代，受了某种的影响，呈现某种不满意的现状。于是有一些有心人，观察这种现象、想出某种救济的法子。这是'主义'的缘起。主义初起时，大都是一种救时的具体主张。后来这种主张传播出去，传播的人要图简便，使用一两个字来代表这种具体的主张，所以叫他做'某某主义'。主张成了主义，便由具体计划，变成一个抽象的名词，'主义'的弱点和危险，就在这里。"

胡适于是提出："我因为深觉得高谈主义的危险，所以我现有奉劝新舆论界的同志道：'请你们多提出一些问题，少谈一些纸上的主义'。""现在中国应该赶紧解决的问题，真多得很。从人力夫的生计问题，到大总统的权限问题；从卖淫问题到卖官卖国问题；从解散安福部问题到加入国际联盟问题；从女子解放问题到男子解放问题；……哪一个不是火烧眉毛紧急问题？……不去研究女子如何解放，家庭制度如何救正，却去高谈公妻主义和自由恋爱；不去研究安福部如何解散，不去研究南北问题如何解决，却高谈无政府主义；我们还要得意扬扬夸口道，'我们所谈的是根本解决'。老实说罢，这是自欺欺人的梦话，这是中国思想界破产的铁证，这是中国社会改良的死刑宣告！""凡是有价值的思想，都是从这个那个具体的问题下手的。先研究了问题的种种方面的种种事实，看看究竟病在何处，这是思想的第一步工夫。然后根据于一生经验学问，提出种种解决的方法，提出种种医病的丹方，这是思想的第二步工夫。然后用一生的经验学问，加上想象的能力，推想每一种假定的解决法，该有甚么样的结果，推想这种效果是否真能解决眼前这个困难问题。推想的结果，拣定一种假定的解决，认为我的主张，这是思想的第三步工夫。凡是有价值的主张，都是先经过这三步工夫来的。不如此，不算舆论家，只可算是钞书手。"胡适最后强调："我并不是劝人不研究一切学说和一切'主义'。学理是我们研究问题的一种工具。没有学理做工具，就如同王阳明对着竹子痴坐，妄想'格物'，那是做不到的事。种种学说和主义，我们都应该研究。有了许多学理做材料，见了具体的问题，方才能寻出一个解决的方法。但是我希望中国的舆论家，把一切'主义'摆在脑背后，做参考资料，不要挂在嘴上做招牌，不要叫一知半解的人拾了这些半生不熟的主义，去做口头禅。"

20日，小说《人生的礼物》发表在《每周评论》第31号上，南非须莱夫人著，仲密译。

21日，毛泽东的文章《民众的大联合》（第一部分）发表在《湘江评论》第二期头版头条，（该文的第二、第三部分分别刊载在《湘江评论》的第三、第四期），在这篇文章中，毛泽东指出："国家坏到了极处，人类苦到了极处，社会黑暗到了极处。补救的方法，改造的方法，教育，兴业，努力，猛进，破坏，建设，固然是不错，有为这几样根本的一个方法，就是民众的大联合。"法国大革命、十月革命的胜利，正是民众大联合的产物，而"原来中华民族，几万万人，从几千年来，都是干着奴隶的生活,只有一个非奴隶的是'皇帝'(或曰皇帝也是'天'的奴隶),皇帝当家的时候,是不准我们练习能力的。政治,学术,社会,等等,都是不准我们有思想,有组织,有练习的。"由此,毛泽东号召:"于今却不同了,种种方面都要解放了。思想的解放,政治的解放,经济的解放,男女的解放,教育的解放,都要从九重冤狱,求见青天。我们中华民族原有伟大的能力!压迫愈深,反动愈大,蓄之既久,其发必速,我敢说一句话,他日中华民族的改革,将较任何民族为彻底,中华民族的社会,将较任何民族为光明。中华民族的大联合,将较任何地域任何民族而先告成功。诸君!诸君!我们总要努力!我们总要拼命向前!我们黄金的世界,光荣灿烂的世界,就在面前!"

21日,蔡元培发表《告北京大学学生暨全国学生书》。蔡元培在文中讲道:"诸君自五月四日以来,为唤醒全国国民爱国心起见,不惜牺牲神圣之学术,以从事于救国之运动。全国国民,既动于诸君之热诚,而不敢自外,急起直追,各尽其一分子之责任。即当局亦了然于爱国心之可以救国,而容纳国民只要求,在诸君唤醒国民之任务,至矣尽矣,无以复加矣!"蔡元培呼吁:"树我国新文化之基础,而参加于世界学术之林者,皆将有赖于诸君。诸君之责任,何等重大。今乃为参加大多数国民政治运动之故,而绝对之牺牲呼?……则推寻本始,仍不能不以研究学问为第一责任。……自今以后,愿与诸君共同尽瘁学术,使大学为最高文化中心,定我国文明前途百年大计。诸君与仆等,当共负其责焉。"

21日,周恩来主编的《天津学生联合会报》创刊。

23日,鲁迅拟买北京新街口八道湾罗氏屋,并同原屋主赴警察厅报告。之前鲁迅曾先后去报子街、铁匠胡同、鲍家街、广宁伯街、辟才胡同、新街口、护国寺等地方物色房屋,至本日决定买此屋。

25日,茅盾的文章《对于黄蔼女士讨论小组织问题一文的意见》,发表在《时事新报·学灯》上,署名冰。

八月

2日,鲁迅开译武者小路实笃的剧作《一个青年的梦》,至1920年1月18日完成。1919年8月3日至10月25日陆续连载于北京《国民新报》,署名鲁迅,后刊至第三幕第二场，由于《国民新报》被禁，移刊于 1920 年 1 月至 4 月《新青年》第 7 卷第 2 号至第 5 号上。

12 日，鲁迅发表《寸铁》四则，载《国民公报》"寸铁"栏，署名黄棘。杂感前两则针对的是 1919 年 8 月 6 日至 13 日北京《公言报》署名思梦的文章，思梦用为蔡元培、沈尹默、陈独秀、胡适等人作传的方式攻击新文化运动极其倡导人，认为《新青年》"引过激派学说，昌共产主义"以蛊惑人心，文学革命是"覆孔孟，灭伦常"。鲁迅在文中指出思梦："虽然做些鬼祟的事，也只是小邪，算不得大邪。"虽然"造谣说谎诬陷中伤也都是中国的大宗国粹"，然而这一类事实，古来很多，鬼祟著作却都消失了"，只是"不肖子孙没有悟，还是层出不穷的做"。

杂感第三则是针对北京的一个大学讲师刘少少，这位封建遗老著文维护"国粹"，咒骂白话文学是"马太福音体"，鲁迅回击称刘少少对文化史一无所知，连福音书是革新体也不懂，却以此来批评白话文，实在是浅薄得可以。杂感最后一则鲁迅用进化论的观点进行了总结："先觉的人，历来总被阴险的小人昏庸的群众压迫排挤倾陷放逐杀戮。中国又格外凶。然而酋长终于改了君主。君主终于预备立宪，预备立宪又终于变了共和了。喜欢暗夜的妖怪多，虽然能教暂时黯淡一点，光明却总要来。"

15 日，王光祈的诗《哭眉生》发表在《少年中国》第 1 卷第 2 期上。同期发表的还有田汉的诗《梅雨》《朦胧的月亮》，周元的诗《过印度洋》。

17 日，李大钊在《每周评论》第 35 号发表《再论问题与主义》，对胡适的观点进行反驳。李大钊首先指出："我觉得'问题'与'主义'，有不能十分分离的关系。因为一个社会问题的解决，必须靠着社会上多数人共同的运动。那么我们要想解决一个问题，应该设法使他成了社会上多数人共同的问题。要想使一个社会问题，成了社会上多数人共同的问题，应该使这社会上可以共同解决这个那个社会问题的多数人，先有一个共同趋向的理想、主义，作他们实验自己生活上满意不满意的尺度（即是一种工具）。那共同感觉生活上不满意的事实，才能一个一个的成了社会问题，才有解决的希望。不然，你尽管研究你的社会问题，社会上多数人，却一点不生关系。那个社会问题，是仍然永没有解决的希望；那个社会问题的研究，也仍然是不能影响于实际。所以我们的社会运动，一方面固然要研究实际的问题，一方面也要宣传理想的主义。这是交相为用的，这是并行不悖的。"此外，李大钊还对于假冒牌号进行了辨析，认为："既然带着招牌的性质，就难免招假冒牌号的危险。王麻子的刀剪，得了群众的赞许，就有旺麻子等来混他的招牌；王正大的茶叶得了群众的照顾，就有汪正大等来混他的招牌。今日社会主义的名辞，很在社会上流行，就有安福派的社会主义，跟着发现。这种假冒招牌的现象，讨厌诚然讨厌，危险诚然危险，淆乱真实也诚然淆乱真实。可是这种现象，正如中山先生所云新开荒的时候，有些杂草毒草，夹杂在善良的谷物花草里长出，也是当然应有的现象。……我们又何能因为安福派也来讲社会主义，就停止了我们正义的宣传！因为有了假冒牌号的人，我们愈发应该一面宣传我们的主义，一面就种种问题研究实用的方法，好去本着主义作实际的运动，免得阿猫、阿狗、鹦鹉、留声机来混我们骗大家。"

李大钊认为："布尔扎维主义的流行，实在是世界文化上的一大变动。我们应该研究他，介绍他，把他的实象昭布在人类社会，不可一味听信人家为他们造的谣言，就拿凶暴残忍的话抹煞他们的一切。……现在就没有'过激党'这个新名辞，他们也不难把那旧武器拿出来攻击我们。什么'邪说异端'哪，'洪水猛兽'哪，也都可以给我们随便戴上。……我们惟有一面认定我们的主义，用他作材料，作工具，以为实际的运动；一面宣传我们的主义，使社会上多数人都能用他作材料，作工具，以解决具体的社会问题。那些猫、狗、鹦鹉、留声机，尽管任他们在旁边乱响，过激主义哪，洪水猛兽哪，邪说异端哪，尽管任他们乱给我们作头衔，那有闲工夫去理他！"根据马克思主义的唯物史观，李大钊指出："社会上法律、政治、伦理等精神的构造，都是表面的构造。他的下面，有经济的构造作他们一切的基础。经济组织一有变动，他们都跟着变动。"然而马克思的第二说，"就是阶级竞争说，了不注意，丝毫不去用这个学理作工具，为了人联合的实际运动，那经济的革命，恐怕永远不能实现"。所以李大钊认为"我们应该承认遇着时机，因着情形，或须取一个根本解决的方法，而在根本解决以前，还须有相当的准备活动才是。"

17日，胡适等作《〈每周评论〉致警察厅函》，发表在本日《国民公报》上，以《每周评论》社的名义致函警察总监吴炳湘，表示自己并不曾鼓吹无政府主义及共产主义。

19日，鲁迅的散文诗《自言自语》开始连载于《国民公报》"新文艺"栏上，署名神飞。这组散文诗是中国新文学史上最早的散文诗,共七篇,其中第一、二篇《序》、《火的冰》发表于本日。在《序》中鲁迅假托《自言自语》是从一个眼花耳聋的陶老头子那才来的"略有意思的段落",作者故意称这些话"毫无意义",但是《自言自语》的篇章都是意味深长的,其中发表在本日的《火与冰》通过像融化的珊瑚一样的"流动的火"的意象,来表示对于先觉者的赞颂。这篇散文诗被看作是《野草》中《死火》的雏形。

20日,鲁迅散文诗《自言自语》中的第三篇《古城》发表,载《国民公报》"新文艺"栏。鲁迅在文中赞颂了为下一代幸福而战斗的觉醒者。

21日,鲁迅散文诗《自言自语》中的第四篇《螃蟹》发表,载《国民公报》"新文艺"栏。作者通过描写老螃蟹对于意图想吃掉它的"伪善者"的揭露,告诫人们对于口蜜腹剑的同种要保持警惕。

24日,《新生活》周刊在北京创刊,该刊物为小型综合性通俗刊物,32开本,每七天一期,逢周日出刊,由北京大学出版部主任李辛白任主编,北京新生活社出版。1921年6月出至第55期停刊(现只见到1921年5月20日第51期)。李辛白在《新生活》周刊的创刊号启事中说:"本报的宗旨是,希望四万万同胞睡到五更半夜,摸一摸心,想一想,打算一打算,在这欧战告终、皇帝将绝种的新世界新潮流中,何以谋个人的生活、社会的生活、国家的生活。本报内容不顾全什么门类,哪一期有什么,哪一期就登什么。总之,无益的事不记,无益的话不说。本报定价极廉,希望各省各县诸君酌量定购,分寄到内地去,送送朋友,也是一种特别的礼物,越能传到农村越好。"

李辛白创刊的初衷,是要把新文化运动的影响扩大到民间去,探索在新的世界潮流中如何开始新的生活。除李辛白外,胡适、周作人、李大钊、高一涵等人都积极为该刊撰稿,其中李大钊以"守常"和"孤松"为笔名在该刊共发表60多篇短小精悍的文章。《新生活》周刊每期都刊载小说、白话诗、通讯以及随感录,作品大都思想新颖、语言通俗、简短活泼、富有战斗力,在宣传反帝爱国的运动、宣传科学思想、破除封建迷信、提倡男女平等、婚姻自由等方面做出了不少的努力,深受当时社会欢迎。

24日,胡适作《三论问题与主义》,载《每周评论》第36期。

31日,胡适作《四论问题与主义》,载《每周评论》第37期。

九月

1 日,《解放与改造》在上海创刊,以北平新学会的名义出版,作为研究系的政论刊物,为综合性半月刊,32 开本,由张东荪任主编。张东荪在创刊号上亲自撰写了创刊"宣言",并发表了题为《第三种文明》的社论以及长篇读书杂录《罗塞尔的政治思想》,明确指出了研究系的趋向和所信奉的学说和主义,是要致力于社会的解放和改造,造就"第三种文明"。1920 年 3 月,梁启超回国,与张东荪等组织共学社;9 月,《解放与改造》改名为《改造》,由 32 开本改为 16 开本,梁启超任主编,梁启超在《发刊词》里申明:要将基尔特社会主义精神向"实际的方面"贯彻。1922 年 9 月出至第 4 卷第 10 期《改造》停刊,共出 46 期。

《解放与改造》主要撰稿人除了编者外,还有张君劢、蒋云震(蒋百里)等人,刊物发表了大量介绍西方各种社会主义思潮的文章,总体的倾向却是"从唯物主义转到精神主义"、"去马克思而返于康德",在"社会主义"的幌子下宣扬反马克思主义的唯心主义、改良主义和修正主义,反对马克思主义的社会革命论、科学社会主义和俄国十月革命,受到了来自《新青年》、《共产党》等刊物的批评,引起了关于社会主义问题的论战。但是该刊也发表了瞿秋白、沈雁冰、郑振铎等人宣传新文化、新文学的文章和译文。

7 日,鲁迅散文诗《自言自语》中的第五篇《波儿》发表,载《国民公报》"新文艺"栏。作者通过描写主人公急于求成的种花过程,说明了美好新鲜的事物出现,需要长期的劳动和奋斗,并且是来自集体创造的结果。

9 日,鲁迅散文诗《自言自语》中的第六篇《我的父亲》和第七篇《我的兄弟》发表,载《国民公报》"新文艺"栏。两篇都表现了鲁迅严于自省的精神,其中《我的父亲》中的场景在后来的《朝花夕拾·父亲的病》中又有写到,后一篇则被看作是《野草》中《风筝》的雏形。

11 日,郭沫若作《抱和儿在博多湾海域》:"儿呀!你快看那海上的银波 / 夕阳光里的大海如被新磨 / 儿呀!你看那西方山影罩着纱罗 / 儿呀!我愿你身心像海一样的光洁,像山一样的青疏!"本诗署名沫若,发表在本日上海的《时事新报·学灯》,是郭沫若最早发表的诗作,同期刊载的还有后来收入《女神》的《鹭鹚》。

郭沫若后来在《创造十年》中回忆："看见自己的作品第一次成了铅字，真是有说不出的陶醉。这便给了我一个很大的刺激。在1919年的下半年和1920年的上半年，便得到了一个诗的创作爆发期。"

15日，李大钊的文章《"少年中国"的"少年运动"》发表在《少年中国》第1卷第3期，署名李大钊。李大钊在文章中指出："我所理想的'少年中国'，是由物质和精神两面改造而成的'少年中国'，是灵肉一致的'少年中国'。"既而提出对于"少年运动"的希望："我所希望的'少年中国'的'少年运动'，是物心两面改造的运动，是灵肉一致改造的运动，是打破智识阶级的运动，是加入劳工团体的运动，是以村落为基础建立小组织的运动，是以世界为家庭扩大大联合的运动。"

16日，冰心的第一篇白话小说《两个家庭》发表在《晨报》上，署名"冰心"。小说对比了一个"幸福"的家庭和一个"痛苦"的家庭，提出改造旧家庭建设新家庭的问题，反映了冰心对于社会、人生的思考，属于典型的反映时代题材的"问题小说"。

"问题小说"是五四过后，20年代初年形成的小说流派。作者多为文学研究会成员，有冰心、叶绍钧、王统照、许地山、庐隐等。他们被五四新文化运动所唤醒，面对着现实中许多难以解决的问题，在"为人生"的文学观指导下，以人生的目的与价值为思考中心，涉及五四以来青年们关心的问题，如国家前途、家庭问题、父子矛盾、妇女解放、人生选择、穷人疾苦、劳工神圣、儿童教育等，试图以小说予以反映和解答。由于对人生的理解不同，解决问题的方案也便不同。尤其是对社会的了解不深，故往往只是提出问题而无法解决问题。有的宣传爱和美的哲学，有的消极退隐，皈依宗教，有的徒陷于苦闷、彷徨、焦灼的呼号，都不能做出正确的回答，并多从空想中设境并安排人物，存在着概念化倾向，因之有人称它为新的中国式的哲理小说。共同倾向是不满现实，揭露黑暗，鼓吹社会改造，要求政治民主，个性解放，显示了作者勇于面对现实、积极探索前进道路的热情。1922年以后，一些从"问题小说"起步的青年作家，转向更为广阔的社会生活的现实主义描述。

16日，天津学生联合会、天津妇女界爱国同志会成员周恩来、马骏、邓颖超、郭隆真、刘清扬等人，在天津草场庵学联会办公室里成立觉悟社。周恩来为觉悟社起草了《觉悟的宣言》，阐释了觉悟社的任务和宗旨："'觉悟'的声浪，在二十世纪新潮流中，澎湃得很厉害。我们中国自从去岁受欧战媾和的影响，一般稍具普通常识的人，也随着生了一声很深刻的觉悟：凡是不合于现代进化的军国主义、资产阶级、党阀、官僚、男女不等界限、顽固思想、旧道德、旧伦常……全认为他应该铲除应该改革的。有了这种'觉悟'，遂酝酿成这次全国的'学潮'，冲动了全国的学生界，人人想向'觉悟'方向走。"周恩来提出觉悟社的目标是"本着反省、实行、持久、奋斗、活泼、愉快、牺牲、创造、批评、互助的精神，求适应于'人'的生活——做学生方面的'思想改造'事业"。

周恩来在成立会上提出了组织筹备会刊《觉悟》的建议，该刊"本着'革心'、'革新'的精神，以'自觉'、'自决'为主旨。"主要内容是"一、取共同研究的态度，发表一切主张；二、对社会一切应用生活，取评论的态度；三、介绍社外人的言论、著作和讲演；四、灌输世界新思潮。"《觉悟》原定于1919年10月中旬出版，但由于社团忙于实际活动，直到1920年1月20日才出版第一期。1920年秋，因为部分社员赴法国勤工俭学，觉悟社停止活动。

16日至23日，胡适的《〈尝试集〉自序》刊载在《北京大学日刊》上。在这篇《自序》中，胡适详细介绍了《尝试集》发生的历史，并说明了赶紧印行这本白话诗集的原因："第一个理由是因为这一年以来白话散文虽然传播得很快很远，但是大多数的人对于白话诗仍旧很怀疑；还有很多人不但怀疑，简直持反对的态度。因此，我觉得这个时候有一两种白话韵文的集子出来，也许可以引起一般人的注意，也许可以供赞成和反对的人作一种参考的材料。第二，我实地实验白话诗已经三年了，我很想把这三年实验的结果贡献给国内的文人，作为我的实验报告。我很盼望有人把我的试验的结果，仔细研究一番，加上平心静气的批评，使我也可以知道这种试验究竟有没有成绩，用的试验方法，究竟有没有错误。第三，无论试验的成绩如何，我觉得我的《尝试集》至少有一件事可以贡献给大家的。这一件可贡献的事就是这本诗所代表的'实验的精神'。"胡适再次强调："我们认定文字是文学的基础，故文学革命的第一步就是文字问题的解决。我们认定文字'死文字决不能产生活文学'，故我们主张若要造一种活的文学，必须用白话来做文学的工具。我们也知道单有白话未必就能造出新文学；我们也知道新文学必须要有新思想做里子。但是我们认定文学革命须有先后的程序；先要做到文字体裁的大解放，方才可以用来做新思想新精神的运输品。我们认定白话实在有文学的可能,实在是新文学的唯一利器。"

26日,陈独秀于下午四时出狱。因"被警厅拘禁已历三月有余,近者警厅侦查结果,终不见陈氏有何等犯法之事,而陈氏近日在厅因久失自由,因而发生胃病",遂由安徽同乡保释;但行动仍受限制,重大行动须得政府批准。[①]

28日,李大钊作新诗《欢迎仲甫出狱》,署名守常,刊载在《新生活》第6期上,赞扬陈独秀:"他们的强权和威力 / 终竟战不胜真理 / 什么监狱什么死 / 都不能屈服了你 / 因为你拥护真理 / 所以真理拥护你。""我们现在有了很多的化身,同时奋起 / 好像花草的种子 / 被风吹在散在遍地。"该诗后来改题为《欢迎独秀出狱》,发表在《新青年》第6卷第6号上。

十月

5日,下午在胡适寓所召集《新青年》编辑部会议。由于《新青年》第6卷第5期的"马克思主义研究号"集中刊登了一批宣传马克思主义的文章,引起胡适的恐慌和不满。胡在会前对沈尹默等人说:"《新青年》由我一个人来编。"反对大家轮流编辑,再度想独揽编辑权。鲁迅对沈尹默说:"你对适之讲,'也不要你一人编。《新青年》是仲甫带来的,现在仍旧还给仲甫,让仲甫一人去编吧'。"于是会议决定,《新青年》自第7卷第1号起,由陈独秀一人来编。[②]周作人在1919年10月的日记中记载:"五日,晴。上午得尹默函。至厂甸。至公园。下午二时至适之寓,议《新青年》事,自七卷始由仲甫一人编辑,六时散。适之赠《实验主义》一册。"

7—11日,冰心的小说《斯人独憔悴》在《晨报》副刊上连载。冰心在这篇小说里,塑造了两个爱国进步青年颖铭和颖石兄弟,冰心描写了他们与代表着封建专制家庭保守势力的父亲之间的抗争,最终却无奈地败下阵来,既而向老一代妥协,从热血青年变成封建军阀的顺民的悲剧。茅盾在《冰心论》中论及冰心的小说:

[①][②] 王光远:《陈独秀年谱》,重庆出版社1987年出版。

"是那时的人生观问题，民族思想，反封建运动，使得冰心女士同'五四'时期所有的作家一样'从现实出发'！然而'极端派'的思想，她是不喜欢的；所以在《两个家庭》中，她一方面针砭着'女子解放'的误解，一方面却暗示了'良妻贤母主义'——我们说它是'新'良妻贤母主义罢，——之必要。在《斯人独憔悴》中，她勇敢地提出'父与子的冲突'来了，可是她使得那'子'——'五四'式青年的颖铭，终于屈伏在旧官僚的'父'的淫威之下，只斜倚在一张藤椅上，低徊欲绝地吟着：'出门搔白首，若负平生志，冠盖满京华，斯人独憔悴……'她既已注视现实了，她既已提出问题了，她并且企图给个解答，然而由她生活所产生的她那不偏不激的中庸思想使她的解答等于不解答，末了，她只好从'问题'面前逃走了。'心中的风雨来了'时，她躲到'母亲的怀里'了。这一个'过程'，可说是'五四'时期许多具有正义感然而孱弱的好好人儿他们的共同经验，而冰心女士是其中'典型'的一个。而且因为个人生活环境的影响，冰心女士所借以'躲避风雨'的'母亲的怀抱'也就不得不是'爱的哲学'——或者也可以说是神秘主义的爱的哲学。"①

冰心的这部小说连载后在当时社会上引起了极大反响。同月17日，北京《国民公报》的《寸铁栏》就发表了署名"晚霞"的短评。短评说："我的朋友在《晨报》上看见某女士作的《斯人独憔悴》那篇小说，昨天又看见本报上李超女士的通史，对我蹙眉顿足骂旧家庭的坏处，我以为坏处是骂不掉的，还请大家努力改良，就从今日起。"将近三个月之后，学生剧团在北京新明戏院演出话剧，第一个剧本就是《斯人独憔悴》。1920年1月13日，《晨报》发表署名"止水"的剧评《观学生剧团演剧底私论》说："《斯人独憔悴》是根据《晨报》上冰心女士底小说排演的，编制作三幕，情节都不错，演的也好。"②

10日，胡适的《谈新诗——八年来一件大事》发表在《星期评论》双十节"纪念号第五号"上。后收入《中国新文学大系·建设理论集》，朱自清在《中国新文学大系·诗集导言》中称胡适的这篇文章是新诗的"金科玉律"。

在《谈新诗——八年来一件大事》这篇文章中，胡适主要从以下几个方面探讨了新诗的问题：（一）"文学革命的目的是要替中国创造一种'国语的文学'——活

---

① 茅盾：《冰心论》，《文学》第3卷第2号，1934年8月。
② 於可训、叶立文：《中国文学编年史·现代卷》，湖南人民出版社2006年版。

的文学。这两年来的成绩，国语的散文是已过了辩论的时期，到了多数人实行的时期了。只有国语的韵文——所谓'新诗'——还脱不了许多人的怀疑。但是现在做新诗的人也就不少了。报纸上所载的，自北京到广州，自上海到成都，多有新诗出现。这种文学革命预算是辛亥大革命以来的一件大事。"（二）"文学革命的运动，不论古今中外，大概都是从'文的形式'一方面下手，大概都是先要求语言文字文体等方面的大解放……这一次中国文学的革命运动，也是先要求语言文字文体的大解放。新文学的语言是白话的，新文学的文体是自由的，是不拘格律的。初看起来，这都是'文的形式'一方面的问题，算不得重要。却不知道形式和内容有密切关系。形式上的束缚，使良好的内容不能充分表现。若想有一种新内容和新精神。不能不先打破那些束缚精神的枷锁镣铐。因此，中国近年的新诗运动可算得是一种'诗体的大解放'。因为有了这一层诗体的解放，所以丰富的材料，精密的观察，高深的理想，复杂的感情，方才能跑到诗里去。"（三）胡适认为"新体诗是中国诗自然趋势所必至的……这种议论很可以从现有的新体诗里寻出许多证据。我所知道的'新诗人'，除了会稽周氏弟兄之外，大都是从旧式诗、词、曲里脱胎出来的。沈尹默君初作的新诗是从古乐府化出来的……此外新潮社的几个新诗人，——傅斯年、俞平伯、康白情——也都是从词曲里变化出来的"。（四）针对"现在攻击新诗的人，多说新诗没有音节。不幸有一些做新诗的人也以为新诗可以不注意音节。"胡适提出"诗的音节全靠两个重要分子：一是语气的自然节奏，二是每句内部所用字的自然和谐……旧诗音节的精彩，能够容纳在新诗里，固然也是好事。但是这是新旧过渡时代的一种有趣味的研究，并不是新诗音节的全部。新诗大多数的趋势，依我们看来，是朝着一个公共方向走的。那个方向便是'自然的音节'。"胡适认为："至于用韵一层，新诗有三种自由：第一，用现代的韵，不拘古韵，不拘平水韵。第二，平仄可以互相押韵，这是词曲通用的例，不单是新诗如此。第三，有韵的固然好，没有韵也不妨"。（五）胡适最后对"新诗的方法"作了一个总结："做新诗的方法根本上就是做一切诗的方法；新诗除了'诗体的解放'一项外，别无他种特别的做法。""诗须要用具体的做法，不可用抽象的说法。凡是好诗，都是具体的；越偏向具体的，越有诗意诗味。凡是好诗，都能使我们的脑子里发生一种——或许多种——明显逼人的影响。这便是诗的具体性。"

10日，郭沫若的杂文《同文同种辨》刊载在《黑潮》1919年第2期，署名郭开页，文末有郭沫若所作七绝一首："少年忧患深苍海，血浪排胸泪欲流，万事请从隗始耳，神州是我我神州。"表达了自己的爱国主义情绪。刊载在本期《黑潮》上的还有郭沫若创作的诗作《风》，署名开页。

10日，本日《时事新报·学灯》刊载了郭沫若翻译的《浮士德》中在中世纪的书斋里老博士的那段独白。题为《Faust 诗钞》。

10日，孙中山改中华革命党为中国革命党，以"巩固共和，实现三民主义"为政纲。

18日，郭沫若的诗《两对儿女》发表在本日《时事新报·学灯》上，抒发了自己受到日本少年歧视之后的不平心情。

20日，郭沫若的诗《某礼拜日》发表在本日《时事新报·学灯》上，署名沫若。全诗共四节，抒写了和成仿吾一起在郊外游玩的情景和朋友之间的友爱：诗中写到他们"坐在草地上，戴着头上的阳光，望着濑户内海的海岸。海上的山，天上的云，同在那光明中灿烂。望不断的一片稻禾，戴着嫩黄的金珠，学着那海潮儿在动颤。"

23日，郭沫若的诗《火葬场》、《晚步》、《梦》发表在本日《时事新报·学灯》上，其中前两首诗收入后来的诗集《女神》。

30日，鲁迅的小说《明天》发表在《新潮》第2卷第1号上，署名鲁迅，后收入《呐喊》。小说描述了勤劳善良的劳动妇女单四嫂子的不幸遭遇。在丈夫死后，她寄希望于儿子宝儿，宝儿生病了，她四处求医寄希望"明天"宝儿能够好起来，然而"明天"来了，宝儿却被病魔夺去了生命，最后单四嫂子只能寄希望于能够做一个见到儿子的梦，期望与儿子在梦中相见。小说通过叙述单四嫂子越来越渺茫的希望，揭示了旧社会对于妇女的戕害和摧残。鲁迅后来在《〈呐喊〉自序》中回忆："因为那时的主将是不主张消极的"，而自己却"往往不恤用了曲笔"，"在《明天》里也不叙单四嫂子竟没有做到看见儿子的梦"。

30日，茅盾的文章《"一个问题"的商榷》，发表于《时事新报·学灯》，署名雁冰。

30日，俞平伯的文章《社会上对于新诗的各种心理》发表在《新潮》第2卷第1号上。对社会上各种对于新诗的不同态度进行了分析，讨论了新诗不能被社会容纳的原因以及怎样使新诗的基础更加坚固的问题。

十一月

1日，宋介主编的《曙光》杂志在北京创刊，该刊为青年学生刊物，初定为综合性月刊，第1卷6期后改为不定期刊物，1921年6月出至第2卷3期后停刊，共出9期。撰稿人除了宋介之外，还有王统照、王睛霓、郑振铎、瞿秋白、刘静君、耿济之等人。杂志以"本科学的精神，为社会的活动，以促进社会改革之动机"为宗旨，提倡科学救国和教育救国，强调美育作为改造社会的根本手段，并且发表了大量小说、诗歌、杂感、通讯以及翻译。

1日，瞿秋白、郑振铎、耿济之等五四进步青年知识分子在北京创办《新社会》旬刊，主要编辑和撰稿人为有瞿秋白、郑振铎、耿匡（耿济之）、许地山、瞿世英、张晋、王统照、宋介等人，由"北京基督教青年会"属下的"社会实进会"负责出版和发行，初为4开小报，1920年改为16开薄册本，1920年5月出至第19期被北洋军阀政府查封。后瞿秋白、郑振铎又于1920年8月5日改出《人道》月刊，只出一期即停止。在《新社会》旬刊的《发刊词》中，阐明了刊物的目的和宗旨："中国旧社会的黑暗，是到了极点了！他的应该改造，是大家知道了。""我们社会实进会，现在创办小小的期报——新社会——的意思，就是想尽力于社会改造的事业……我们是向着德莫克拉西一方面以改造中国的旧社会的。我们改造的目的就是想创造德莫克拉西的新社会——自由平等，没有一切阶级一切战争的和平幸福的新社会"而在《本报简章中》则介绍了刊物的主要内容："（一）提倡社会服务，（二）讨论社会问题，（三）介绍社会学说，（四）研究平民教育，（五）记载社会事情，（六）批评社会缺点，（七）述写社会实况，（八）报告本会消息。"瞿秋白的杂感、王统照的小说、许地山的论文以及郑振铎的译文都曾在《新社会》上刊载。《新社会》旬刊最初在北京、天津、上海、南京、苏州、杭州、温州等地都有销售点，被迫停刊前，其影响范围可以达到四川、广西、广东、辽宁、吉林、黑龙江等地区，在全国青年中有相当影响。《新社会》旬刊的思想倾向比较复杂，它虽然对资本主义制度进行了猛烈抨击，但对马克思主义和俄国革命缺乏正确和清醒的认识，未能区分社会主义和空想社会主义的界限。

1日，鲁迅的杂文《我们现在怎样做父亲》发表在《新青年》第6卷第6号。

鲁迅在文章的开头说："中国的'圣人之徒'，最恨人动摇他的两样东西。一样不必说,也与我辈决不相干;一样便是他的伦常……他们以为父对于子,有绝对的权力和威严;若是老子说话,当然无所不可,儿子有话,却在未说之前早已错了。"而"中国的老年,中了旧习惯旧思想的毒太深了,决定悟不过来……只能先从觉醒的人开手,各自解放了自己的孩子。自己背着因袭的重担,肩住了黑暗的闸门,放他们到宽阔光明的地方去;此后幸福的度日,合理的做人"。鲁迅认为自己"现在心以为然的道理,极其简单。便是依据生物界的现象,一、要保存生命;二、要延续这生命;三、要发展这生命(就是进化)。生物都这样做,父亲也就是这样做。"在这里,鲁迅强调了进化论的思想:"生命何以必须继续呢?就是因为要发展,要进化。个体既然免不了死亡,进化又毫无止境,所以只能延续着,在这进化的路上走。走这路须有一种内的努力,有如单细胞动物有内的努力,积久才会繁复,无脊椎动物有内的努力,积久才会发生脊椎。所以后起的生命,总比以前的更有意义,更近完全,因此也更有价值,更可宝贵;前者的生命,应该牺牲于他。"鲁迅由是提出自己的主张:"所以觉醒的人,此后应将这天性的爱,更加扩张,更加醇化;用无我的爱,自己牺牲于后起新人。开宗第一,便是理解。往昔的欧人对于孩子的误解,是以为成人的预备;中国人的误解是以为缩小的成人。直到近来,经过许多学者的研究,才知道孩子的世界,与成人截然不同;倘不先行理解,一味蛮做,便大碍于孩子的发达。所以一切设施,都应该以孩子为本位,日本近来,觉悟的也很不少;对于儿童的设施,研究儿童的事业,都非常兴盛了。第二,便是指导。时势既有改变,生活也必须进化;所以后起的人物,一定尤异于前,决不能用同一模型,无理嵌定。长者须是指导者协商者,却不该是命令者。不但不该责幼者供奉自己;而且还须用全副精神,专为他们自己,养成他们有耐劳作的体力,纯洁高尚的道德,广博自由能容纳新潮流的精神,也就是能在世界新潮流中游泳,不被淹没的力量。第三,便是解放。子女是即我非我的人,但既已分立,也便是人类中的人,因为即我,所以更应该尽教育的义务,交给他们自立的能力;因为非我,所以也应同时解放,全部为他们自己所有,成一个独立的人。这样,便是父母对于子女,应该健全的产生,尽力的教育,完全的解放。"文章的结尾处,鲁迅再次强调了:"总而言之,觉醒的父母,完全应该是义务的,利他的,牺牲的,很不易做;而在中国尤不易做。中国觉醒的人,为想随顺长者解放幼者,便须一面清结旧账,一面开辟新路。就是开首所说的'自己背着因袭的重担,肩住了黑暗的闸门,放他们到宽阔光明的地方去;此后幸福的度日,合理的做人。'这是一件极伟大的要紧的事,也是一件极困苦艰难的事。"

1日,鲁迅的《随感录·六十一·不满》、《随感录·六十二·恨恨而死》、《随感录·六十三·"与幼者"》、《随感录·六十四·有无相通》、《随感录·六十五·暴君的臣民》、《随感录·六十六·生命的路》刊载在当日的《新青年》第6卷第6号上,均署名唐俟。其中《不满》针对巴黎和会之后一部分中国知识分子单是对于帝国主义不人道的不满现象,提出了要敢于正视和反抗本国的黑暗现实,《恨恨而死》接着《不满》的话题,提出了"不平还是改造的引线,但必须先改造了自己,再改造社会,再改造世界;万不可单是不平。"《"与幼者"》借用了日本作家有岛武郎的话,来鼓励"幼者"将父辈当作"踏脚",超越前人,"向着高的远的地方"走去。《有无相通》讥讽了在国家危难之际不思进取的北方"拳师"和南方文人,《暴君的臣民》批判揭露了"只愿暴政暴在他人头上,他却看着高兴,拿'残酷'做娱乐,拿"他人的苦'做赏玩"的"暴君的臣民"。鲁迅在《生命的路》中提出了在斗争中发展的观点,指出:"生命的路是进步的,总是沿着无限的精神三角形的斜面向上走……什么是路?就是从没路的地方践踏出来的,从只有荆棘的地方开辟出来的。"

至此,从1918年9日第5卷第3号到1919年11月第6卷第6号,鲁迅一共在《新青年》上发表《随感录》27篇,鲁迅后来回忆说:"我在《新青年》的《随感录》中做些短评,还在这前一年,因为所评论的多是小问题,所以无可道,原因也大都忘却了。但就现在的文字看起来,除几条泛论之外,有的是对于扶乩,静坐,打拳而发的;有的是对于所谓"保存国粹"而发的;有的是对于那时旧官僚的以经验自豪而发的;有的是对于上海《时报》的讽刺画而发的。记得当时的《新青年》,是正在四面受敌之中,我所对付的不过一小部分;其他大事,则本志俱在,无须我多言。"(《〈热风〉题记》)

1日,吴虞的论文《吃人与礼教》发表在《新青年》第6卷第6号,对于鲁迅的小说《狂人日记》作出了精辟的阐释,第一次提出了中国礼教"吃人"的说法。文章列举了《左传》、《汉书》、《后汉书》中的历史实例,来证明鲁迅在《狂人日记》中的说法。并在结尾处大声疾呼:"到了如今,我们应该觉悟!我们不是为君主而生的!不是为圣贤而生的!也不是为纲常礼教而生的!甚么'文节公'呀,'忠烈公'

呀，都是那些吃人的人设的圈套，来诓骗我们的！我们如今该明白了！吃人的就是讲礼教的！讲礼教的就是吃人的呀！"

1日，刘半农的白话诗《D——!》发表在《新青年》第6卷第6号，赞扬陈独秀（即D）对于权威的反抗："我已八十多天看不见你！／人家说，这是别离，是悲惨的别离。……威权幽禁了你，还没有幽禁了我，／更幽禁不了无数的同志，无数的后来兄弟……""要造太阳的光，不要造萤火的光。／要知道怎样的造光，且看我的朋友／D——……我不拜耶稣经上的'神'，不摆古印度人的'晨'，／只在黑夜中遥远的仰望着你……"

5日，茅盾的文章《解放的妇女和妇女的解放》，发表于《妇女杂志》第5卷第11号，署名佩韦，并见于14日到16日的《民国日报·觉悟》。

14日至16日，陈大悲作《十年来中国新剧之经过》，刊载在《晨报·副刊》。

15日，郭沫若的小说《牧羊哀话》发表在《新中国》杂志第1卷第7号上，这是郭沫若最早问世的小说。小说通过描述朝鲜少年男女的恋爱悲剧，来反映对日本侵略者的反抗，表达了强烈的反帝爱国思想。郭沫若在《创造十年》中谈到了这篇小说的创作背景："转瞬便是一九一九年了。绵延了五年的世界大战告了终结，从正月起，在巴黎正开着分赃的和平会议。因而'山东问题'又闹得甚嚣尘上来了。我的第二篇的创作《牧羊哀话》便是在这时候产生的。做这篇小说时是在二三月间，学校里正在进行显微镜解剖学的实习。我一面看着显微镜下的筋肉纤维，一面构成了那篇小说。那在结构上和火葬了的'骷髅'完全是同母的姐妹。我只利用了我在一九一四年的除夕由北京乘京奉铁路渡日本时，途中经过朝鲜的一段经验，便借朝鲜为舞台，把排日的感情移到了朝鲜人的心里。"

14日，郭沫若的诗剧《黎明》发表在本日《时事新报·学灯》上，署名沫若。诗剧中塑造了一些"要涤荡去一些尘垢秕糠"、"要创造出一些明耀辉光"的先觉儿女形象。

15日，茅盾翻译德国作家尼采（F.Nietzsche）的《新偶像》，发表于《解放与改造》第1卷第6号，署名雁冰，并附上《前言》一则。在这篇《前言》中，茅盾指出："尼采是主张强权的这句话，实在有些冤枉他。他说的只有聪明人、强健人应该活，其余多该死，果然是立言之累，但柏拉图不是也有此等话么？……说尼采是思想界的无政府党，哲学上的一切学说，他都破坏，我以为这话还算公平。

尼采是大文豪，他的笔是锋快的，骇人的话是常见。"

21日，鲁迅离开寓居八年的会馆，与周作人全家迁入八道湾宅。鲁迅在当天日记中记载："二十一日晴。上午与二弟眷属俱移入八道湾宅。"

22日至26日，冰心的短篇小说《去国》刊载在11月22日至26日的《晨报》上。小说的主人公英士，是个成绩优秀的留美学生，希望回国干成一番事业："袁世凯想做皇帝，失败了一次，宣统复辟，又失败了一次，可见民气是很有希望的。以我这样的少年，目前少年时代大有作为的中国，正合了'英雄造时势，时势造英雄'那句话。我何幸是一个少年，又何幸生在少年的中国。"然而社会的现状使英士难以实现他报效国家的理想和抱负，他又不愿意卷入污浊的社会旋涡，只能选择"去国"这一条道路，重新回到美国去："可怜啊！我的初志，决不是如此的，祖国啊！不是我英士弃绝了你，乃是你弃绝了我英士啊！"整篇小说反映出了五四时期奋发有为、充满理想的一代青年与封建保守势力的矛盾和冲突。

24日，茅盾的文章《萧伯纳的〈华伦夫人之职业〉》发表在本日的《时事新报·学灯》，署名雁冰。

24日，郭沫若的诗《辍了课的第一点钟里》发表在本日的《时事新报·学灯》，该诗后收入《女神》。

十二月

1日，由于军阀政府的迫害，《新青年》同人决议将杂志移至上海出版，仍由陈独秀编辑。本日《新青年》第7卷第1号出版，并刊登了《本志所用标点符号和行款的说明》，申明："现在从7卷1号起，划一标点符号和行款"，规定了标点13种，为进一步推广新式的标点确定规范。

本期还发表了陈独秀执笔的《本志宣言》，宣言中称："本志的具体主张，从来未曾完全发表。社员各人持论，也往往不能尽同。读者诸君或不免怀疑，社会上颇因此发生误会。现当第七卷开始，敢将全体社会的公共意见，明白宣布。就是后来加入的社员，也共同担负此次宣言的责任。但'读者言论'一栏，乃为容纳社会外异议而设，不在此例。"陈独秀指出："我们相信世界上的军国主义和金力主义，已经造了无穷罪恶，现在是应该抛弃的了。我们相信世界各国政治上道德上经济上因袭的旧观念中，有许多阻碍进化而且不合情理的部分。我们想求社会进化，不得不打破'天经地义'、'自古如斯'的成见；决计一面抛弃此等旧观念，一面综合前代贤哲和我们所想的，创造政治上道德上经济上的新观念，树立新时代的精神，适应新社会的环境。""我们理想的新时代新社会，是诚实的，进步的，积极的，自由的，平等的，创造的，美的，善的，和平的，相爱互助的，劳动而愉快的，全社会幸福的。希望那虚伪的，保守的，消极的，束缚的，阶级的，因袭的，丑的，恶的，战争的，轧铄不安的，懒惰而烦闷的，少数幸福的现象，渐渐减少，至于消灭。"陈独秀认为新社会的青年"当然尊重劳动；但应该随各人的才能兴趣，把劳动放在自由愉快艺术美化的地位，不应该把一件神圣的东西当作维持衣食的条件。""我们相信人类道德的进步，应该扩张到本能（即侵略性及占有心）以上的生活；所以对于世界上各种民族，都应该表示友爱互助的情谊。……我们相信政治、道德、科学、艺术、宗教、教育，都应该以现在及将来社会生活进步的实际需要为中心。……我们相信尊重女子的人格和权利，已经是现在社会生活进步的实际需要，并且希望他们个人自己对于社会责任有彻底的觉悟。"陈独秀在结尾处大声疾呼："我们因为要实验我们的主张，森严我们的壁垒，宁欢迎有意识有信仰的反对，不欢迎无意识无信仰的随声附和。但反对的方面没有充分理由说服我们以前，我们理当大胆宣传我们的主张，出示决断的态度；不取乡愿的、紊乱是非的、助长惰性的、没有自己立脚地的调和论调；不取虚无的、不着边际的、没有信仰的、没有主张的、超实际的、无结果的绝对怀疑主义。"

1日，胡适的文章《"新思潮"的意义》发表在《新青年》第7卷第1号上。在这篇文章中，胡适提出了"研究问题，输入学理，整理国故，再造文明"的口号。胡适指出："新思潮的根本意义只是一种新态度。这种新态度可叫做'评判的态度'。"评判的态度含有几个特别的要求："1.对于习俗相传下来的制度风俗，要问：'这种制度现在还有存在的价值吗？'2.对于古代遗传下来的圣贤教训，要问：'这句话在今日还是不错吗？'3.对于社会上糊涂公认的行为与信仰，都要问：'大家公认的，就不会错了吗？人家这样做，我也该这样做吗？难道没有别样做法比这个更好，更有理，更有益的吗？'"胡适借用了尼采关于现今时代是"重新估定一切价值的时代"的说法，认为"重新估定一切价值"八个字便是评判的态度的最好解释。

胡适对于"研究问题,输入学理"做了阐释,并总结了几年来新思潮运动的教训,认为"新思潮的领袖人物以后能了解这个教训,能把全副精力贯注到研究问题上去;能把一切学理不看作天经地义,但看作研究问题的参考材料……养成研究问题的人才。"进而胡适提出了"整理国故"的主张:"我们对于旧有的学术思想,积极的只有一个主张,——就是'整理国故'。整理就是从乱七八糟里面寻出一个条理脉络来;从无头无脑里面寻出一个前因后果来;从胡说谬解里面寻出一个真意义来;从武断迷信里面寻出一个真价值来。为什么要整理呢?因为古代的学术思想向来没有头绪,没有系统。故第一步是条理系统的整理。因为前人研究古书,很少有历史进化的眼光的,故从来不讲究一种学术的渊源,一种思想的前因后果。所以第二步是要寻出每种学术思想怎样发生,发生之后有什么影响效果。因为古人读古书,除极少数学者以外,大都是以讹传讹的谬说……第三步是要用科学的方法,作精确的考证,把古人的意义弄得明白清楚。因为前人对古人的学术思想,有种种武断的成见,有种种可笑的迷信……第四步是综合前三步的研究,各家都还他一个本来真面目,各家都还他一个真价值。"最后胡适总结:"新思潮的唯一目的是什么呢?是再造文明。文明不是笼统造成的,是一点一滴的造成的。进化不是一晚上笼统进化的,是一点一滴的进化的。……再造文明的下手工夫,是这个那个问题的研究。再造文明的进行,是这个那个问题的解决。"

1日,鲁迅发表小说《一件小事》,载本日《晨报周年纪念增刊》,署名鲁迅。作品通过描述在一个老妇人被人力车撞倒的事件中,"我"与人力车夫对于事情的不同反应和态度,讴歌了劳动人民的崇高品质,提出了知识分子需要向劳动人民学习的重要问题。

1日,鲁迅为接家属到京定居,离开北京返回绍兴,本日抵达天津,次日夜到达上海,三日抵达杭州,四日返回绍兴。本月24日,鲁迅举家北上,于29日回到北京。

3日,郭沫若翻译美国诗人惠特曼的诗作《从那滚滚大洋的群众里》,载本日《时事新报·学灯》,后收入《新诗集》。

郭沫若是在本年9月之后接触到美国诗人惠特曼的,郭沫若后来在《创造十年》中回忆称:惠特曼"豪放的自由诗使我开了闸的诗欲又受了一阵暴风般的煽动。我的《凤凰涅槃》、《晨安》、《地球,我的母亲!》、《匪徒颂》等,便是在他的影响之下做成的。"郭沫若把本阶段看作是自己诗歌创作的第二段时期，而这第二段"是惠特曼式，这一段时期正在'五四'的高潮中，做的诗是崇高豪放、粗暴，要算是我最可纪念的一段时期"。

5日，茅盾的两篇文章《探"极"的潜艇》和《第一次飞渡大西洋的R34号》，发表在《学生杂志》第6卷第12号，署名雁冰。

8日，茅盾的文章《文学家的托尔斯泰》发表于《时事新报·学灯》，署名雁冰。

8日，李大钊的文章《什么是新文学》发表在《星期日》周刊"社会问题专号"上，李大钊指出："刚是用白话作的文章，算不得新文学；刚是介绍点新学说、新事实，叙述点新人物，罗列点新名辞，也算不得新文学。"李大钊认为："我们所要求的新文学，是为社会写实的文学，不是为个人造名的文学；是以博爱心为基础的文学，不是以好名心为基础的文学；是为文学而创作的文学，不是为文学本身以外的什么东西而创作的文学。""宏深的思想、学理、坚信的主义，优美的文艺，博爱的精神，就是新文学的土壤、根基。"

8日，王帜昌作《文化运动的扩张和修正》，刊载于《少年社会》第2期。

20日，郭沫若的诗《夜步十里松原》发表在本日《时事新报·学灯》，描写松原的夜景，赞美太空的"高超、自由、雄浑、清寥"。该诗后收入《女神》。

25日，茅盾作《"小说新朝"栏预告》（未署名），发表于《小说月报》第10卷第12号。《预告》中提到："本月刊的宗旨只有一句话，就是：要使东西洋文学行个结婚礼，产出一种东洋的新文艺！"并强调这个专栏"专收西洋新文艺作家的著作……发表本社同人对于创造中国新文艺的意见"。

29日，曹刍作《新文化运动之种种问题同他推行的方法》，刊载于《少年社会》第5期。

本卷主要作家人名索引

A
阿　英　146　154
阿　瑛　13

B
巴　金　15　163
拜　兰　82　95
般　若　174
包天笑　7　21　22　25　74
包柚斧　28
毕云程　51　52　55
磻　湖　10
不肖生（向逵、向恺然）　33　49　91

C
蔡　锷　1　14　22　33　59
蔡济民　24
蔡　寅　10
蔡元培　16　19　42　45　51　53
　　　　56　57　58　59　60　62
　　　　63　66　69　70　73　77
　　　　78　82　87　119　139　140
　　　　158　159　160　161　163
　　　　165　180　181
岑春煊　33　36
常　惠　126
常　觉　11　21　87
常　迷　87
沉　珠　21
陈达材　139　148
陈大悲　120　146　147　194
陈大灯　54
陈大镫　87
陈碟仙　14
陈独秀　2　3　4　8　9　13　17　18
　　　　19　22　23　24　27　42　43
　　　　44　46　48　49　52　54　55
　　　　58　59　60　63　65　66　67
　　　　68　71　77　81　82　89　90
　　　　94　100　102　111　113

	113	114	119	122	123
	124	126	128	132	142
	143	147	148	150	151
	153	156	157	158	159
	161	163	164	171	173
	176	181	185	186	187
	195	196			

陈　端　16　130

陈福恒　130

陈　叚　6　44　134

陈光辉　16

陈汉章　161

陈衡哲　74　129　133　146

陈家麟　54　58　59　87　134
　　　　140　175

陈　坚　87　96

陈剑锋　128

陈溥贤　33

陈其美　4　20

陈启修　55

陈尚士　140

陈师曾　53

陈望道　173　174

陈　翔　54

陈　嚣　134

陈小蝶　28　35

陈映璜　146

陈裕光　115

陈　中　174

成舍我　20　78

承　　　91　131

程嘉秀　20

程　生　168

程淑勋　117

程小青　21　35

程学瑜　16

程裕清　168

程瞻庐　96

雏　燕　40

楚　郎　13

次　公　140

错　石　121

D

大　至　140

代　英　114　145　176

戴季陶　20　173

澹　庐（俞颂华）　92

邓　铿　4

邓映华　140

丁宝福　40

丁传靖　146

丁逢甲　35

丁文江　42　61

丁宗一　87

窦润庠　54

笃　志　117

段祺瑞　36　37　92　95　105　168

E

遏　云　134

F

樊　山　48　134

范木煊　96

范彦矧　122　140

方东美　176

冯葆祺　121

冯雪峰　174

冯友兰　139

逢　一　21

凤　文　80

佛　慈　9

服　香　21

洑宿贞　122

傅斯年　82　83　84　88　89　109
　　　　131　132　139　148　155
　　　　167　168　189

G

甘永龙　43

高圭介子　134

高　燮　51

高一涵　2　82　133　134　143　149
　　　　183

高　元　139

高祖同　172

耿济之　191

公　达　60　96

龚时蒂　13

辜鸿铭　112　128

古　香　9

谷中秀　8

顾颉刚　139　148　156

顾兆熊　172

观　奕　21

珪　　　140

郭家声　11

郭梦良　92　172

郭沫若　4　5　6　10　15　22　28
　　　　33　36　37　41　43　46
　　　　47　51　57　58　70　75
　　　　91　114　121　126　133
　　　　144　160　165　173　183
　　　　188　189　193　194　196
　　　　197

郭希汾（郭绍虞）138

郭虞裳　91　125

H

哈　劳　120

涵　庐　143　163

涵　秋　37

汉　声　14

浩　生　132

何德荣　139

何庚声	36
何海鸣	54
何寿嵩	122
何思源	139
荷后生	16
贺　芳	16
洪嘉言	144
洪　深	8　10　68　158
洪为法	92
胡彬夏	20
胡朝梁	54
胡凤起	134
胡汉民	4　173
胡盍朋	51
胡寄尘	20　21　25
胡　利	54
胡朴安	78
胡　适	2　4　7　8　9　11　26　27　28　35　36　37　38　39　40　41　42　43　44　45　47　48　49　55　57　61　62　63　65　66　68　71　74　81　82　84　85　87　88　90　93　94　97　99　101　107　108　109　110　111　118　119　121　122　123　124　127　130　131　132　133　134　136　138　140　141　143　147　148　151　152　153　156　157　159　161　162　163　164　165　170　171　172　173　176　177　178　179　180　181　182　185　186　187　188　196　197
胡文豹	161
胡宪生	127
胡愈之	156
胡韫玉	134
华　工	143
华潜鳞	20
黄花奴	40　79
黄　觉	33
黄觉僧	128　164
黄　节	161
黄静英	13　122
黄聚珊	96
黄　侃	67　76　77　159　160　161
黄日葵	178
黄　兴	50
黄　毅	131
黄玉汝	36
黄云鹏	92
蕙　珍	20

J

寄　尘	21　38
贾孟雄	16

蹇先艾　144

建　生　13

剑　影　116

江南刘三　21

江山渊　20

江绍杰　92

江绍原　138

江子厚　13　14

姜可生　21

姜杏痴　28

蒋方震　88

蒋光慈　146　172

蒋景缄　11　13　47

蒋梦麟　42

蒋　坦　20

蒋万里　51　134

蒋维乔　10　13　133

绛珠女士　48

解树强　92

君　肥　21

君　珊　128　141

K

康白情　70　139　176　177　188
　　　　189

柯骅威　145

柯一岑　92

匡　僧　92

L

朗　山　14

老　舍　127　178

雷君曜　16

冷　风　37　43　54　122

黎锦熙　51　67

黎烈文　70

李　安　145

李常觉　28

李大钊　2　19　33　34　42　44　63
　　　　65　66　68　82　110　116
　　　　129　138　139　143　145
　　　　146　148　151　152　154
　　　　155　156　157　166　168
　　　　169　170　171　174　175
　　　　176　178　181　182　183
　　　　185　187　198

李得温　145

李定夷　16

李国柱　140

李汉俊　173

李剑农　66　68　133

李劼人　146

李烈钧　22　33

李　清　20

李石岑　36　92

李述鹰　8

李思纯　13

李涛痕　144

李息霜	46 54	刘大进	130
李辛白	176 183	刘恩格	92
李吟秋	141	刘光颐	139
李卓民	2	刘海粟	29 127 131
莲 心	40	刘豁公	127
梁巨川	141 149	刘 弢	49
梁慕鸿	143	刘静君	191
梁漱溟	161	刘明敏	33
梁宗岱	70	刘培周	117
廖旭人	13 14	刘慎德	145
廖仲恺	173	刘师培	76 116 159 160 161
林白水	48	刘叔雅	91
林焕庭	145	刘先登	174
林庆通	11	刘延陵	16
林 纾	11 14 21 37 40 54	刘腴深	121
	57 59 70 77 87 91	刘哲庐	70
	93 110 127 134 140	留 氓	130
	145 146 154 156 159	庐寿笺	13
	160 162 175	鲁 迅	10 12 13 14 26 33 35
林思进	70		37 44 49 50 53 54 55
林 损	161		56 60 67 75 77 81 82
林语堂	102		97 105 106 108 115
凌 霜	172		120 125 126 128 131
刘半农	13 14 17 25 35 49		132 134 135 136 145
	52 72 82 84 85 88		147 148 151 152 154
	91 118 121 124 125		160 163 165 170 174
	126 136 137 142 144		179 180 181 183 184
	159 194		187 190 191 192 193
刘大白	173 174		197

陆次云　168

陆光宇　110

陆侃如　70

陆荣廷　33

陆士谔　49　52

陆思安　121

路滨生　96

路　钓　54

罗家伦　16　59　110　122　139
　　　　148　160　166　167

罗　罗　143

罗瘿公　50

骆启荣　168

吕　复　8

M

马君武　38　43

马叙伦　152　159　161

曼陀居士　21　40

毛秀英　14

毛子水　139　148　167

茅　盾　15　46　79　112　115
　　　　127　180　187　189　193
　　　　194　195　198

梅光迪　22　38

梅觐庄　37　38

梅　郎　28

梅　梦　126　129　131

孟　龛　140　143

孟寿椿　178

孟文翰　11

梦　苏　122

缪荃孙　16

墨泪词人　12

穆　旦　96　97

穆木天　146

N

南社健子　21

倪灏森　47　58

倪轶池　70

O

欧阳沂　11

欧阳予倩　50　120　132　158

P

潘家洵　139　167

潘力山　38

潘世纶　115

庞树柏　46

屏　周　12

浦薛凤　95

Q

起　予　9

绮缘逸　87

钱　潮　174

钱静方　30
钱玄同　2　65　66　67　68　82
　　　　84　85　86　88　89　90
　　　　91　92　93　100　101
　　　　102　114　116　117　118
　　　　119　120　121　122　123
　　　　124　125　126　127　128
　　　　129　130　131　132　133
　　　　134　135　136　137　138
　　　　142　150　154　159　164
潜　伏　140
秦光华　16
清　士　129
秋　帆　21
虬道人　140
瞿秋白　169　184　191
瞿世英　191
瞿宣颖　82
觑　庐　21
蜷　庐　115　134

R
任鸿隽　38　60　123　124　135
　　　　164
任叔永　36　39　41　146
阮南君　122

S
上　澜　172

少　俊　143
少　芹　123
邵力子　19　20　174
邵飘萍　121　133
沈冰血　120
沈恩孚　131
沈家桢　70
沈兼士　90　91　93　129　133　142
沈桐威　21
沈性仁　143
沈玄庐　20　173　174
沈雁冰　15　40　48　120　163　164
　　　　174　184
沈尹默　2　57　60　82　86　91
　　　　93　121　126　135　149
　　　　159　181　187　189
沈泽民　127　174　176
沈仲九　173
生　可　54
盛兆熊　109
师　复　135
诗　庐　12
史久成　43
适　莽　21
守　常　33　143　174　176
　　　　183　187
瘦　梅　9
舒新城　176
束凤鸣　47

双石轩　51
司毓骏　131
斯　良　134
宋春舫　10　132
宋　介　191
宋云彬　130　150
苏曼殊　14　52　105　106　108
孙福熙　139
孙福源（孙伏园）　139
孙剑秋　28
孙俍工　174
孙宪熙　116
孙毓修　16　46　58　79

T

太　岳　143
谭鸣谦　139
醰　园　129
汤化龙　42　45　144
汤忠永　25　32　60
唐擘黄　36
唐之轩　16
陶履恭　110　128　137
陶祝年　11
天　白　28
天　风　104　176
天　汉　13
天　行　11
天　民　135

天虚我生　11　21　26　28　58　60
天　游　11
田　汉　32　36　41　92　176
　　　　177　178　181
田虚握生　35
田应璜　92

W

万宗乾　116
汪敬熙　139
汪鸾翔　134
汪孟邹　8　46　53　163
汪笑侬　56　57　146　147
王大错　16　29
王钝根　28　29　80　96
王光祈（若愚）　110　143
王国维　5　6　16　33　66　71　74
　　　　79
王剑三　122
王闿运　121
王梅癯　13
王慕陶　57
王乃征　126
王晴霓　191
王庆通　91　110　127
王善馀　13
王士珍　36　58
王述勤　14
王天优　115

王统照	59　185　191
王文珪	146
王无为	54
王西神	21
王先谦	143
王星汉	139
王湘绮	38
王揖唐	92
王印川	92
王蕴章	20　46
王志之	130
王帜昌	198
王钟麒	139
王卓民	122
望　屺	121
闻一多	46　172　173
我　一	10
无　愁	7　21
无　悔	143
无　畏	121
无　我	104
吴冰心	14
吴敬恒	94　137　144
吴君毅	70
吴　梅	31　32　59　121　161
吴门天笑生	60
吴　宓	130
吴沛霖	51
吴瞿安	21
吴弱男	110
吴双热	28
吴　虞	13　65　74　108　193
吴虞公	79
吴蛰庵	134
吴芝瑛	21
吴稚晖	51　66　68　137　146

X

奚燕子	56
惜　华	20
夏丏尊	174
夏　衍	15
夏禹鼎	174
相　圃	134
详	131
小　蝶	11　21　87
小　卒	175
谢季康	16
谢六逸	92
谢寿长	58
刑志明	122
雄　昌	144
熊佛西	120
袖　海	141
徐半梅	120
徐　珂	128
徐六儿	92
徐溥霖	8

徐世瑞　70

徐蔚南　174

徐枕亚　20　36　122　123　136

徐知希　6

许地山　15　185　191

许钦文　144

许寿裳　2　56

许苏民　43

许啸天　25

许指严　68

玄　伯　121

旋　华　138

雪　生　7　14　117

Y

鸦江鹦士　20

亚　星　14

亚　子　168

延　陵　109　121　131　140　143

袁午南　54

严独鹤　35

严芙孙　80

彦　通　126

杨尘因　127

杨端六　66　68

杨千里　21

杨树达　70

杨杏佛　36　69

杨荫溥　134

杨振声　139　144　160

杨祚璋　16　144

姚石子　46

姚鹓雏　13　20　21　22　39

叶楚伧　10　19　20　43　46　78　174

叶圣陶　15　28　169　172　174　175

叶小凤　7　12　14　21

叶醒民　13

一　厂　13

一　萍　10

壹　父　20

仪　邹　130

易白沙　22

易顺鼎　70

瘿　公　130

庸梦瓜　21

尤玄父　20

尤祝君　134　140

余裴山　168

俞慧殊　94

俞平伯　139　157　166　189　190

禹　文　135

郁达夫　8　25　35　47　49　53　57　58　68　92　122　127

袁振英　110

Z

臧荫菘　40

瞻　庐　14　38

曾　朴　19　34　47

曾　琦　110　175　176

曾　稚　51

张定璜　163

张东荪　92　126　184

张恨水　12

张厚载　113　124　132　158

张　晋　191

张静庐　22　30　174

张君劢　46　88　184

张亮采　16

张讷盦　126

郑佩宜　46

张三眼　176

张尚龄　175

张申府（赤）　42　143　178

张崧年　139

张贻祖　130

张毅汉　110

张聿光　29　120　127

张祝龄　140

张资平　70　127

张梓芳　33

章克标　147

章士钊　12　14　63　82

章太炎　9　13　15　37　38　41　42　67　76　77

赵尊岳　115

郑觐秋　145

郑三立　59

郑文焯　147

郑　庸　122

郑贞文　55

郑振铎　15　32　36　92　100　120　169　184　191

芝　轩　80　122　135

穉　兰　130

周慈绪　144

周瘦鹃　12　13　14　21　28　29　30　35　51　75　76　87　121　122　127

周　熺　172

周　元　181

周作人　10　11　15　16　46　53　56　57　70　78　82　86　88　91　93　94　101　102　103　118　128　129　133　134　135　136　137　139　141　142　143　144　146　150　153　156　158　173　183　187　195

朱炳勋　43

朱东润　8

朱光潜　146

朱鸿寿　21

朱纪瑛　121

朱　经　123

朱梦梅　20

朱谦之　36

朱少屏　46

朱世溙　54

朱瘦菊　53

朱我农　125　132

朱希祖　25　161　164

朱鸳雏　77　78

朱执信　173

朱自清　32　59　139　154　176
　　　　188

庄孟英　11

子　余　55

宗白华　92　126　146　176　177

宗天风　12

醉世居士　60

本卷后记

本卷编纂的是从1915年9月到1919年12月这段文学历史,这段历史见证了"五四"新文学从酝酿到最终发生的过程。"五四"新文学具有重要的价值与意义。因为它是整个中国文学发展历程中的一个具有划时代意义的标志性的转折点,这个"点",不仅是新文学与传统旧文学深深的"断裂"之点,同时也是中外文学与文化的激烈"碰撞"之点。这个"点"对后来中国新文学的发展流变产生了极其重要的影响,甚至对当下的文学仍然具有重要的借鉴意义。

这本编年史是整套编年史丛书(共11卷)的有机组成部分。这本编年史从最初的设想、构架、查找资料、撰写,到最终的完成,凝聚着各位编纂者许多的心血。本卷具体分工是:侯敏、宋明晏撰写1915年9月—1915年10月部分;李春雨、张岩撰写1915年11月—1915年12月部分;姚舒扬、王胜男撰写1916年1月—1916年6月部分;顾楠楠、汤志辉撰写1916年7月—1916年12月部分;赵焕亭、李吉撰写1917年1月—1917年6月部分;付平、赵希杰撰写1917年7月—1917年12月部分;刘勇、陈思撰写1918年1月—1918年6月部分;刘勇、何致文撰写1918年7月—1918年12月部分;李春雨、张露晨撰写1919年1月—1919年6月部分;张弛、鲁宇征撰写1919年7月—1919年12月部分。张悦、任敏、郝思聪等为本卷的资料查对做了大量工作。时间仓促,难免会有疏漏和讹误,还请各位方家多多批评与指正。

刘勇　李春雨
于北京师范大学